Wirz/Wolff **Träume verstehen – Impulse fürs Leben**

W0055535

Träume verstehen – Impulse fürs Leben

Felix Wirz
Konrad Wolff

[artour]

Impressum

ISBN 3-85545-082-X
© 1995 **[artour]** Verlag,
CH-5400 Baden/CH-5264 Oberfrick
Die Verwertung der Texte und Bilder, auch auszugsweise, ist
ohne die Zustimmung des Verlages urheberrechtswidrig und
strafbar. Dies gilt auch für Vervielfältigungen, Übersetzungen,
Mikroverfilmung und für die elektronische Verarbeitung.

Die Folgerungen in diesem Buch sind das Ergebnis langjähriger
ärztlicher Arbeit der Autoren. Verlag und Autoren haften nicht
für andere Interpretationen.

Gestaltung: Peter Birchmeier
Lektorat: Elisabeth Fernández, Peter Birchmeier
Satz und Druck: BUAG AG, CH-5400 Baden
Buchbinderei: BuBu, CH-8617 Mönchaltorf

Inhaltsverzeichnis

Vorwort

Mit dem vorliegenden Buch ist es den Autoren gelungen, einen Bericht über den heutigen Umgang von Psychotherapeuten mit Träumen vorzulegen, der sowohl den theoretischen als auch den praktischen Bereich umfaßt. Besonders der praktische Bereich ist in einer originellen und neuen Form erarbeitet worden. Die Autoren berichten nicht nur, wie sonst üblich, über Träume aus ihrer eigenen psychotherapeutischen Praxis, sondern sie haben auch ein Experiment gewagt. In Radiovorträgen für das deutschsprachige Programm der Schweiz haben sie über Träume gesprochen und die Zuhörer gebeten, ihre Träume per Post mitzuteilen. Es sind insgesamt Berichte über 800 Träume eingegangen, und ein Teil dieser Träume wurde mit den Personen, welche die Träume eingeschickt haben, in weiteren Radiosendungen diskutiert. Es ist ungemein anregend, diese Diskussionen zu lesen, die es zum Vergnügen machen, diese Mischung aus Theorie und Praxis zu lesen. Das Buch ist für ein allgemeines und an Träumen interessiertes Publikum gedacht, und die beiden Autoren haben sich bemüht, in ihren Ausführungen generell verständlich zu bleiben. Durch die theoretische Einführung in Form eines Interviews mit den beiden Autoren wird der Text noch lebendiger.

Die Traumbesprechungen sollen Leserinnen und Leser dazu motivieren, sich selbst vermehrt mit dem eigenen Traumleben zu beschäftigen. In seiner theoretischen Einleitung geht *Konrad Wolff* nicht nur auf die historischen Aspekte des Traumes und seine Bearbeitungen ein, sondern er versucht auch, über den Rahmen hinauszugehen, den *Sigmund Freud* in seiner «Traumdeutung» festgelegt hat, jenem epochemachenden Buch, welches er mit dem Erscheinungsjahr 1900 herausgab, obwohl es bereits 1896 im wesentlichen fertiggestellt war. *Freud* wollte damit offenbar selbst betonen, daß es sich um ein Jahrhundertwerk handelt, und er hat mit dieser Voraussage auch recht gehabt. *Wolff* weist aber mit Recht darauf hin, daß es vor allem der Schweizer *Carl Gustav Jung* war, der das Konzept des persönlichen Unbewußten weiterentwickelte und von einem kollektiven Unbewußten sprach, welches auch als überpersönlich bezeichnet wird. Es handelt sich dabei um jene Trauminhalte, die über das persönlich Erfahrene hinausgehen und Inhalte konkretisieren, die darauf hinweisen, daß offenbar kulturgeschichtliche Entwicklungen verschiedenster Zeiten auch auf dieses Überpersönliche Einfluß genommen haben. Schließlich wird auch noch auf jene Aspekte des Unbewußten eingegangen, welche vor allem in der zweiten Lebenshälfte eine große Rolle spielen und über den Tod hinaus in den Bereich des Transzendenten weisen.

Felix Wirz geht in seinem Teil «Grundsätzliches zur Tiefenpsychologie» und «Praxis der Traumverarbeitung» vor allem auf zwei Fallbesprechungen ein. Er bespricht auch sogenannte Wahrträume, d. h. Träume, die ein äußeres oder inneres Ereignis voraussagen, wie z. B. unerwartete Ereignisse, die bevorstehen. In diesen Bereich gehören auch verschiedene Visionen. Ferner behandelt er auch ein wichtiges Problem der analytischen Psychologie *C. G. Jungs*, nämlich das Problem des Gegengeschlechtlichen im Menschen. So wie wir heute wissen, daß es auch biologisch keinen hundertprozentigen Mann und keine hundertprozentige Frau gibt, so hat *C. G. Jung* als erster darauf hingewiesen, daß es im Seelenleben von Mann und Frau das psychologische Pendant des anderen Geschlechts gibt, das er *Anima* bzw. *Animus* nannte. Es ist für die Entwicklung des Menschen im Rahmen des sogenannten Individuationsprozesses sehr wichtig, daß das Gegengeschlechtliche in uns nicht nur bewußt gemacht, sondern auch in die Persönlichkeit integriert wird. Anima und Animus zählen zu den sogenannten Archetypen, zu den großen Menschheitssymbolen der überpersönlichen Einwirkung.

Es scheint mir besonders wichtig, daß in dieser Arbeit in der bedingungslosen Liebe eine neue Ausprägung eines Archetyps gesehen wird. Es handelt sich dabei um den Begriff einer nicht an Vorbedingungen geknüpften Liebeshaltung und bedeutet eine vorbehaltlose Toleranz und große gefühlsmäßige Offenheit zur Umgebung. Entsprechend läßt dann auch das Gegenüber seine Abgrenzung fallen, und es erfolgt eine positive Rückstrahlung. Durch ungehinderten Gefühlsfluß erfahren beide Seiten eine wesentliche Bereicherung der Lebens- und Ausdrucksmöglichkeiten und damit eine Erweiterung ihrer Persönlichkeit. *Wirz* schreibt, daß es sich dabei um eine grundlegende neue Haltung handelt, um die Neuausprägung eines seit je bestehenden Archetyps, welcher zu einem Evolutionsschub in uns geführt hat. Zu seiner Bewußtwerdung scheint ihm eine lange, noch weit über unsere Gegenwart hinausreichende Zeit notwendig zu sein.

Wenn ich mir zum Schluß eine sehr persönliche Bemerkung erlauben darf, so wünsche ich mir vor allem, daß viele Leser durch eine vermehrte Auseinandersetzung mit ihren eigenen Träumen eine Hilfe finden mögen, diese neue Ausprägung des Archetyps der bedingungslosen Liebe in ihren eigenen Individuations- oder Entwicklungsprozeß zu integrieren, einen Entwicklungsprozeß, der vorbildhaft auch endlich einmal die uns alle bedrohende Wechselwirkung von Aggressionen und Gegenaggressionen mit all ihren verheerenden Schicksalen und Kriegen unterbrechen könnte.

Walter Pöldinger, Wien

Prof. emerit. Dr. Walter Pöldinger, Wien, langjähriger Ordinarius für Psychiatrie an der Universität Basel, Leiter der Psychiatrischen Universitätsklinik Basel

Einleitung

Das Traumleben ist eine wichtige Seite unseres Daseins. Nur wer ihm genügend Beachtung schenkt, kann ein ganzheitliches Leben führen. In diesem Buch haben wir Traummitteilungen aus unseren psychotherapeutischen Praxen und aus dem umfangreichen Traummaterial verwendet, das uns anläßlich eines Traumseminars am Deutschschweizer Rundfunk eingesandt wurde. Den Fallbeispielen haben wir insbesondere zur theoretischen Einführung ein Gespräch mit den Autoren über die Psychologie des Unbewußten und des Traumes sowie allgemeine Erörterungen mit Beispielen vorangestellt. In Traumserien ist der wechselvolle Verlauf über lange Zeitperioden dargestellt, ergänzt durch Parallelbeispiele. Gestützt auf das uns zur Verfügung stehende Material, sind wir auch auf die immer wiederkehrende Frage nach dem Aussagewert von Träumen und Visionen hinsichtlich eines Daseins nach dem Tode eingegangen. Vermischt mit den ausführlichen Traumberichten und Kommentaren, haben wir kürzere Einzelberichte angefügt, die uns in telefonischen Beratungen zugingen. In diesen Besprechungen konnte aus Zeitgründen jeweils nur auf die wichtigsten Fragen eingegangen werden. Es sind Anregungen, aber keine endgültigen Verarbeitungen. Doch zeigen auch diese einzelnen Kurzbesprechungen, wie vielfältig und wichtig Meldungen aus Träumen sein können. Die Gespräche sind größtenteils unverändert wiedergegeben, um ihren spontanen Charakter nicht zu verwischen.

Um der Allgemeinverständlichkeit willen haben wir wenn möglich Fachausdrücke vermieden oder diese im Gespräch erläutert. Überschneidungen und wenige Wiederholungen haben wir zum Teil absichtlich nicht ausgeschaltet, um die Probleme von verschiedenen Standpunkten aus zu beleuchten, einerseits vom geisteswissenschaftlichen, der sich auf folgerichtige Denkvorgänge und auf kulturgeschichtliche Parallelen stützt, anderseits vom naturwissenschaftlichen, welcher auf präziser Beobachtung beruht.

Die Traumbesprechungen sollen dem Leser Impulse und Anregungen vermitteln, sich vermehrt mit den eigenen Träumen zu befassen. Traumseminarien an Volkshochschulen, am Radio und in privaten Gruppen können dazu anleiten. Sie dienen der Erweiterung und Vertiefung der Persönlichkeit und der Selbsterkenntnis.

Nachdem unser Buch «Träume verstehen und erleben» auf ein derart reges Interesse gestoßen war, daß es bereits nach einem Jahr ausverkauft war, haben wir die Gelegenheit benützt zu einer vollständigen Überarbeitung und starken Erweiterung aus dem einzigartig reichhaltigen Traummaterial, das uns zur Verfügung steht. Zum besseren Verständnis haben wir den Erfahrungsberichten eine solide systematische Grundlage gegeben. Diese soll sowohl den

Anforderungen der Wissenschaft genügen als auch allgemeinverständlich sein. Wir haben die Traumberichte nach verschiedenen Lebensphasen gegliedert, immer auch im Blick auf die jenseitigen, transzendentalen Bezüge der Träume. Dabei haben wir auch einen Schritt über die Todesschwelle hinaus gewagt in die kontroversen Bereiche von Telepathie, Spuk und dergleichen.

Selbstverständlich haben wir alle Träumer angefragt, ob wir ihre Berichte unter anderen Namen, zur Wahrung der Diskretion, veröffentlichen dürften.

Den Lesern ohne theoretische Vorkenntnisse empfehlen wir, zuerst die mit * bezeichneten Kapitel zu erarbeiten.

Allen, die auf ihre Weise einen Beitrag zu dieser Arbeit geleistet haben, sprechen wir an dieser Stelle unseren herzlichen Dank aus, speziell allen Einsenderinnen und Einsendern von Träumen. Besonders danken wir den Professoren *Walter Pöldinger*, Basel und Wien, und *Eugen Drewermann*, Paderborn, für ihre zuvorkommende und sachkundige Unterstützung und ihre wertvollen Beiträge in Form von Einleitung und Geleitwort. Nicht vergessen möchten wir an dieser Stelle den Verlag, ohne dessen Verständnis und großes Engagement diese Publikation nicht möglich gewesen wäre.

Baden/Binningen im Dezember 1994

Felix Wirz
Konrad Wolff

Was bedeuten Träume?

Ein Gespräch mit den Autoren

Im folgenden fassen die Autoren, *Felix Wirz (F. W.)* und *Konrad Wolff (K. W.),* Fragen, die ihnen von verschiedenen Seiten gestellt worden sind, in einem fiktiven Gespräch zusammen.

Frage: Ich träume oft merkwürdige Dinge, die ich mir nicht erklären kann, und die mir oft geradezu absurd vorkommen. Es würde mich brennend interessieren, Näheres über die Zusammenhänge zu erfahren. Was sind überhaupt *Träume?*

F. W.: Träume sind zunächst einfach Mitteilungen aus der Tiefe unserer Persönlichkeit. Weil sie aus den tieferen Schichten kommen, werden sie nicht mit den Mitteln unserer Alltagssprache ausgedrückt, sondern in Bildern und in Symbolen dargestellt. Wenn wir diese Sprache verstehen, erhalten wir als Träumer und Therapeuten Hinweise darauf, was in unserer Tiefe geschieht und welche Entwicklungen sich anbahnen. In diesen tieferen Schichten, die wir *das Unbewußte* nennen, wird alles gespeichert, was wir tagsüber, bewußt und unbewußt, wahrnehmen, auch die Erfahrungen, die wir damit machen. Diese Daten werden in unserem Unbewußten mit anderen, früheren Erlebnissen in Beziehung gebracht, was zu neuen Schlußfolgerungen führt. So ist es möglich, daß wir uns mit einem ungelösten Problem abends schlafen legen und am Morgen erwachen, womöglich ohne uns an einen Traum zu erinnern, und haben bereits die Lösung des Problems.

Frage: Ich verstehe nicht, wie etwas in der Seele vorhanden und doch unbewußt sein kann. Ist das nicht ein Widerspruch? Entweder ich weiß etwas, es gehört zu meinen seelischen Inhalten, dann kann ich mich aber auch jederzeit erinnern, und es ist mir bewußt; oder aber ich weiß es nicht, es ist in mir eben nicht vorhanden und bildet keinen Inhalt meiner Seele. Dann ist es mir weder bewußt noch unbewußt.

K. W.: Denken Sie an die jedermann geläufigen Fälle, wo man zum Beispiel sagt: «Der Name liegt mir auf der Zunge, aber ich kann ihn nicht finden.» Wenn jemand anders irgendeinen Namen nennt, weiß man sofort: «Der ist es nicht.» Wenn er aber den richtigen Namen trifft, hat man sofort das berühmte Aha-Erlebnis. Ist das nicht etwas sehr Seltsames? Das heißt doch, daß der Name im Innern bereitlag und -liegt, aber man konnte ihn nicht greifen. Er war eben ins Unbewußte abgesunken und daher zurzeit nicht mehr verfügbar. Er muß aber trotzdem vorhanden gewesen sein, sonst hätte man nicht jederzeit sagen können: «Nein, das ist nicht der Name, den ich suche.» oder: «Ja, der ist es.» Man wußte ihn und wußte ihn doch nicht; er war eben momentan unbewußt, im Gegensatz etwa zu Erinnerungen, die man jederzeit abrufen kann, die also bewußt sind. Dies zeigt deutlich, daß das Unbewußte einen großen Raum in der Psyche einnimmt.

Frage: Aber es gibt doch auch so und so viele Träume, deren Inhalte unmöglich aus meiner Erinnerung, also aus meiner persönlichen Erlebnissphäre oder aus meiner individuellen Biographie, stammen können, scheinen sie doch so fremd und so weit wegliegend. Woher kommen denn diese?

K. W.: Was wir bisher besprochen haben, ist nur ein kleiner Teil des unbewußten Bereichs der Psyche. Es ist nur das sogenannte *persönliche Unbewußte,* das vor allem von *Sigmund Freud* und seinen Nachfolgern auf das genaueste erforscht worden ist. Es ist wie ein Behälter von individuellen Erlebnissen aus der Vorgeschichte des Betroffenen, die aber einmal verdrängt worden sind. Ein Grund dafür kann sein, daß ihm das Erlebnis zu schrecklich oder zu beschämend war, weshalb er sich nicht weiterhin damit konfrontieren wollte. Er konnte die Erinnerung daran nicht mehr aushalten; so wurde es eben verdrängt, vielleicht auch deshalb, weil nur so ein Überleben möglich war. Das Verdrängen hat also auch eine lebenserhaltende Seite. Das Verdrängte kann jedoch aus dem Untergrund eine krankmachende und vom Bewußtsein nicht mehr kontrollierbare Wirkung entfalten. Es entsteht eine *Neurose,* da muß der Psychotherapeut eingreifen.

Aber es gibt demgegenüber auch den viel weiteren Bereich des von *C. G. Jung* so genannten *kollektiven Unbewußten,* in dem nun der positive, der schöpferische, kulturschaffende und heilende Aspekt der menschlichen Existenz viel deutlicher hervortritt. Man kann die menschliche Seele in der Art von geologischen oder archäologischen Schichten betrachten, wo eine Schicht sich auf die andere lagert, innerhalb von großen Zeiträumen. Das ist natürlich nur ein Vergleich, der ganz wesentliche Seiten der Psyche außer acht läßt, vor allem die ganze aktuelle Dynamik, die in jedem Moment vom Unbewußten ausgeht. Die geologischen und die archäologischen Schichten sind ja erstarrt und entfalten normalerweise keine Wirkung, während auch die tiefsten Schichten der Psyche sich in unablässiger Bewegung befinden und unser tägliches Dasein mitbestimmen. Ganz in der Tiefe der Seele stößt man auf Bereiche, die nichts mehr mit unserem persönlichen Leben, mit unserer Biographie, zu tun haben. Hier schöpft die Seele aus Quellen, die schon lange vor der Geburt vorhanden waren. Sie betreffen die Ahnen, frühere Zeitalter, andere Völker, andere Kulturen, ja sie umfassen die ganze Menschheit und deren ganze Geschichte. Hier kommuniziert die Seele mit einem unermeßlich weiten Feld von Erinnerungen und Erlebnissen der Menschheit. Das sind jene Ereignisse und menschlich-göttlichen Gestalten, die in Mythologien und Religionen, aber auch in der geschichtlichen Überlieferung ihren Niederschlag gefunden haben. Das kollektive Unbewußte ist allen Menschen gemeinsam. Es bildet die Wurzeln von uns allen.

Frage: Das müssen ungeheure Kräfte sein, die da aus der Tiefe wirken. Wie kann man aber ein so gewaltiges Geschehen in Worte oder in Bilder fassen?
K. W.: Diese Kräfte sind nicht so ungestaltet, wie man

vielleicht meinen könnte. Sie treten in ganz bestimmten Formen auf, die man namhaft machen kann. Wir nennen sie nach *Jung* die *Archetypen*, auf deutsch *Urbilder*. Was man früher unter einer Beeinflussung durch Götter, Halbgötter und Dämonen verstand, würde man heute als archetypische Einwirkung bezeichnen. Man faßt heute diese Gestalten und Mächte psychologisch auf, nicht mehr metaphysisch. Sie kommen nicht mehr von außen auf einen zu. Sie sind ins Innere des Menschen verlegt und ermöglichen ihm damit eine aktive Teilnahme an seinem Schicksal und seiner Entwicklung.

Es ist wie eine Theaterbühne, auf der es unheimlich dramatisch zugeht. Alle Mythologien, alle Religionen schöpfen daraus. Und wo es dramatisch zugeht, gibt es natürlich auch Personen, die das Drama aufführen. Da gibt es den Großen Vater, die *Vaterfigur*, z. B. Gottvater in der christlichen oder Zeus in der griechischen Mythologie. Es gibt die *Mutterfigur*, die Große Mutter, die Maria in der christlichen oder die Kali Durga in der hinduistischen Mythologie. Es gibt den *Ödipus*, nach dem *Freud* den Ödipuskomplex benannt hat. Es gibt Verstrickungen des Schicksals, in denen ein Archetyp die Hand im Spiel hat: z. B. Elektra oder wiederum Ödipus. Es gibt die archetypischen Heilsbringer, die nicht nur historische Gestalten waren, sondern auch in jedem von uns ihr Wesen treiben: z. B. Buddha und Christus. Es gibt das Kind, das Tier, *das Weibliche*, *die Anima*, oder *das Männliche*, *den Animus*. Die Archetypen können auch in *Symbole* übergehen. Auch das Symbol hat, wie der

Archetyp, keine materielle Grundlage und ist nicht an die Materie gebunden, sondern aus rein psychischem Stoff geschaffen, «dem Stoff, aus dem die Träume sind».

Frage: Was sind Symbole denn eigentlich? Es scheint mir irgend etwas Mystisches zu sein, unter dem sich niemand etwas Konkretes vorstellen kann.

K. W.: Jeder versteht etwas anderes darunter. Sogar Straßenverkehrszeichen werden Symbole genannt. Wir sprechen hier nur von den psychologischen Symbolen, die sich allerdings weitgehend mit denjenigen Symbolen decken, die wir aus der Religionsgeschichte, der Ethnologie oder auch aus der Kunst kennen. Symbole sind sinnträchtige Bilder, die nicht der Außenwelt entnommen sind, die aber ein eigenes inneres Leben haben und deshalb in der Psyche als Energietransformatoren wirken können. Es sind in der Tat die großen Verwandler in unserem Innenleben. Ein Symbol ist auch immer vielschichtig, vieldeutig und doch nie ganz auszuschöpfen. Es kann unendlich viele Bedeutungen haben, je nach dem Zusammenhang, in dem es auftritt. Es weist immer stellvertretend auf etwas anderes, auf einen Sachverhalt, ein Gefühl, ein Erlebnis, aber auch dieses *Andere* ist vielfältig und kann bald dieses und bald jenes bedeuten. Das eine kann in ein anderes übergehen. Darin liegt eben auch die Verwandlungskraft der Symbole: Es sind Bilder des Übergangs.

Frage: Dann müßte man aber annehmen, daß es auch

ganz allgemeine Symbole gibt: je allgemeiner, desto symbolischer?

K. W.: Ja, Symbole sind umfassender als Archetypen und nicht an bestimmte Figuren oder Situationen gebunden. Sie können auch ganz abstrakt sein: ein Kreuz, ein Kreis oder ein Stern. Darüber könnte man ganze Bücher schreiben, was auch schon geschehen ist. Eine berühmte Unterform des Kreissymbols ist *das Mandala.* Wenn sich jemand eingehend darauf konzentriert, kann es eine Stimmung der Ruhe, der Harmonie, der Ganzheit und erst noch des Jenseitsbezugs vermitteln.

Frage: Sie haben *Jung* und *Freud* erwähnt, die eigentlichen Väter der Traumdeutung. Die Arbeiten und die Theorien dieser beiden Herren liegen schon einige Zeit zurück. Sind das denn nur noch historische Dokumente, oder haben sie auch eine aktuelle Bedeutung?

K. W.: Was da entdeckt worden ist, das hat immer noch eine ganz enorme, weiterhin wachsende Bedeutung, sowohl was *Freud* als auch was *Jung* anbelangt, nicht nur für die Therapie und die Psychologie, sondern auch für das allgemeine kulturelle Bewußtsein. Es ist natürlich fortgebildet und erweitert worden. Es hat Schulen gegeben, Abwege und Irrwege, aber im großen ganzen ist es ein Strom, der immer breiter wird, ein reißender Strom, könnte man sagen.

Frage: Zwischen den beiden «Urvätern» der modernen Psychologie bestehen ja wesentliche Differenzen. Können Sie diese kurz erläutern?

K. W.: Der Gesichtspunkt *Freuds* war mechanistisch, materialistisch. Er ging von der Biologie aus, und das hat auch seine volle Berechtigung. Seine Lehre basiert auf dem Grundkonzept der Verdrängung. Unangenehme, peinliche oder schuldbeladene Erlebnisse werden abgeschoben und damit unbewußt und anderseits durch sogenannte Reaktionsbildungen kompensiert. Da wird etwa aus einem Rachewütigen ein Pazifist. Der *Jungsche* Standpunkt ist geistiger Natur. Er geht gleichsam von den platonischen Ideen aus. Er sieht im Unbewußten nicht einfach ein Behältnis von unbrauchbaren und widerstrebenden Erlebnissen, sondern erkennt darin etwas Schöpferisches und auch die Quellen allen künstlerischen Schaffens und damit letztlich auch der Kultur. Damit eignet der *Jungschen* Sicht etwas Optimistisches, während bei *Freud* mehr die tragischen Aspekte der menschlichen Existenz hervortreten. Das eine geht nicht ohne das andere. Wir brauchen beide Ansichten. Sie ergänzen einander.

Frage: Könnten wir jetzt vielleicht etwas konkreter werden und das Gesagte an einem Beispiel aus der Praxis illustrieren? Hat es überhaupt einen Sinn, über Träume zu reden, ohne daß der Träumer anwesend ist?

F. W.: Innerhalb gewisser Grenzen schon. Ein einfaches Beispiel. Eine 28jährige Frau schrieb:
Möwen fliegen über den See, dort, wo ich wohne. Eine da-

*von trägt einen schönen, glänzenden Ring im Schnabel.
Sie läßt den Ring ins Wasser fallen. Angehörige meiner
Familie tauchen nach dem Ring und bringen ihn.*

Dies sind Symbole, man darf sie nicht konkretisiert
auffassen. Der Ring ist, vereinfacht ausgedrückt,
Symbol für etwas Abgerundetes. Er hat weder Anfang noch Ende. Es kann ihm also diese *Bedeutung*
zukommen. Wenn wir jedoch auf die spezielle Situation dieser Träumerin eingehen, erhält ein anderer
Symbolgehalt stärkeres Gewicht. Sie erwähnte noch,
in den vergangenen Jahren sei sie viel im Ausland
gewesen. Sie sei jetzt im Begriff, zu Hause wieder
Fuß zu fassen, doch in ihrem Inneren sei sie noch
nicht sicher, für welchen Lebensweg sie sich entscheiden soll. – Und nun ereignet sich ein solcher
Traum.

Der Ring ist auch ein Symbol für Verbundenheit, als
Ehering, Freundschaftsring, und ausgerechnet die
Verwandten der Träumerin tauchen nach diesem
verlorenen Ring. Vom Unbewußten her wird also auf
die Verbundenheit mit der Familie und mit der Heimat hingewiesen. Der Traum signalisiert der Frau
ganz klar, wie sie sich entscheiden soll. Allein schon
das Bild ist eindrücklich. Wenn man die Diskussion
mit ihr noch fortführen würde, kämen sicher verschiedene weitere Zusammenhänge zum Vorschein.
Dieses kleine Beispiel zeigt, wie ein Traum auch ohne gründliche Auslotung bereits etwas Wesentliches
aussagen kann.

Im allgemeinen ist es tatsächlich schwierig, zu einem
Traum etwas zu sagen ohne die Mitarbeit des Träu-

mers. Der Therapeut sieht den Träumer nicht, er hat keinen Eindruck von seiner Persönlichkeit, und er hat kein Feedback von ihm. Es gibt für ihn keine Möglichkeit, sich intensiver in die innere und äußere Situation des Träumers hineinzuleben und zu vertiefen. Er tappt ein wenig im dunkeln. Natürlich hat er seine Erfahrungen im Hintergrund, denn er hat schon ähnliche Fälle behandelt. Aber auch im Gespräch mit dem Träumer bittet er, seine Äußerungen vorerst als Vorschläge, als Anregungen aufzufassen.

Frage: Die Anregungen sind also Spuren, die Sie legen und die vielleicht auch ein wenig weiterhelfen können?

F. W.: Ja, die vielleicht weiterhelfen können, wenn sie aufgegriffen werden vom Träumer selber, aber darauf kommt es eben an. Letztlich entscheidet über eine Trauminterpretation immer der Träumer selbst, nämlich ob er ein sogenanntes *Evidenzerlebnis* hat, d. h. ob er von innen heraus spontan sagen kann: «Ja, das ist es, das trifft den Nagel auf den Kopf, ich spüre, das stimmt.» Oder umgekehrt: «Nein, das kann ich nicht annehmen, das scheint mir fremd.» Ein Traum ist aber auch etwas sehr Persönliches, damit muß man behutsam umgehen. Er gibt oft Auskunft über das, was in unserem Inneren noch in Vorbereitung und im Entstehen ist, und das darf niemals zerstört werden.

K. W.: Man kann auch so vorgehen, daß man die Träume, die man für interessant hält, in einer Gruppe von interessierten Laien oder in einem Seminar vorlegt, natürlich unter Wahrung der Diskretion. Man erhält so die verschiedensten Anregungen und Kommentare, die oft besonders wertvoll sind, weil die Teilnehmer meistens unvoreingenommen und nicht theoretisch verbildet sind. Man kann dann auch den Träumer selbst mit dem, was die anderen zu seinem Traum gesagt haben, konfrontieren, und sehr oft bringt ihm das etwas. Es ist eine häufige Erfahrung, daß Träume von anderen Leuten auch auf einen selbst stimulierend wirken und die eigene Traumproduktion anregen können.

Frage: Es würde mich sehr interessieren, welche Rolle Sie dabei einnehmen. Sie sind ja Arzt und Psychotherapeut und haben die entsprechende Fachliteratur studiert. Welche Rolle übernehmen Sie und welche Rolle übernimmt der Träumer oder die Träumerin anläßlich einer Traumbesprechung?

F. W.: Wir würden den Traum miteinander ausführlich besprechen, nicht nur stichwortartig, wie ich das vorher erwähnt habe. Es geht nicht darum, auf Anhieb etwas zu sagen, sondern wir müssen das Ganze, den Traum und unsere Gefühle, zuerst reifen und auf uns wirken lassen, auf beide, den Träumer oder die Träumerin und mich als Therapeuten. Dann erst merken wir, was der Traum wirklich zu bedeuten hat und in welche Richtung die innere Entwicklung gehen soll. Was aber noch wichtiger ist: In uns findet ein dauernder Wandlungsprozeß statt. Weitere Träume werden kommen, und der eine Traum ist im Zusammenhang der Gesamtfolge zu verstehen.

Daraus ergibt sich eine viel größere Genauigkeit. Es wird ja immer wieder behauptet, bei Träumen könne man vieles dazuphantasieren. Das stimmt vielleicht für einen Einzeltraum und bei Unkenntnis der Bezugswelt des Träumers. Es trifft aber in keiner Weise zu, wenn man den Träumer und seine Lebensgeschichte kennt und wenn der eine Traum ein Glied einer ganzen Serie von Traummitteilungen ist. In solchen Fällen kann mit großer Wahrscheinlichkeit die innere Entwicklungsrichtung erkannt werden. Sollte man aber etwas Falsches hineininterpretiert haben, was natürlich möglich ist, meldet sich über kurz oder lang ein Traum, der die Aussage korrigiert. Im Traum der jungen Frau z. B. wird nicht etwa konkret gesagt: «Bleib zu Hause», oder: «Geh wieder auf eine Reise», sondern es wird die innere Situation dargelegt, und die ist viel wichtiger. Aus dem Verstehen und Erleben der inneren Situation kann man dann entscheiden. Einzelheiten der Traumszene müssen im übrigen nicht unbedingt verstanden werden, sondern es genügt meist schon, das Stimmungsmäßige des Traumes auf sich wirken zu lassen.

Frage: Wenn ich mit Freunden über Träume spreche, dann fällt mir auf, daß es viele gibt, die detaillierte Interpretationen mitliefern, und andere, die sagen: «Ich habe diesen Traum gehabt, er ist für mich ein Rätsel, ich kann damit nichts anfangen.» Das sind zwei total verschiedene Einstellungen. Wie gehen Sie damit um?

F. W.: Ich kann Ihnen an einem Beispiel zeigen, wie

ein Träumer selbst ausgezeichnete Deutungen gegeben hat, die man nur bestätigen kann. Er hatte immer wieder in sich hineingehört, bis er erahnte, welchen Weg der Traum aufzeigte. Daraus konnte er seine eigene Lösung finden. Der Mann schrieb:

Ich bin in unserem Reiheneinfamilienhaus herumspaziert und war unzufrieden, daß die Räume alle so klein waren. Dann ging ich in den Keller. Im ersten Keller hörte ich fröhliche Stimmen und Gläsergeklirr. Im zweiten, tieferen Keller hingen bunte Girlanden, und Tanzmusik erklang. Auch eine Katze war da. Zusammen mit dem Architekten betrat ich unseren noch tieferen Keller. Ich staunte nicht schlecht: Der Raum war überraschend groß, alles weiß gestrichen. Der Boden mit wunderschönen Kieselsteinen belegt. Mitten drin befand sich ein großer Swimmingpool. Man hörte ganz leise, beruhigende Musik. Der Raum war leer, weder Menschen noch Gegenstände befanden sich darin. Nur das Wasser war belebt: Ein großer weißer Schwan schwamm langsam hin und her. Mitten in meinem Staunen hörte ich plötzlich den Architekten sagen: «Na also, da haben Sie einen großen Raum, mit dem Sie noch sehr schöne Sachen machen können.»

«Damit», schreibt er, «war dieser eindrückliche Traum zu Ende. Da ich gelesen hatte, daß in Traumanalysen ein Keller oft mit dem Unbewußten gleichgesetzt wird, und mich auch die Klarheit und Stärke dieses Traumes sehr beeindruckt hatten, beschloß ich, mich mehr um meine vielen Träume zu kümmern und sie nicht nur als kurzweilige nächtliche Unterhaltung anzusehen. Seither lasse ich mich oft von ihnen leiten und habe damit bis jetzt nur gute Erfahrungen gemacht.»

Im Traum wird tatsächlich auch erwähnt, daß er den Architekten, der sein Unbewußtes gestaltet, direkt bei sich habe.

Frage: Nach diesem konkreten Beispiel kann ich mir jetzt schon etwas vorstellen unter einem Symbol. Inwiefern ist aber ein symbolisches Bild verschieden von einer ganz gewöhnlichen Wahrnehmung, einem alltäglichen Gegenstand?

K. W.: Zunächst einmal ist ein *Symbol* ja immer ein *Bild*, und zwar ein vieldeutiges Bild, im Gegensatz zu einer Allegorie, etwa der Figur der Helvetia, Germania oder der Freiheitsstatue in New York, und im Gegensatz zu einem Alltagsgegenstand. Wenn ich im Wachen einen Stuhl betrachte, dann ist das nichts anderes als eine Sitzgelegenheit von einer bestimmten Form ohne irgendeine andere Bedeutung. Ein Symbol dagegen hat zahllose Bedeutungen. Zum Beispiel ein Kreuz: Es ist ein nach innen gewendetes, ein «introvertiertes» Quadrat. Man kann also das Kreuz unter anderem vom Quadrat ableiten, das bereits eine große Zahl von Bedeutungen hat. Es ist z. B. ein Symbol für die Vollständigkeit des Menschen, soweit er irdisch geboren ist. Ein Quadrat ist Symbol für fest verwurzelt sein. Es kann auch ein Symbol für die Erdoberfläche sein oder für die Erde selbst oder die Himmelsrichtungen. Oder es kann die symbolische Darstellung einer festgefügten oder einer abstrakten, denkerischen Mentalität sein, eine un-

28

endliche Vielfalt an Deutungen, die sich zum Teil auch widersprechen. Auch das wieder ein Charakteristikum der Symbole: Sie bewirken eine *Vereinigung der Gegensätze* heilend/schädlich, hoch/tief, Licht/Dunkelheit usw.

Sie bewirken zudem eine Vereinigung der Gegensatzspannungen in dem Individuum, das sich mit den Symbolen in seinen Träumen befaßt, und wirken dadurch auch heilend.

Oder die Schlange: ein weltweites, ganz wichtiges Symbol. Aber eben nicht die Schlange, die mich auf einer Wanderung fast gebissen hätte: Die ist nur eine irdische Verkörperung des großen *Urbildes* «Schlange», der Schlange, die im Paradies wirkte und die in allen großen Mythologien eine der Hauptrollen spielt. Sie ist bekanntermaßen höchst gefährlich, unheimlich, dämonisch, böse und dann aber auch wieder heilsam, denken Sie an den Äskulapstab, ebenfalls ein Heilsymbol, das Emblem der Ärzte, um das sich eine Schlange windet, oder sogar zwei. Es gab eine Sekte, die Ophiten, die Christus in Gestalt einer Schlange verehrten. Also: Das Tödliche, das Giftige kann auch heilen, und das Heilende kann auch töten, je nach Umständen und Dosierung. Die Schlange als Symbol vereinigt beide Bedeutungen. Daneben hat sie auch noch ganz andere Bedeutungen. Sie weist zum Beispiel in weite archaische Tiefen zurück, weil sie ein ganz primitives Tier ist, ein Kaltblüter. Sie weist zum Erdhaften, weil sie ein Erdtier ist, sie weist auf Sünde und Versuchung usw. hin.

Frage: Ich kenne verschiedene Traumbücher, z. B. das weitverbreitete Ägyptische Traumbuch, in welchem man nachschlagen kann, was die einzelnen Motive bedeuten. Danach ist man sich im klaren über seinen Traum. Haben Sie den Eindruck, daß diese Symbole absolute und fast ewige Zeichen sind, unabhängig auch von Zeitströmungen, oder glauben Sie, daß sie irgendwie auch in zeitliche Prozesse eingebunden sind?

K. W.: Natürlich verändern sich die Symbole und damit auch ihre Bedeutungen. Das Schwein beispielsweise hatte im Altertum keineswegs die schweinische, säuische Bedeutung, die wir ihm zumessen. Es hatte nichts zu tun mit «Schweinerei». Es war kein widerliches Tier. Das Schwein war der Diana heilig, der reinen, strengen, besonders edlen, jungfräulichen Göttin. Die Gans galt im Altertum in einem gewissen Sinne als heilig, und nur bei uns ist sie eine «dumme Gans». Es handelt sich hier um eine pejorative Veränderung der Symbole, die auch damit zusammenhängt, daß wir die Ehrfurcht vor der Natur überhaupt verloren haben. Eine solche Entwicklung kann sich auch jederzeit wieder ändern; sie ist nicht definitiv. Die einzelnen Symbole unterliegen im Laufe der Zeit in ihrer Bedeutung einem Wandel.

Frage: Sie versuchen also, aus dem Menschen selber, der Ihnen einen Traum erzählt, herauszufinden, welche konkrete Bedeutung ein solches Symbol für diesen Menschen haben könnte, sofern man überhaupt von konkret sprechen kann?

K. W.: Genau. Dafür sammeln wir seine Assoziationen. Sie kennen ja die berühmte Psychiaterfrage,
über die man sich so oft lustig macht: «Was fällt
Ihnen dazu ein?» Der Patient erzählt etwas und
erwartet natürlich eine Rückäußerung. Aber weit
gefehlt! Der Arzt gibt keine Auskunft, sondern fragt:
«Was fällt Ihnen dazu ein»! Das mag oft etwas
lächerlich tönen, hat aber einen tieferen Sinn, denn
auf diese Weise erhalten wir Assoziationen, persönliche Einfälle des Patienten, die wir sammeln. Das ist
das eine, was wir zur Deutung brauchen. Das zweite
ist: Wenn ich ein Symbol habe, Schlange, Gans oder
was immer, dann kann ich mich in der Kultur- oder
Religionsgeschichte, in Dichtung, Mythologie, in
Märchen, Sagen oder auch in alchemistischen Texten
umsehen, welche Bedeutung die Gans oder die
Schlange im weiteren Umkreis der menschlichen
Kultur hat. So kann ich das Symbol, das im Traum
aufgetreten ist, anreichern mit Bedeutung und Gehalt, amplifizieren, so daß ein solches Symbol weit
und tief und für den Träumer immer bedeutungsvoller wird. Er sieht sich dann eingebunden in einen
vollen Strom von menschlicher Kultur. Schon allein
dadurch verliert sein persönliches Problem an Gewicht und auch an Schmerzhaftigkeit. Er fühlt sich
nicht mehr allein, er spürt: «Was ich zu tragen habe,
ist ja nur Teil eines allgemein menschlichen Schicksals. Ich bin gerade durch mein Leiden mit vielen andern und erst noch mit der archetypischen Welt der
Geister, der Heroen usw. verbunden, und etwas von
ihrem Starkmut kann auch auf mich überfließen.»

Frage: Wenn die Leute Träume erzählen, dann fällt auf, daß gewisse Vorgänge, gewisse Motive immer wieder auftauchen; z. B. das Fliegen oder auch das Stürzen, das Fliehen, das Verfolgtwerden oder die Verwandlung. Gibt es nach Ihrer Erfahrung eine Art «Motivsortiment»?

K. W.: Das gibt es schon. Einiges haben Sie ja schon erwähnt: die Träume, in denen man verfolgt wird und wie festgebannt ist, man kommt nicht vom Fleck, die Flug- und Schwebeträume usw. Dann die Einbrecherträume der jüngeren oder älteren Mädchen, wo «der Mann» in ihr Leben einbricht; die Wasserträume, gewissermaßen die Überflutung durch Gefühle aus dem Unbewußten; weiter die große Kategorie der sexuellen Träume, auch inzestuöse Träume. Ganz wichtig sind Prüfungsträume. Eigenartig ist dabei, daß man nie von Prüfungen träumt, die man *nicht* bestanden hat, sondern immer nur von solchen, bei denen man erfolgreich war; jetzt träumt man aber, daß man Schwierigkeiten hat, man ist nicht vorbereitet und hat große Angst.

Frage: Rächt sich das Unbewußte, oder wie interpretieren Sie das?

K. W.: Das ist individuell sehr verschieden. Es ist zum Beispiel möglich, daß der Mensch in einer kritischen Lebensphase angelangt ist, die für ihn eine schwierige Aufgabe, eine Prüfung bedeutet, und er weiß nicht, ob er diese Prüfung bestehen wird. Dann greift das Unbewußte eben eine frühere, bestandene Prüfung auf, um ihm zu zeigen: Sieh mal, die damalige hast du bestanden, warum eigentlich diese Angst vor der jetzigen Lebensprüfung, der jetzigen Lebensschule? «Prüfung» hat ja immer auch den Nebensinn eines Leidens, durch das man hindurchmuß, um zu einem höheren Reifegrad zu gelangen, wie in Mozarts «Zauberflöte». Man nennt das bei Naturvölkern und in den Mysterienkulten «Initiation». Hier sehen Sie übrigens auch den typischen Kompromißcharakter der Träume. In den Prüfungsträumen finden Sie sowohl Ermutigung durch Rückgriff auf die früheren Erfolge, bestandene Examina als auch die aktuelle Angst: Die beiden Gegensätze werden in einem einheitlichen Traumbild zusammengefaßt. Man kann es auch nach *Jung Kompensation* nennen: Das Unbewußte kompensiert durch die Ermutigung, die aus den früheren Prüfungserfahrungen fließt, die aktuelle Angst. Die einseitige Einstellung des Bewußtseins, die einseitige Fixierung auf die Angst, wird durch die Träume korrigiert und aufgewogen. Das Gleichgewicht wird wiederhergestellt.

Frage: Ich habe einen Freund, der hat seit Jahren immer den gleichen bösen Traum, der ihn stark beschäftigt. Gibt es das nach Ihrer Erfahrung überhaupt, derart fixe, immer wiederkehrende Vorstellungen im Schlaf?
F. W.: Leider kommt das relativ häufig vor. Diese Wiederholungsträume können den Betroffenen stark belasten. Ein kleines Beispiel: Eine Frau schreibt:
Ich bin meistens irgendwo in einem fremden Haus und habe entweder eine sehr wichtige Handtasche oder eine

sehr wichtige Schachtel bei mir. Jedesmal finde ich nachher die Handtasche oder die Schachtel mit den wichtigen Sachen nicht mehr. Hie und da stehe ich im Halbschlaf auf und suche danach, z. B. nach einem Schlüsselbund. Ich habe dann das Gefühl, etwas Wichtiges verloren oder vergessen zu haben. Diese Träume belasten mich sehr.

Man müßte jetzt mit dieser Träumerin zusammen herausfinden, was sich wohl in dieser Handtasche befindet. In einer Handtasche trägt man persönliche Dinge mit sich, mit einem Schlüsselbund hat man die Möglichkeit, private Gegenstände einzuschließen oder den Safe, in dem man sie versorgt hat, wieder zu öffnen. Vielleicht könnten wir aus anderen, ergänzenden Träumen ergründen, was sich in der Handtasche oder im abgeschlossenen Raum befindet, welche Symbolik sich also darin verbirgt. Stets wiederkehrende Träume sind ein dringender Appell, sich mit einem bestimmten Problem zu befassen. Sie wiederholen sich so lange, bis man ihnen Gehör geschenkt hat, das heißt, bis man nicht mehr nur passiv darunter stöhnt, sondern ihre Meldung verstanden hat; dann verschwinden sie.

Frage: Träumt man eigentlich immer?

K. W.: Ja, man träumt jede Nacht, aber man erinnert sich längst nicht an alle Träume. Wenn jemand sagt: Ich träume nie, so ist das eine Selbsttäuschung. Er träumt jede Nacht, aber er erinnert sich am Morgen nicht mehr daran. Sonst wäre er schon lange schizophren geworden. Aber gesund ist es nicht, und es hat auf jeden Fall schädliche Auswirkungen, wenn man sich seiner Träume gar nie erinnert. Man merkt es den Leuten auch an: Sie wirken vertrocknet oder versteinert, von ihren Wurzeln abgeschnitten. Sie leben nur mit einem Teil ihres Wesens. Träume sind notwendig zur Aufrechterhaltung der psychischen Gesundheit.

Frage: Woher kann man denn wissen, daß der Mensch jede Nacht träumt?

K. W.: Träume ereignen sich immer in den *REM-Phasen* (*Rapid Eye Movement* = «schnelle Augenbewegungen»), die jeweils einige Minuten dauern. Es finden gewöhnlich vier solcher Phasen pro Nacht statt. Man kann sie durch das Aufzeichnen der elektrischen Hirnströme feststellen (Elektroenzephalogramm). Der REM-Schlaf bedeutet also nicht Ausruhen, sondern eine intensive Aktivität, wie man in Untersuchungen mit Positronen-Emissionen nachgewiesen hat (s. Abb.). Bestimmte Medikamente kön-

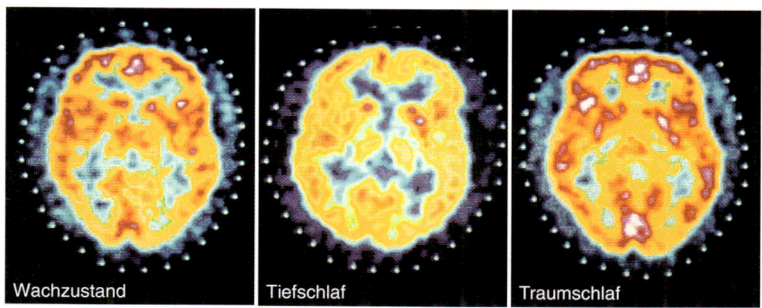

Wie diese Tomographie zeigt, ist im REM-Schlaf, dem besonders traumträchtigen Zustand, das Gehirn aktiver als im Wachen. Aber auch in anderen Phasen träumen wir, selbst im Tiefschlaf.

(Fotos: Prof. Dr. W.-D. Heiss, Max-Planck-Institut, Köln)

nen ihn fördern oder unterdrücken. Wenn man in einer solchen Periode den Schläfer weckt, kann er einem jedesmal Träume erzählen. Wenn man ihn aber immer schon zu Beginn einer REM-Phase weckt, wird er nach einigen Tagen mit Sicherheit eine *Halluzinose* entwickeln, eine künstlich erzeugte Schizophrenie mit Sinnestäuschungen. Man sieht daraus, wie lebensnotwendig Träumen ist.
Normalerweise ist es nicht möglich, das Träumen zu unterdrücken, nur die Erinnerung daran.

F. W.: Eine Frau schrieb, sie wolle jetzt nicht mehr träumen, und darum stelle sie alle Träume ab. Das hört man hie und da, auch von Leuten, die aus Angst vor Alpträumen sich nicht getrauen, einzuschlafen. Es ist ein möglicher Weg, eine Phase zu überbrücken, in der man nicht über die innere Kraft zur Verarbeitung der Probleme verfügt. Zum Ausgleich macht die Betreffende Musik, beschäftigt sich mit Handarbeiten und fühlt sich eigentlich zurzeit recht wohl. Aber grundsätzlich ist es schade, Träume nicht mehr zu erleben. Sie sollte später wieder dazu übergehen, die Botschaften ihres Inneren zu vernehmen.

Frage: Ich stelle mir vor, daß das auch mit sehr vielen verschiedenen Faktoren zusammenhängt, mit dem Alter beispielsweise, oder auch mit bestimmten Lebensumständen, vielleicht mit Glück und Unglück in gewissen Situationen. Je nachdem werden sich auch die Träume melden.
F. W.: Ja, in Übergangszeiten, wie in der Pubertät

oder in der Übergangsperiode von der beruflichen Aktivität zum Alter, oder auch im mittleren Lebensalter bei Problemen in der Familie, bei der Arbeit und vielen anderen Schwierigkeiten, die immer einmal auftreten können, melden sich oft sehr eindrückliche Träume.

Frage: Ich persönlich träume viel, aber ich kann mich meistens nicht mehr daran erinnern. Was kann man dagegen tun?

K. W.: Da gebe ich gewöhnlich zuerst einmal einen Rat, der so einfach ist, daß ich mich fast geniere, ihn auszusprechen: ein Blatt Papier und einen Bleistift auf den Nachttisch zu legen. Damit kommt man oft schon ziemlich weit.

Frage: Muß man dann aufstehen und aufschreiben, was man geträumt hat?

K. W.: Man kann das auch im Liegen machen.

Frage: Ist das aber nicht etwas mühsam, mitten in der Nacht?

K. W.: Es ist mühsam, und vielleicht schläft man dann auch eine Zeitlang nicht mehr ein. Man wird aus dem Schlaf gerissen. Aber es lohnt sich. Ich hatte eine Patientin, eine Amerikanerin, die hat immer ein ganzes Bündel Träume geliefert, die sie aus dem Schlaf heraus auf Tonband gesprochen hat. Sie ist nachher jeweils selig wieder eingeschlafen. Und am anderen Morgen wunderte sie sich, was da so alles passiert war in der Nacht und daß sie das geträumt haben sollte. So kann man es auch machen. Eine andere Möglichkeit ist folgende: Am Morgen nach dem Erwachen sich nicht sogleich bewegen, sondern ruhig liegenbleiben, vor allem die Augen nicht bewegen und in sich hineinschauen und sich fragen: «Woher komme ich jetzt, aus welchem Land oder aus welcher Region des Traumlandes?» Eine weitere Möglichkeit ist die, daß man, falls man das autogene Training oder sonst eine Methode der Selbsthypnose beherrscht, sich tagsüber in Trance auf irgendeine Art den Auftrag gibt, zu träumen und sich an die Träume zu erinnern. Ein weiterer Ratschlag ist ganz besonders wichtig: Man sollte sich zur Pflicht machen, alle Träume, auch Traumfetzen und scheinbar ganz belangloses Zeug, vollständig aufzuschreiben. Das hilft auch, Träume vermehrt im Gedächtnis zu behalten. Man kann sich auch tagsüber den Schlaf, am besten wiederum in Trance, als eine dunkle Zone vorstellen, in der an verschiedenen Stellen nacheinander hell erleuchtete Fenster aufgehen; das sind die Träume. In diesen Zusammenhang gehört auch die Frage, die wir oft dem Patienten oder auch uns selber stellen: «In welcher Stimmung war ich eigentlich nach dem Traum, wie bin ich erwacht? Hat der Traum mich befreit, hat er mich erheitert oder bedrückt? In welcher Verfassung bin ich in den Tag hineingegangen?»

Frage: Könnten wir nicht einmal ein paar Türen aufreißen und etwas weitere Bereiche betrachten? Spannend scheint mir in diesem Zusammenhang die

Bedeutung des Traums in der Kulturgeschichte: Das ist ja gewaltig; zum Beispiel die Träume im alten Ägypten, im Alten Testament, in der Bibel überhaupt und in den Hochkulturen. Ich habe mir schon oft überlegt, ob letztere nicht auch große Traumkulturen gewesen sind und ob wir, weil wir nicht mehr in solchen Kulturen leben, nicht auch unsere Träume ein wenig verloren haben.

K. W.: Ein schöner Ausdruck, «Traumkulturen», und ich bin ganz einverstanden, wurde doch ein großer Teil der künstlerischen und der religiösen Produktion im Grunde aus dem Traumleben geschöpft. Die Träume sind ja unsere individuellen Mythen, und der Mythos ist ein kollektiver Traum. Sehr viele Dichtungen sind aus Träumen entstanden, erzählen Träume und konnten nur geschaffen werden, weil das Traumleben den Dichter ständig begleitet hat. Das gilt nicht nur für die Künste und die Dichtung, sondern auch für die Wissenschaft. Ein ganz berühmtes Beispiel ist die Entstehung der organischen Chemie. *Kekulé,* der Forscher, der die organische Chemie begründete, hatte im Laboratorium gewisse Beobachtungen gemacht und konnte damit nichts anfangen. Das hat ihn monatelang gequält, er hat sich erfolglos damit herumgeschlagen. Dann ist er eines Nachts eingeschlafen, nachdem er wieder einmal lange darüber nachgedacht hatte und zu keiner Lösung gekommen war. Da sah er im Traum Tanzpaare, Tänzer zuerst, die sich dann zu Paaren vereinigten, und diese Paare wiederum verbanden sich zu Sechsecken: Das war die chemische Formel des Benzolringes mit seinen Zweierbindungen, der zur Grundlage der gesamten organischen Chemie wurde!

Oder der Fall eines Genfer Paläontologen, der nur ein kleines Bruchstück vom Skelett eines unbekannten vorsintflutlichen Fisches in der Hand hatte. In der Nacht sah er im Traum ganz genau das gesamte Skelett in allen Einzelheiten. Er zeichnete es sogleich nach dem Erwachen auf, und später wurde ein solches Skelett dann auch tatsächlich gefunden.

Auch uns gewöhnlichen Sterblichen kann es so gehen, daß uns ein Traum die Lösung eines Problems präsentiert, das uns lange beschäftigt hat.

Frage: Wenn wir an die mächtigen Träume denken, die z. B. im Alten Testament vorkommen, diese prophetischen Träume – und wir dies nun mit Ihren Erfahrungen aus der Sprechstunde vergleichen. Welche Kategorien kommen da vor? Gibt es überhaupt solche prophetischen oder Wahrträume?

F. W.: Sie haben die Träume erwähnt, die uns aus den alten Hochkulturen überliefert sind. Unsere sachbezogene, von der Technik beherrschte Kultur ist diesem Element nicht günstig gesinnt, sie nimmt es nicht ernst. Dabei stecken darin so viele Keime, so viele Ansatzpunkte für zukünftige Entwicklungen, selbst für die exakten Wissenschaften. Aber, wie Sie erwähnten, gibt es auch noch ganz andere Traumkategorien, beispielsweise Wahrträume, Träume, die voraussagen, was in nächster Zeit eintreffen wird. Diese Träume stellen nicht in erster Linie die *innere*

Situation dar, sondern sie künden ein kommendes *äußeres Ereignis* an. Eine Träumerin schrieb:
Ich sah meine Schwägerin zur Geburt ins Spital gehen. Irgend jemand sagte mir, daß sie Zwillinge gebären würde. Noch im Traum war ich überrascht und dachte, das stimme natürlich nicht, denn das sei nie festgestellt worden. Am Morgen erzählte ich es meinem Mann, und wir fanden es beide merkwürdig. Am gleichen Abend erhielten wir die Nachricht, daß die Schwägerin geboren hätte, Zwillinge!

Frage: Und dann die bildende Kunst! Ich selber liebe zum Beispiel Klee, die Surrealisten, Max Ernst oder, etwas weiter zurück, Böcklin. Sind das nicht eigentliche Traumbilder, Darstellungen, die wir genausogut geträumt haben könnten? Ist das nicht eine Traumsprache, die sie sprechen? Sie haben gleichsam auf die Leinwand geträumt, statt in der nächtlichen Dunkelheit.

K. W.: Ihre Werke sind nach denselben Gesetzen gestaltet, die auch in Träumen gelten. Das gehört nicht der *äußeren Realität* an. Es ist aus dem Traum heraus geschaffen. Es sind Symbole aus dem Inneren. Und auf uns wirkt das wiederum so stimulierend, wie wenn wir in einem Traum leben würden. Das Betrachten der Werke wird zu einem Erlebnis.

Frage: Sie sprechen von einer äußeren Realität. Steht der Traum, die Traumszenerie, die Traumvision denn nicht auch in einer engen Beziehung zu dem, was wir eben sonst noch erleben, im wachen Zustand?

K. W.: Gewiß. Vor allem die «kleinen», die gewöhnlichen, alltäglichen Träume sind vorwiegend aus den
Materialien der Außenwelt, sogar aus denen vom
Vortag, zusammengesetzt und stehen in engstem Bezug zu dieser, die «großen» Träume weniger. Aber
auch sie verwenden Eindrücke aus dem äußeren
Leben. Ich würde sagen, daß das Wachleben nur ein
Ausschnitt ist aus unserem gesamten Erleben und
daß der Künstler eben unser *gesamtes Welterlebnis,*
das Inneres und Äußeres umfassende Weltbild, darstellt, von welchem wir im Alltag nur einen Teil erleben. In den Träumen, wenigstens in den «großen»,
archetypischen Träumen, haben wir wieder die umfassende Weltsicht. Da ist jeder ein Künstler, da ist
jeder genial. Das wußte auch *Beuys,* wenn er von der
allgemeinen Künstlerschaft des Menschen sprach.
Da haben wir plötzlich wieder Dämonen, Götter,
Weltzustände, Weltuntergänge, Kosmologien. Da
haben wir eigentlich die gesamte Welt, den ganzen
Kosmos und das gesamte menschliche und überhaupt alles Leben, eingefangen in der Nußschale eines Traumes. Und dadurch haben wir auch die
Möglichkeit, unser armes oder bescheidenes individuelles Leben einzugliedern in einen Gesamtzusammenhang. Ich glaube, der Künstler, wie übrigens
auch der Mythos, leistet für die Allgemeinheit dasselbe wie für Sie und für mich unser individuelles
Träumen, nur daß es bei ihm eben allgemeingültig
ist. Mein Traum sagt mir dasselbe, was der Künstler
allen Menschen sagt. Aber man muß hinhören!

Frage: Wenn man das nun überträgt auf Ihren Beruf als Psychotherapeut, Arzt, Psychiater, welchen Stellenwert hat dann der Traum in Ihrem Sprechzimmer? Ersetzt die Traumbesprechung eine Psychoanalyse?

K. W.: Die Traumbearbeitung ist ein wesentlicher Bestandteil jeder psychoanalytischen Behandlung. Sie kann sie nicht ersetzten, aber sie ist ein Kernstück der Therapie. Ganz ähnlich wie der Künstler intellektuelle Deutungen ja meistens vollständig von sich weist, so ist es auch bei der Traumdeutung. Das Wesentliche am Umgang mit den Träumen ist nämlich nicht das, was wir intellektuell damit machen, nicht die Interpretation, sondern daß wir damit dem Träumer, der Träumerin ermöglichen, den Traum und damit sich selber tiefer, umfassender zu erleben, sich von den Traumbildern ergreifen zu lassen oder auch einfach sich daran zu freuen. Gemeint ist also eine Vertiefung des Traumerlebens. Und dann kann die Beschäftigung mit einem Traum auch sehr sinnvoll sein, ohne jedes intellektuelle Verständnis.

Geschichtliche Einführung

Konrad Wolff

Die moderne wissenschaftliche, empirische Traumforschung begann genau mit dem Erscheinen von *Sigmund Freuds* «Traumdeutung»* im Jahre 1900 und ist seitdem unablässig vertieft und ausgeweitet worden. Das Werk war eine historische Pioniertat, die ihren Rang für alle Zeiten behalten wird. *Freud* schuf damit das unverrückbare Fundament für jede künftige Traumbetrachtung und für die Erforschung des Unbewußten überhaupt. Der Traum hat ja die Eigenheit, daß er etwas absolut Jenseitiges ist, das nicht allein aus den Tageserfahrungen erklärt werden kann – Grund genug für die zu *Freuds* Zeiten rein materialistisch eingestellte Psychologie, den Traum als unwichtiges Nebenprodukt der im Schlaf reduzierten Hirntätigkeit abzuwerten. *Freud* aber hatte den Mut, ihn ernst zu nehmen, ihn aus seiner Aschenputtelrolle herauszulösen und zu einem der Hauptstücke der wissenschaftlichen Menschenkunde zu erheben.

Viele machen die Erfahrung, daß ein Traum, obwohl völlig absurd erscheinend, sie nicht losläßt, vielleicht gerade wegen seiner Unverständlichkeit. Dieses Gefangensein erscheint seinerseits außergewöhnlich, wenn nicht geradezu beschämend. Der Traum

* Sigmund Freud, Traumdeutung

kommt aus einem heraus, unzweifelhaft, er gehört einem, ja er ist etwas vom Persönlichsten und Intimsten, und doch ist er einem so fremd, daß es geradezu verrückt erschiene, ihn auf sich zu beziehen.

Was will es mir sagen, dieses Nicht-Ich, das sich doch auf mich selbst bezieht? Will es mir überhaupt etwas sagen? Und woher kommt es, wenn es aus mir kommt und doch nicht aus meinem mir vertrauten Denken und Empfinden? Auf all diese Fragen fand *Freud* eine zeitgemäße Antwort.

Aber die Faszination des Phänomens «Traum» ist natürlich viel älter. So alt nämlich wie die Menschheit selbst, soweit wir von ihr sprachliche Kunde haben. Die gewaltigen und schicksalsschweren Träume im Alten Testament, von *Joseph*, vom *Pharao*, von *Nebukadnezar* oder von den Propheten sind allgemein bekannt. Die *Babylonier*, *Assyrer* und *Ägypter*, die *Griechen* und *Römer* haben uns unzählige Träume überliefert.*

Woher kommen die Träume, und was künden sie an? Dies waren schon in der ältesten Vergangenheit sehr dringliche Fragen, die die Menschen bewegten, und sie fanden die Antwort: Sie stammten nicht aus dem Diesseits, also mußten sie von den Göttern kommen. Und sie mußten eine prophetische oder warnende, eine beratende und lenkende oder eine aufklärende Funktion haben. Damit waren die Träume von An-

* Pongracz/Santner, Königreich der Träume

fang an eingebunden in die religiösen und kultischen Handlungen und wurden mit Ehrfurcht behandelt. Losgelöst von der religiösen Bedeutung, haben die Träume auch heute noch ähnliche Funktionen. Nur setzen wir anstelle der Götter und Dämonen das Unbewußte oder dann Komplexe und Archetypen, die wir uns aber als nicht weniger mächtig denken.

Das Gesagte gilt für die alten Hochkulturen. Eine andere Möglichkeit, mit der Jenseitigkeit der Träume umzugehen, haben die «Primitiven» oder Naturvölker realisiert. Sie fassen die Traumfiguren in konkreter Weise als reale, nicht etwa symbolisch gemeinte Besucher auf, als tatsächliche Einwohnung eines Gottes, eines Naturgeistes, eines Ahnen oder eines Totemtiers. Genau gleich, wie wir auch sonst irgendwelchen Mitmenschen oder Tieren begegnen können. Als diese Denkmöglichkeiten als Folge der seit der Renaissance einsetzenden Aufklärung verlorengegangen waren, kam die Faszination des Träumens dennoch nicht zum Erliegen. Die romantische Naturphilosophie der ersten Hälfte des 19. Jahrhunderts tastete sich in spekulativer, mythologischer, oft auch phantastischer Art an das Phänomen Traum heran. Er wurde voll Ehrfurcht als eine göttliche Offenbarung der «Nachtseite der Natur» gesehen. Ungefähr zur gleichen Zeit blühte der *Mesmerismus,* der Vorläufer des heutigen *Hypnotismus,* der Lehre und Praxis der Hypnose. Der Mesmerismus stellte mit den naturphilosophischen Anschauungen der Romantik eine enge Verbindung her und drang tief in das

Wesen des Traumlebens ein, das er immer wieder auch als ein übernatürliches Phänomen auffaßte. Die aufkommenden Naturwissenschaften, vor allem Medizin und Psychologie, entzogen jedoch dieser Betrachtungsweise seit der Mitte des letzten Jahrhunderts mehr und mehr den Boden, bis das Thema Traum dann von einer ganz anderen Seite her von *Freud* wieder aufgegriffen wurde.

Noch nie in der Geschichte der Menschheit waren der Wissensdurst und die intellektuelle Neugier so groß wie heute, wenngleich sie sich meistens nur auf Äußeres beziehen. Der Wissensdurst hat eine einseitige Richtung genommen. Auch wo er sich scheinbar nach innen wendet, in Richtung auf die menschliche Seele, geschieht dies so, wie wenn die Seele ein äußeres Objekt wäre, in der Psychologie, wenigstens in der «offiziellen». In ihr wird denn auch mit Methoden geforscht, die dem Umgang mit der *äußeren Welt,* vor allem den exakten Naturwissenschaften, entnommen sind. Hier wird die Psyche, das erlebende Ich, durch das uns doch allein Kunde von der Außenwelt zukommt, soweit wie möglich ausgeschaltet. Es entsteht eine *objektive Welt,* die der subjektiven fremd, feindlich und gefühllos gegenübersteht. Es kommt dann zu der viel berufenen «Psychologie ohne Seele». Wo wir auf etwas Inneres, etwas Seelisches, auf etwas Musisches, Gemüthaftes und Gefühlsmäßiges, oder auch auf etwas Religiöses oder Philosophisches stoßen, setzen wir alles daran, um es zu etwas Äußerem zu machen.

Wenn wir noch einen Schritt weitergehen, müssen wir zugeben: Der heutige Mensch will alles wissen und erkennen, aber vor sich selbst, ganz besonders vor seiner eigenen Bestimmung und dem Sinn seines Schicksals, macht er halt. Im krassen Gegensatz zu seinem Wissensdurst steht die Selbstbescheidung, sobald es um den Sinn seines Lebens oder auch um seine jenseitige Bestimmung geht. Da stoppt dann plötzlich jeder Wissensdurst. Man will plötzlich von nichts mehr etwas wissen. Man schreckt davor zurück. Man tut so, als ob das Problem nicht existiere. Dabei ist es doch eigentlich ein Problem, um das kein denkender Mensch herumkommt.

Wir stoßen auf einen Widerstand, wie er uns aus der psychiatrischen Sprechstunde wohlbekannt ist, und wie üblich kleidet er sich in verschiedene buntscheckige Mäntelchen, zusammengeflickt aus Vorwänden und Scheingründen. Man hört etwa: «Meine Aufgabe ist hier auf der Erde, im Diesseits. Sie habe ich wahrzunehmen und nicht meine Kräfte mit Grübeln über das Jenseits zu verschwenden.» Auch wird gesagt, die wissenschaftliche, die Beschäftigung aus reinem Wissensdurst mit solchen Fragen sei nicht erlaubt, sei ein Übergriff. Der Mensch solle nicht wissen wollen, was die Götter oder das Schicksal ihm verborgen hätten. Es sei gar nicht möglich, etwas darüber zu wissen: «Ein Land, aus dem kein Wanderer je wiedergekehrt ist.» Und unsere eigenen Sinne könnten auch nicht dorthin dringen. Es gebe keine Apparaturen, die Daten von dorther liefern könnten, ist auch der Standpunkt der medizinischen Anthropologie, der Psychologie und der Disziplinen der Psychotherapie, die sich ja mit *Freud*, *Jung* und deren Nachfolgern aus der naturwissenschaftlichen Medizin entwickelt haben. Und wenn wir noch weiter zurückgehen in der Medizingeschichte, stoßen wir auf die Hypnose, aus der die heutige Psychotherapie entsprungen ist: Auch sie ist seit der Mitte des letzten Jahrhunderts dem naturwissenschaftlichen Zeitgeist verfallen. Medizin und Psychotherapie hätten es, so argumentieren deren Exponenten, mit dem Leben zu tun, dem physischen und dem psychischen. Der Lebenserhaltung und der Lebensförderung dienten ihre Ziele. Der Tod sei ihnen der große Feind, den man, wo immer man ihn antreffe, bekämpfen müsse. Und was das Leben nach dem Tode angehe, so könnten sie sich nicht darum kümmern. Ihr Auftrag ende mit dem Tode.

Gleichwohl können auch sie der Sinnfrage nicht ganz entgehen, denn damit wird ja auch die Problematik von Leben und Tod angeschnitten. Denn über Sinn und Bedeutung des Lebens läßt sich nur nachdenken, wenn man den Tod als zum Leben gehörig einbezieht.

Freud war bekanntlich ein dezidierter Atheist und leugnete damit jegliche Jenseitigkeit. Wie konnte er dann aber ein so großes Interesse daran haben, auf die Zukunft zu bauen und der Menschheit ein Werk zu schenken, an dessen Ausbreitung er gar nicht mehr teilhaben konnte? Und was für ihn gilt, das gilt auch für jeden andern, der über seinen Tod hinaus Fürsorge trifft. Der Theologe *Hans Küng* hat bei *Freud* auf eine starke, aber verdrängte Religiosität geschlossen. Die Sexualität nahm dann bei ihm den leergewordenen Platz der Religion ein. Das war der Beginn der neuzeitlichen Psychotherapie. Und ihre Grundsätze waren: Beschränkung aufs diesseitige Leben und die in ihm zu verwirklichenden Werte, wie Leistungs- und Genußfähigkeit, psychische und körperliche Gesundheit, oder auch soziale Werte, wie Mitmenschlichkeit, Humanität, Mitgefühl, Ehrlichkeit.

Persönliches und Überpersönliches

Konrad Wolff

Leben und Tod aus psychoanalytischer Sicht

Mit allen mystischen oder metaphysischen Extrava-
ganzen, soweit sie denn solche waren, hat also *Freud*
gründlich aufgeräumt. Er stellte die Psychotherapie
auf ihre eigenen Füße, indem er ihr ihre Eigengesetz-
lichkeit gab, womit er sie sowohl von der *Somato-
therapie,* der Behandlung organischer Leiden, als auch
von der *Metaphysik,* der philosophischen Lehre der
letzten Gründe und Zusammenhänge des Seins, ab-
löste. Vom klassisch-psychoanalytischen Standpunkt
aus reduziert sich die Jenseitshoffnung oder -furcht
auf *Omnipotenzphantasien,* Vorstellungen einer abso-
luten Machtstellung, wie wir sie vom Kinde kennen,
und ist Ausdruck des allgegenwärtigen menschlichen *Narzißmus,* der Selbstliebe, der erotischen Zu-
wendung zum Ich.
Der Mensch als Individuum ist so maßlos in sich verliebt und schätzt sich selber so hoch ein, daß er sich
nicht vorstellen kann, einmal nicht mehr sein zu können. Er kommt sich, nachdem er als Kleinkind der
«Herzensschatz», das ein und alles seiner Eltern gewesen ist, zeitlebens so überaus wertvoll vor, daß er
einen Anspruch auf Unsterblichkeit zu haben meint.
Die Tatsache des Sterbenmüssens ist für ihn eine un-

erträgliche narzißtische Kränkung, die er mit allen aus der Tiefenpsychologie bekannten Finten und Selbsttäuschungen und eben auch mit grotesken Unsterblichkeitsphantasien vor sich selbst zu verstecken sucht. Die Sterblichkeit wird mit Abwehrmechanismen nach *Anna Freud* verdrängt, verleugnet oder isoliert; Mechanismen, die aus der *Neurosenlehre* wohlbekannt sind. Gleich wie ein Kindheitstrauma verdrängt, ins Unbewußte verstoßen, vom bewußten Leben abgespalten wird, so wird auch der Tod, das noch viel kapitalere Trauma, abgespalten. Und wie das verdrängte Kindheitstrauma aus der Tiefe, unkontrolliert, unheilvolle Wirkungen entfaltet in Gestalt von Symptomen und neurotischen Störungen, so bewirkt auch das verdrängte Todestrauma eine neurotische Symptomatik mit unkontrollierbaren Ängsten, mit Höllenfurcht oder, umgekehrt, Hoffnungen auf das Paradies. Die Jenseitserwartung ist nichts als eine riesige *Neurose,* die den Menschen daran hindern kann, seine Aufgaben im Diesseits wahrzunehmen. Die Todesangst läßt sich letztlich auf Kastrationsangst reduzieren und müßte somit, wie jede neurotische Störung, der Behandlung zugänglich sein.

Soweit die klassische psychoanalytische Lehre. Verdrängung des Kindheitstraumas aber, die ja als Muster für alle späteren Verdrängungen gilt, bezieht sich auf Zurückliegendes, Verdrängung des Todestraumas hingegen auf etwas Zukünftiges. Es wird etwas verdrängt, das noch gar nicht erlebt worden ist. Ist da nicht ein grundlegender Unterschied?

Früher war man der Ansicht, Kinder würden sich wenig um den Tod kümmern. Für das Kind sei der Tod nicht mehr als eine Reise oder Abreise, vermutete *Freud.* Es gebe keine unbewußte Entsprechung für den bewußten Begriff des Todes. Todesfurcht trete erst im Gefolge des Ödipuskomplexes auf und weise auf eine ungenügende Auflösung und Verarbeitung desselben.

Neuere Forschungen können diese Anschauung nicht bestätigen. Todesfurcht ist eine häufige Kinderangst, die man schon vom dritten Lebensjahr an antrifft. Ihre Entstehung scheint irgendwie mit der Entwicklung der Begriffsbildung und dem Auftreten von Schuldgefühlen zusammenzuhängen, was aber beides dem Ödipuskomplex vorangeht. Sie steht außerdem in enger Beziehung zu den verschiedensten Formen familiärer Spannungen. Diese führen alle starke Frustrationen, Wut und Angst mit sich und drohen in irgendeiner Weise den Verlust der Eltern an.

Gleichwohl gibt es viele Kinder, die diese ganze frühkindliche Entwicklungsphase anscheinend ohne Todesfurcht durchmachen. Auch das wiederum erklärt sich möglicherweise aus den Omnipotenzgefühlen der frühen Kindheit. In diesem Alter erfolgt auf jede Entstehung von Wünschen und Bedürfnissen unmittelbar ihre Befriedigung. Da das Kind noch keinen Kausalitätsbegriff ausgebildet hat, führt es dies auf seine eigene Allmacht zurück; d. h. es nimmt an, daß ein bloßes Wünschen die Kraft habe, auch die Erfüllung herbeizuzwingen. Das Denken des Kindes ist magisch. Ein Rest davon kann auch den Erwachsenen sein ganzes Leben hindurch begleiten. Es beherrscht aber vor allem auch die Vorstellungswelt der Naturvölker und durchaus auch der frühen Hochkulturen. Aus dem genannten Omnipotenzgefühl leiten wir, immer nach der ursprünglichen psychoanalytischen Lehre, unsere Lebenssicherheit und unser Selbstvertrauen ab. Dies ist es auch, was es dem Durchschnittsmenschen erlaubt, mit der Todesfurcht in einer Weise umzugehen, daß er sich von ihr nicht vollständig lähmen läßt. Das Allmachtgefühl kann ihm den Tod erträglich erscheinen lassen. Es ermöglicht ihm, zur Tatsache des eigenen Sterbenmüssens eine gewisse Distanz zu gewinnen. Er wird dann auf diese Gewißheit den Abwehrmechanismus der Isolierung anwenden. Die Todesfurcht wird isoliert, d. h. aus dem übrigen psychischen Gesamtzusammenhang ausgesondert und damit unschädlich gemacht. Das andauernde Gefühl der persönlichen Unverletzlichkeit ist stark genug, um uns durchs Leben zu tragen, ohne allzusehr von Todesfurcht behindert zu sein.

Individuelles Unbewußtes
oder überpersönliche Führung?

Ungeachtet dieser Lehre werden wir in den nun folgenden Trauminterpretationen immer wieder auch in Grenzbereiche vorstoßen, nicht etwa weil wir dies beabsichtigt hätten, sondern weil es sich aus dem Traummaterial selbst und aus den Erwägungen, die manche Träumer dazu angestellt haben, aufdrängt. Die Frage stellt sich dann jeweils: Handelt es sich bei einem bestimmten Trauminhalt um ein innerpsychisches, rein subjektiv-psychologisch zu verstehendes und im Persönlichen verhaftetes Geschehen, oder handelt es sich um die Einwirkung aus einer objektiv-transzendenten «jenseitigen» Sphäre? In der Sprache der Urvölker ausgedrückt: Kommt der Traum von den Göttern, Dämonen usw. oder nur aus meiner eigenen individuellen Psyche? Ist er nur meine eigene, vielleicht tiefsinnige *Phantasmagorie*, mein Trug- oder Wahngebilde, oder ist er eine Mitteilung außer- oder überpersönlicher Mächte?

Wir subsumieren also unter dem Oberbegriff «Jenseits» drei verschiedene Denkmöglichkeiten, die vielleicht zusammenhängen, von denen aber nur eine der empirischen psychologischen Erforschung zugänglich ist, nämlich:

- das empirisch feststellbare und erforschbare und somit auch unbestrittene, psychologische «Jenseits», das wir auch das *Unbewußte* nennen,
- das hypothetische «Jenseits», das möglicherweise hinter oder über unserem bewußten oder unbewußten Erleben steht und in dasselbe eingreift, z. B. auf dem Weg über die Träume. Wir können es die jenseits der bloßen feststellbaren Wirklichkeit liegende Sinnhaftigkeit des Lebens oder die Transzendenz nennen,
- das «Jenseits» des Lebens, die Existenz nach dem Tode.

Als die größte je auf psychologischem Gebiet gemachte Entdeckung hat man mit Recht das *Unbewußte* bezeichnet. Auch sie geht auf den Mesmerismus zurück.

In Theorie und Praxis des von *Franz Anton Mesmer* (1734 – 1815) begründeten *animalischen Magnetismus* arbeitete man ständig mit dem Unbewußten. Man erfuhr, daß Menschen etwa im *somnambulen* (schlafwandlerischen) Zustand ein viel weiter reichendes Gedächtnis hatten als im wachen. Sie wußten Dinge aus ihrem Vorleben, die das normale Bewußtsein längst vergessen hatte, und deren sie sich auch nach Abklingen des schlafwandlerischen Zustandes nicht mehr erinnern konnten. Es gab also Dinge im seelischen Bereich, auf die, selbst wenn sie von größter Wichtigkeit waren, das normale Bewußtsein keinen Zugriff mehr hatte: Sie sind *unbewußt.* Damit war das Unbewußte in den Rang eines wissenschaftlichen – medizinischen und psychologischen – Grundbegriffs erhoben, und man konnte damit arbeiten. *Carl Gustav Carus,* Arzt, Philosoph, Psychologe und Maler aus der Zeit der Romantik, arbeitete 1846 in seinem Buch mit dem bezeichnenden Titel «Psyche» den Begriff als erster klar heraus. Es war dieselbe Zeit, die auch den Übergang des ursprünglichen *Mesmerismus* zum neuzeitlichen *Hypnotismus,* wie wir ihn heute kennen, sah: 1843 erschien das Werk des schottischen Augenarztes *James Braid,* in dem er erstmals den Begriff «Hypnose» prägte.

Das, was wir «unbewußt» nennen, liegt jenseits der Schwelle des Bewußtseins. Es ist, wie wir sagen, «bewußtseinstranszendent», ein Ausdruck, der von

C. G. Jung* stammt. Wenigstens *ein* Jenseits gibt es also auf alle Fälle: das Unbewußte. Damit ist aber bereits auch eine Tür offen zu einem anderen Jenseits, diesmal nicht zu einem psychologischen, sondern zu einem außerpersönlichen. Wenigstens tendenziell ist im Konzept des psychologischen Unbewußten auch schon die Richtung auf ein anderweitiges, «metaphysisches» Jenseits gegeben. *Jung* ist dann diesen Weg gegangen, unter Überschreitung der Grenzen. Dazu kommt, wie auf S. 55 gesagt, noch das «Jenseits des Todes» als eine mögliche dritte Form.

Die beiden ersten Anschauungen von «Jenseits» sind schwer voneinander zu trennen und deshalb auch kaum gesondert zu behandeln. Begreiflicherweise, da sie ja beide dem Leben, also dem Diesseits, angehören, und da wir in der tiefenpsychologischen Arbeit noch und noch Hinweise auf etwas Dahinterliegendes erhalten, auf ein Jenseits der Psychologie. *Jung* sah darin Manifestationen des kollektiven Unbewußten, verstand sie aber rein psychologisch.** Es ist eine schwer zu entscheidende Frage, wo und ob überhaupt eine Grenze zu ziehen ist, an der wir den Umfang der Psyche verlassen. Ist dort, wo wir auf überwältigende, den Menschen mächtig ergreifende oder «mystische» Züge stoßen, der Geltungsbereich der individuellen Psyche verlassen, und ist hier der Mensch mit der Einwirkung überpersönlicher Gewalten, die von *außen* auf ihn einstürzen, konfrontiert? Dann würde er zwar etwas in seiner Psyche

---

*C. G. Jung, Gesammelte Werke, bes. Bd. 5, 8, 9
**Wolff in Benedetti/Wagner, Traum und Träumen

erfahren, aber *was* er erfährt, wäre dann nicht psychischer Natur, sondern als von außerhalb kommend zu denken. Seine Psyche wäre dann bloß das Medium, durch das er etwas Jenseitiges wahrnimmt, und würde ihm nur eine Spiegelung von außen kommender, außer- oder überpersönlicher Mächte oder Wesen darbieten, nicht aber diese selbst. Träume dieser Art haben etwas unverwechselbar Archetypisches.* So etwa der folgende:

Der Träumer lebt in einem tiefen Wald mit einer Amsel zusammen. Sie begleitet ihn auf Schritt und Tritt. Sie hat einen goldenen Schnabel. Einmal geht er durch den Wald und kommt zu einer unvorstellbar großen Ruine einer gotischen Kathedrale. Nur die Wände und der Altar sind noch erhalten. Der Wald hat sie ganz überwuchert. In der Kathedrale hält sich ein weißgekleideter Priester auf. Der Träumer fragt ihn nach dem Sinn seines Lebens und auf was er sich einstellen müsse. Statt einer Antwort führt ihn der Priester herum und sagt ihm, er müsse sich die Antwort von einem bestimmten Mann geben lassen. Er fragt den Mann, da verwandelt er sich in einen mit weißem Smoking gekleideten Dandy, geschniegelt und abstoßend. Der Priester aber verwandelt sich in Gott. Nach rechts hin verschwinden ältere Leute im Wald, während von links her jüngere nachkommen, ein Kreislauf. Dann ist er wieder im Wald bei seiner Amsel, die ihm sagt, sie müsse ihn nun verlassen. Er will sie zurückhalten, aber sie bleibt fest. Noch einmal liebkost sie ihn mit ihrem Schnabel am Hals, indem sie sich an ihn schmiegt, und verschwindet dann im Wald.

* H. Hark, Der Traum als Gottes vergessene Sprache

Zu dem merkwürdigen Bild der Amsel mit dem goldenen Schnabel, das einem Märchen entstammen könnte, erzählte der Träumer:

Bei der Beerdigung seiner von ihm sehr geliebten Großmutter, als der Sarg hinuntergelassen wurde, setzte sich eine Amsel auf einen Baum vor dem Sarg und schaute ihn so intensiv an, daß ihm ein Schauer den Rücken hinunterlief, und er dachte, es sei die Seele der Großmutter.

Die Amsel, wie andere schwarze Vögel, gilt auch als Todesvogel, doch im Unterschied etwa zum Raben als die Künderin eines harmonisch vollendeten Lebens. Die Weisheit, sagt der Traum im ersten Teil, muß er nun in sich selber finden, in der Verbindung mit dem, was sein Gott ist, ohne Vermittlung eines echten oder falschen Priesters.

Wenn wir uns nun der dritten Ausformung des «Jenseits», dem Leben nach dem Tode, zuwenden, erkennen wir sofort, daß es sich dabei um etwas ganz anderes handelt, um ein in sich geschlossenes Problemfeld. Wir finden in der Arbeit mit Träumen immer wieder Hinweise, die uns nahezulegen scheinen, eine Fortdauer des Lebens nach dem Tode anzunehmen. Sie sind aber bei weitem nicht so überzeugend wie die Beobachtungen, die dafür sprechen, daß im *diesseitigen* Leben eine Einwirkung jenseitiger Mächte, z. B. in Gestalt von Archetypen, stattfindet. Weder die Träume noch irgendeine Sterbeerfahrung vermögen einen zwingenden Beweis zu liefern für eine tatsächliche Existenz nach dem Tode.

Das bedeutet aber im Einzelfalle nichts für die *subjektive* Relevanz gewisser Erlebnisse, die dem einzelnen in seinem Leben zuteil geworden sein mögen. Wenn der Sterbende im Moment des Hinscheidens Lichterscheinungen erfährt oder von bereits Dahingegangenen in Empfang genommen oder geleitet wird, so sind dies zunächst subjektive Erfahrungen, die nichts über die objektive Realität, die dahinterstehen mag, aussagen. Psychologisch gesprochen sind es Visionen, und sie müssen entsprechend wie Träume oder Wachphantasien behandelt werden. Natürlich müssen sie ihren Sinn und ihre Bedeutung haben, aber diese müssen zuerst einmal aus dem Leben und der psychischen Verfassung des Betreffenden verstanden werden, also vom diesseitigen Leben her.

Die Psychotherapie als Heilmethode geht aufs Unbewußte ein und versucht dieses zu erhellen. Obwohl sie sich konventionellerweise ganz auf diesseitige Zielsetzungen beschränkt, besteht doch schon allein dadurch, daß sie sich mit unbewußten Vorgängen abgibt, eine gewisse Nähe zum Jenseitigen und damit auch zu Vorstellungen vom Leben nach dem Tode. Es liegt nahe, das im Unbewußten Gefundene mit dem andern Jenseitigen, dem großen Transzendenten, zu assoziieren und zwischen beiden Bereichen gewisse Parallelen zu ziehen.

Der Schlaf gilt auch als der «Bruder des Todes» oder als der «kleine Tod». Damit wird eine Verwandtschaft postuliert, doch strenggenommen nicht mit dem Tod, sondern mit dem Leben nach dem Tod.

Sollte dies vielleicht nur eine poetische Metapher, eine bildliche Übertragung sein? Es besteht auf alle Fälle insofern ein grundlegender Unterschied, als im Schlaf der physische Leib, der Träger allen Lebens, erhalten bleibt, während er nach dem Tode wegfällt. Demgegenüber kann geltend gemacht werden, daß der Leib zwar das Substrat aller physiologischen und psychologischen Vorgänge ist, das Medium, in dem diese sich abspielen, aber damit nicht zugleich auch schon die Bedingung, die Voraussetzung des Geschehens. Das Pferd ist zwar der Träger des Reiters, ohne den dieser nicht reiten könnte. Aber ist es damit auch schon die Bedingung seiner Existenz, ohne die er nicht leben könnte?

Der Einwand, der Schlaf könne nicht als Bruder des Todes angesehen werden, gilt nur, wenn man das Schlafen und Wachen und die damit verbundenen physischen und psychischen Vorgänge als die Ergebnisse eines rein körperlichen, rein materiellen Geschehens ansieht. Wenn man also vom Leib nicht als von einem beseelten Organismus, sondern von einem seelenlosen Mechanismus ausgeht, wenn man ihn als das exakt berechenbare Resultat eines chemisch-physikalischen Kräftespiels betrachtet, in dem für Spontaneität und Erneuerung, für Heilung, für Unvorhersehbares oder für ideelle Einflüsse kein Platz ist. Wenn man aber dem Lebensprinzip oder dem Seelischen, dem Bewußtsein oder dem Geistigen die gleiche Ursprünglichkeit wie dem rein physischen Prinzip zuschreibt, ändert sich die Perspektive. So brauchen Schlafen und Wachen, diesseitiges und jenseitiges Leben nicht mehr unbedingt als abhängig von den materiellen Vorgängen gedacht zu werden. Dann können die Ereignisse im Schlaf, die ihren Ausdruck in Träumen finden, auch eine Beziehung zu Zuständen nach dem Tode haben. Dann kann es in den Räumen, die der Mensch im Schlaf durchmißt, ähnlich zugehen wie nach dem Tode.

Es gibt zwei einander gänzlich entgegengesetzte Instanzen, die uns lehren wollen, den Tod als ein absolutes Ende anzusehen. Die einen sind die exakten Naturwissenschaften und die Biologie. Sie beweisen uns, daß jedes individuelle Leben einmal aufhören muß. Wo aber kein Leben mehr ist, da ist eben Tod, vollkommen und unwiderruflich. Die andere sagt uns dasselbe, nur gleichsam vom entgegengesetzten Ende her und ist die alltägliche Erfahrung. Jeder hat schon Menschen sterben sehen oder davon erfahren. Die meisten haben auch schon einen Leichnam gesehen und wissen, daß es diesen Menschen nicht mehr gibt und nie mehr geben wird. Das ergibt sich schon aus dem bloßen Augenschein. Das Leben ist aus ihm gewichen, die Lebensgesetze und die Lebenskräfte haben aufgehört zu wirken. Statt dessen ergreifen die Gesetze der Chemie und der Physik Besitz von ihm und bewirken Zerfall und Verwesung. Das, was einmal ein Mensch gewesen ist mit einer Seele und mit Geist, ist jetzt kein Mensch mehr, sondern nur noch ein Stück toter Materie.

Warum gibt es dennoch, trotz dieser unleugbaren Evidenz, den Glauben an ein Leben nach dem Tod? Eine bloße Verrücktheit, eine Wahnidee, Wunschdenken oder Gedankenlosigkeit? Wenn wir dieser Frage nachgehen, finden wir folgende Gründe:

• Manche Menschen haben bestimmte, meist innere Erlebnisse gehabt, Visionen, Inspirationen, Ahnungen, Ekstasen, die so eindrücklich oder überwältigend waren, daß für sie – ganz abseits oder jenseits jeder Argumentation – die Fortdauer der persönlichen Existenz außer Frage steht. Sie brauchen nicht darüber zu diskutieren, sie brauchen auch keine Beweise, sie wissen es aus Erfahrung, oder sie glauben es zu wissen. Dieses Wissen beruht auf persönlichen subjektiven Erfahrungen oder Wahrnehmungen mit Evidenzcharakter. Das brauchen durchaus nicht pathologische Erlebnisse zu sein, und oft sind bemerkenswerterweise gerade ausgesprochen nüchterne, realistische und praktische Menschen davon betroffen, Leute, die mit beiden Beinen fest im Leben stehen. Manchmal ergeben sich solche Erlebnisse im Verlauf einer konsequenten meditativen, esoterischen oder psychologischen Schulung, manchmal sind sie aber auch, vor allem in exotischen oder früheren Kulturen (Mittel- und Südamerika, Schamanismus früher in Nordamerika und Sibirien, Vorderer Orient, antike Dionysoskulte und Mysterien), in *psycholytischen,* mit wirkungssteigernden Medikamenten durchgeführten Therapien, durch den Gebrauch von Drogen oder durch Tänze und Musik ausgelöst.

• Verwandt, aber nicht so ausgeprägt ist die Haltung derjenigen, die ein allgemeines Gefühl, eine

Art unbestimmter Ahnung haben, daß es noch etwas «Jenseitiges» gebe, ohne dieses Gefühl begründen zu können.

- Es gibt Menschen, die an ein Jenseits glauben auf die Aussagen einer Autorität hin. Diese Autorität kann persönlicher oder überpersönlicher Art sein. So jemand kann sich zum Beispiel auf irgendwelche heilige Schriften, auf eine Tradition oder ein Lehramt verlassen. Er glaubt dann an ein Jenseitiges, weil der oder jener es gesagt hat. Das sind die traditionell Glaubenden. Sie vertrauen auf das Zeugnis derer, die vermeintlich mehr wissen als sie selber, oder die die Sache studiert haben. Das ist der noch nicht individuierte, der noch nicht auf sich selber gestellte, der noch unmündige Mensch. Freilich kann eine solche Einstellung auch den Boden vorbereiten oder den Menschen für echte Erlebnisse aufschließen.

- Die neurotischen Glaubensformen, die der Strafangst, der Gier nach Belohnung oder dem Wunschdenken entspringen. Der Mensch fühlt sich dem Leben auf der Erde nicht gewachsen. Er traut sich nicht zu, daß er mit den Konflikten des Lebens fertig wird, und flüchtet sich in ein illusionäres, phantasiertes Jenseits, ein Schlaraffenland, das dann aber oft allzuschnell eine Gegenwelt von Höllenphantasien auf den Plan ruft.

- Man kann auch durch Erfahrungen, meist beruflicher Natur, die man mit anderen Menschen gemacht hat, zu einer Jenseitsüberzeugung kommen, z. B. Psychologen, Medizinalpersonen, überhaupt soziale Berufe. Das ist die soziale Wurzel des Jenseitsglaubens.

- Es gibt Menschen, die durch Denken, also auf philosophischem Wege, zu der Überzeugung gelangt sind, daß im Menschen etwas ist, was den physischen Tod überdauert. So wie in der ersten Kategorie eine jenseitige Welt unwiderleglich wahrgenommen wird, so wird sie hier durch begrifflich-denkerische Mittel erkannt. Auch sie aber können es niemandem beweisen, sondern sie wissen es nur für sich selbst. Mit Beweisen kann man einen andern zwingen, etwas anzunehmen; hier aber gibt es nichts zu beweisen. Wohl aber gibt es Dinge aufzuzeigen, darauf hinzuweisen, und es gibt Mittel, andere zu überzeugen.

Ein solches Mittel ist der Mythos. Die Naturvölker, den Quellen alter Weisheit noch näher als wir, drücken in mythischen Bildern dasselbe aus, was wir uns heute mühsam zurechtdenken müssen, oft besser und eindrücklicher als wir in unserer abstrakten Sprache. Im afrikanischen Stamm der Eweer erzählte man sich folgenden Mythos:

Vor der Geburt lebt der Mensch bei seiner Geistermutter in der Seelenheimat. Bei der Geburt verläßt er die Seelenheimat, wobei ihm die Geistermutter Verhaltensmaßregeln mitgibt. Auf seinem Wege in die sichtbare Welt hat er viel zu leiden von gewaltigen Wesen, die ihn bedrängen. Er findet unter ihnen aber auch einen Führer, der die Seele leitet. Böse Wesen wollen ihm immer wieder den Weg versperren. Erst dann kommt der Mensch in den Leib seiner

Mutter. Gleich wie Gott eine Seele hat, so hat auch der Tod eine Seele. Und in demselben Augenblick, da sich die Seele Gottes mit dem Menschen vereinigt, nämlich bei der Geburt, gibt auch der Tod dem Menschen seine Seele. Ist das Kind geboren, so hat es aber noch keine eigene, individuelle Seele. Um ihm eine solche zu geben, muß man aus Lehm einen kleinen Menschen formen und diese Erdgestalt der Geistermutter geben, um sie gegen die Seele des neugeborenen Kindes einzutauschen.

In diesem seltsamen und tiefsinnigen Mythos finden wir in primitiver Form die Auffassung ausgesprochen, daß mit der leiblichen Geburt noch nicht alles getan ist, daß es vielmehr noch anderer Elemente bedarf als nur der biologischen, damit der Mensch zum wahren Leben kommt. Er bedarf noch gleichsam einer geistigen Geburtshilfe. Diese wird durch eine symbolische Zeremonie, ein Ritual, geleistet. Der neugeborene Mensch lebt erst physisch und seelisch, noch nicht geistig. Er hat erst ein kollektives seelisches Leben in sich, aber noch keine individuelle Seele. Diese wird ihm erst durch eine religiöse oder magische Handlung, also durch geistige Einwirkung, vermittelt.

Aber kehren wir zurück in unsere eigene Welt! Was soll man etwa aus einem Traum wie dem folgenden machen:

Ich war gestorben. Ich lag in einem Bett, war aber tot. Das Bett war in einem leeren Raum. Plötzlich ging die Türe auf, und es trat ein Mann in den Raum; er schaute aus wie ein Inder. Da sagte eine Stimme zu mir: «Jetzt kommt der schwarze Mann und holt dich zum Spazieren.» Ich konnte aufstehen, und wir verließen das Zimmer. Ich zog meine Kleider an und freute mich riesig. Ich weiß nicht mehr genau, wo wir hingingen, zuerst in einen großen Saal, in dem Wissenschaftler versammelt waren. Ich konnte alles sehen und hören, aber die Leute konnten mich nicht sehen.

Und eindreiviertel Jahre später:

Ich war in einem Zimmer, aber nicht allein. Das Zimmer war ganz hell, fast weiß, darin befand sich ein leerer Sarg. Dieser war ganz in Weiss wunderbar ausgekleidet. Ich wußte, es müsse eine Frau sterben und in den Sarg gelegt werden. Eine Frau zeigte mir ein paar lange weiße Hosen wie Abendhosen, und ich wußte, daß diese für die Frau im Sarg bestimmt waren. Ich nickte mit dem Kopf. Die Hose fand ich sehr schön. Ich dachte, ich möchte nicht die Frau sein, die sterben muß. Die Frau, die sterben sollte, ging in ein Nebenzimmer; sie war noch jung. Dann lag sie plötzlich im Sarg. Alles war wunderbar weiß, ein schöner Stoff. Über die Gestalt und das Gesicht war ein ganz feiner Gazestoff gebreitet, darüber, sowie über das Gesicht, waren zwei rote Rosen kreuzweise gelegt. Ich bückte mich über das Gesicht, das ich unter der Gaze nicht erkennen konnte, um Abschied von der Frau zu nehmen. Ich hatte das Gefühl, daß ein Todeshauch mein Gesicht gestreift hätte, und wischte mir mit dem Handrücken über das Gesicht und den Mund.

Offensichtlich ein Todeserlebnis von tiefer Symbolik. Es geht aber nicht um den leiblichen Tod, sondern um das Sterben einer früheren Existenzform: Die Träumerin hatte eine Ehescheidung hinter sich. Und hilfreich aus der Tiefe werden nun Symbole aus einer überpersönlichen Sphäre, dem *kollektiven Unbewuß-*

ten, heraufgeholt, die ihr ein neues Leben zusprechen, der Inder und das Rosenkreuz. Aus dem Kreuz des Leidens erblühen Rosen. Sehr schön wird der Kampf zwischen dem Sterbenmüssen, dem Sterben der überlebten Lebensform, und dem Wunsch zu leben ausgedrückt: «Ich möchte nicht die Frau sein, die sterben muß.»

Das männliche Element tritt in der fremdartigen Gestalt des Inders und des schwarzen Mannes auf. Es geht jetzt noch nicht um die männliche Ergänzung, sondern um ihre Selbstfindung als Frau. Immerhin, wenn sie einem dunklen, «männlichen» Drang folgt, wird aus der Prüfungszeit ein Wissen oder Weisheit erwachsen (die «Wissenschaftler»), und sie wird mehr wissen von sich selbst und vom Menschen als zuvor. Die beiden Träume überschreiten die Grenze des Persönlichen und schöpfen Bilder aus dem Überpersönlichen, aus dem sich auch alle Mythen und Religionen speisen. Wir sind in eine Sphäre jenseits der persönlichen Sphäre eingedrungen. Der Traum wirkt wie ein Ausbruch aus dem Gefängnis der Ichhaftigkeit in überpersönliche Regionen.

Wahrträume

Besonders eng scheinen die Beziehungen zwischen dem Seelischen und dem Über- oder Außersinnlichen in den *Wahr-* oder *präkognitiven,* außersinnlichen, wahrnehmungsenthaltenden Träumen zu sein, vor allem dort, wo es sich um den Tod handelt. Der

Mensch kann seinen eigenen oder einen fremden Tod vorausträumen. Das ist dann ein parapsychologisches Ereignis* und grundsätzlich nicht anders zu beurteilen als Vorahnungen im Wachen. Ein solcher Vorgang ist also nicht spezifisch an die Existenzform des Traumes gebunden und wie im Wachen auch im Traum etwas eher Seltenes, jedoch häufiger, als es scheint, da viele Leute derartige Erlebnisse für sich behalten aus Angst, ausgelacht zu werden. Es scheint auch eine besondere Art Begabung dafür zu geben. Das Folgende scheint ein echter und eindeutiger Wahrtraum zu sein:

Ich fahre mit meinem Mann und meinem Sohn in das Tessin. Unterwegs besuchen wir einen Friedhof. Die Gräber sind leer. Ich möchte die Blumen mitnehmen, aber ich überlege: «Es ist Herbst, ich nehme lieber die Samen mit.» Mein Sohn ruft: «Tante Velili, Tante Velili.» Ich frage ihn, warum er sie hier rufe, und: Sie heiße doch Tante Vreneli. Er sagt mir, daß er wisse, daß sie da sei. – Am nächsten Tag haben wir erfahren, daß diese Frau in Deutschland gestorben war. Es war eine Bekannte meines Mannes.

Der Traum ist hier zu einem Vehikel außersinnlicher Wahrnehmungen geworden, von Informationen also, die nicht über unsere normalen Sinneskanäle (Auge, Ohr usw.) aufgenommen werden. Er dringt in jenseitige Bereiche vor. Der Mensch von heute steht solchen Erlebnissen etwas ratlos gegenüber. Seine Wissenschaft und seine Lebensphilosophie ge-

* Wolff, in Benedetti/Wagner

ben ihm keine Mittel in die Hand, um sie sinnvoll einzuordnen.

Auch im Wachleben kommen solche *Ankündigungen, außersinnliche Wahrnehmungen,* vor. Man erhält sie vorzugsweise im Umkreis des Todes, weil da naturgemäß höchste Gefühlsintensitäten mobilisiert werden. Die Gefühlsspannung, die das Erlebnis des Todes für alle Beteiligten mit sich bringt, ermöglicht außersinnliche Beziehung zu zeitlich und räumlich weit entfernten Vorgängen und Menschen. Es ist, wie wenn die Ausschaltung des Leibes mit seinen Triebladungen das außersinnliche Wahrnehmungsvermögen freisetzen würde, das bisher von den äußeren Eindrücken der Sinnesorgane erstickt war. Das Wahrgenommene erscheint dabei oft in symbolischer Form: Ein Bild fällt von der Wand; ein Glas zerbricht; der sich Ankündende erscheint in einer Aura hellen Lichts und spricht von einer weiten Reise, die er nun antreten müsse. Merkwürdig ist, daß der Eindruck nur selten ein erschreckender ist, daß vielmehr in der überwiegenden Zahl der Fälle eine heitere, tröstliche, beruhigende Wirkung davon ausgeht. *Aniela Jaffé** fand in einem Material von 1500 Mitteilungen nur zwei Fälle, wo ein geträumter oder im Wachzustand parapsychologisch wahrgenommener Abschied ausgesprochen traurig ausfiel. Im einen Fall handelte es sich um einen Selbstmord, im anderen um einen Blitzschlag. Der eine lautet:

In der Nacht hatte ich einen Traum, welcher in seiner Wirkung so realistisch war, daß er heute noch unverän-

---

* Aniela Jaffé, Geistererscheinung und Vorzeichen

dert in meiner Erinnerung geblieben ist. In einem großen Raum kam aus tiefem Dunkel mein Cousin, mit welchem ich eine tiefe Freundschaft pflegte, langsam auf mich zu, wobei er mich mit traurigen Augen ansah. Vor mir blieb er stehen und gab mir langsam, fast lässig die Hand, drückte sie fest und sprach: «Lebe wohl, heut sehen wir uns zum letzten Mal.» Nach diesen traurigen Worten wurde seine Gestalt unscharf und löste sich in nichts auf. Unter der starken Wirkung des Traumes erwachte ich, wobei ich vor Schmerz in das Kissen weinte. In der nächsten Nacht wiederholte sich der Traum unverändert und war in seiner Wirkung wiederum so wirklichkeitsnah, daß ich erneut im Tiefsten davon ergriffen wurde. Fünf Tage nach meinem ersten Traum erhielt ich von zu Hause einen Brief, welcher die Todesnachricht meines Cousins enthielt. Erst später erfuhr ich dann endgültig, daß mein Cousin an dem Tage und zur selben Stunde, da ich mich im Traum von ihm verabschiedet hatte, freiwillig aus dem Leben geschieden war.

Hierher gehört auch das Kapitel der «unerlösten Geister». Wir begegnen in dem Traum dem Motiv des Abschieds, das, ähnlich wie das Motiv der Reise, häufig in den Wahrträumen vorkommt, die den Tod ankünden. In anderen Wahrträumen holen bereits Verstorbene den Menschen in ihr Reich, oft Blutsverwandte, oft auch Ehegatten und Verlobte. Die folgenden Träume und Visionen mögen dies veranschaulichen.

Meine längst verstorbene Schwester – ich hatte sie gar nie richtig gekannt, da ich erst zwei Jahre alt war, als sie starb – erschien ganz in Weiß gekleidet. Groß und schlank trat sie in unsere Wohnung und sagte: «Ich komme unsere Mutter abholen.» Sie setzte sich dann schweigend und wartete.

An einem Samstagabend, genau zwei Monate nach dem Traum, trat ich während des Glockengeläutes um sieben Uhr in die Wohnung meiner Mutter. Schmerzlos verschied meine Mutter an einem Schlaganfall. Kein Wort hörte ich von ihr und erhielt keine Antwort mehr.

Eines Nachts erwachte ich, im Zimmer war es ganz blendend hell, wie wenn die Sonne hereinscheinen würde. Ich konnte fast nicht hinsehen. Ich weckte sofort meinen Mann, und er sagte mir, er sehe gar nichts. Das kann ich heute noch nicht verstehen, blieb doch das Licht ziemlich lang und war sehr hell. Mein Mann sagte: «Du hast Fieber.» Aber es war sicher nicht so. Am Morgen kam die traurige Nachricht, meine Schwester sei gestorben, und zwar ungefähr um die gleiche Zeit, als ich die Helle im Schlafzimmer wahrnahm.

Ich hatte eine 15jährige Tochter. Sie war meine Freude, mein Stolz. Das Kind erkrankte. Zwei Tage vor seinem Tode lag ich mit geschlossenen Augen auf meinem Bett, ohne zu schlafen. Im Nebenzimmer lag meine Tochter schlafend, und die Krankenschwester wachte bei ihr. Plötzlich überflutete eine durchdringende Helle das Zimmer. Ich rief die Krankenschwester. Es dauerte einige Sekunden, bis sie antwortete. Unterdessen war ich aufgesprungen und an das Bett meiner Tochter geeilt. Da erlosch das Licht, und das Zimmer war wieder nur von der Nachtlampe beleuchtet. Die Krankenschwester zitterte vor Entsetzen. Ich bemühte mich vergebens zu erfahren, was sie beunruhigte. Am andern Morgen erzählte sie, sie hätte meinen vor sechs Monaten verstorbenen Gatten am Fußende des Bettes meines Kindes gesehen.

Wesentlich an diesen Erlebnissen ist nicht die Tatsache des Vorauswissens, die ja keine Besonderheit darstellt, indem sie zum allgemeinen menschlichen Erfahrungsgut gehört und insofern etwas Selbstverständliches ist. Der Tod war in vielen der oben und der von *Aniela Jaffé* mitgeteilten Fälle ohnehin zu erwarten, obwohl es auch genügend Beispiele gibt, wo keinerlei Anhaltspunkte dafür vorlagen. Wesentlich ist vielmehr, wie der Sterbende sich kundgibt und wie er vom Empfänger wahrgenommen wird. Wir sehen aus den Berichten, daß der Tod für den natürlich empfindenden Menschen, sobald er die Pforten der Sinne schließt und sich, den Eigenwillen seines Denkens fahrenlassend, seinem inneren Sinn überläßt, keineswegs ein Versinken ins Nichts bedeutet.

Er meint für diese Menschen kein Ende, keinen wirklichen Tod, sondern einen Abschied, eine Wanderung, ein Weiterleben in anderer Gestalt. Wenn wir uns unbefangen und naiv unseren aus der Tiefe quellenden Intuitionen überlassen, dann empfinden wir den Tod nicht als ein Aufhören des Lebens, sondern als einen Übergang. Den Tod im Sinne eines Endes gibt es nur, wenn wir uns ausschließlich auf das Zeugnis unserer äußeren Sinne und auf den mit den Beobachtungsdaten unserer Sinnesorgane arbeitenden Verstand verlassen, nicht aber für den inneren Sinn.

Es scheint also, daß der Traum und das Unbewußte mit dem Code «Tod» völlig frei verfahren. Längst

Verstorbene sind wieder lebendig, Lebende sterben oder sind gestorben. Beim Erwachen wundern wir uns dann über diesen «Unsinn» und können nichts damit anfangen. Wir transponieren unwillkürlich das Traumgeschehen in die Vorstellungsformen unseres wachen Alltagslebens, und da paßt dann natürlich nichts mehr zusammen, als ob uns der Traum über unser praktisches Dasein in unserer konkreten Umwelt belehren wollte. Er spricht aber nicht davon, wie es um uns herum, sondern wie es *in* uns aussieht. Es ist, wie wenn die Worte «Tod» und «Sterben» neben ihrer offenbaren, uns vertrauten Bedeutung noch einen geheimen Nebensinn hätten. Vielleicht können wir uns dem geheimen Sinn solcher Todesträume nähern, wenn wir bedenken, daß unser gesamtes Leben ein geheimes Sterben ist; daß aber jedes Sterben auch ein Geborenwerden und daß für jede Neugeburt ein Sterben die Voraussetzung ist. Viele Todesträume sind als die Ankündigung einer günstigen Neuentwicklung zu verstehen. Altes stirbt ab, und Neues kann an seiner Stelle oder gar aus ihm heraus wachsen. Es geht also in der Tiefenpsychologie nicht um den Tod als Abschluß und Ziel des Lebens und zunächst einmal auch nicht um die Einsicht in ein allfälliges Leben jenseits der Todesschwelle, sondern um den Tod im Leben und um die Entstehung neuen Lebens.

Unsere Betrachtung wäre aber unzureichend, wenn wir nun, nachdem wir die nötige Grenzziehung vorgenommen haben, nicht auch noch auf die Fälle eingehen würden, die alle drei Faktoren miteinander verbinden: die *tiefenpsychologische* Gleichung «Tod = Neugeburt», das *parapsychologische* Vorauswissen und den *metaphysischen* Blick in ein supponiertes Jenseits. Wir entnehmen bei *Verena Kast** das Beispiel eines präkognitiven Traums, der nicht nur das bevorstehende Lebensende eines nahestehenden Menschen, sondern zugleich auch dessen Auferstehung in einem neuen Leben kündet. Elena träumte in der Nacht vor Georgs Tod:

Ich sehe einen Bildschirm. In der oberen Hälfte ist es hell, in der unteren Hälfte ist es dunkler. Über diesen Schirm laufen drei Lichtstrahlen von rechts nach links. Als der eine Lichtstrahl ein Drittel des Bildschirms durchlaufen hat, stürzt er ab. Es sieht so aus, als ob er erlöschen würde. Dann aber stelle ich fest, daß er in der unteren Hälfte seinen Weg fortsetzt. Ich denke an Georg und erschrecke. Der zweite Lichtstrahl fängt an zu flackern, wird aber wieder ruhig. Jemand sagt, das sei der Lichtstrahl von Frau X, welche vor einiger Zeit einen Herzinfarkt hatte, sich aber wieder erholte. Der dritte Lichtstrahl fängt auch an zu flackern und stürzt am Ende des Bildschirms ab. Dieser Lichtstrahl gehört zu Frau A, was ich unwillkürlich weiß, einer Frau, die mir nahesteht und vier Jahre später jung gestorben ist. Ich erwache, sehr beunruhigt.

Elena dachte natürlich sogleich an Georg, dessen Herztätigkeit über längere Zeit auf einen Bildschirm übertragen wurde. Es war ihr klar, daß der Traum nicht das wirkliche Zeichen für Herzstillstand übermittelt hatte, aber für sie bedeutete der Absturz des Lichts den Tod dieses Menschen, der für sie so etwas

*Verena Kast, Trauern

wie ein Licht gewesen war. Der Traum spricht nicht von Absturz ins Nichts, sondern von Absturz in eine andere Sphäre, in der der Lichtstrahl sich zwar fortsetzt, für uns aber kaum mehr sichtbar ist. Ein Lichtstrahl war gleichbedeutend mit Frau X und bestätigte dadurch, daß der Traum die Todesproblematik aufgriff. Elena sagte, sie hätte gewußt, daß Georg bald sterben würde. Andererseits hätte sie aber auch gedacht, der Traum wolle ihr sagen, daß der Tod gar nicht einfach Tod sei, daß das Lebenslicht weitergehe, nur eben so, daß wir es mit unserem Bewußtsein kaum wahrnehmen könnten.

Dieser Traum war Elena über längere Zeit ein großer Trost. Sie, die zuvor nie eine Aussage machen wollte über das Leben nach dem Tod und Spekulationen über dieses Thema als Versuch billiger Angstbewältigung abtat, war aufgrund dieses Traumes plötzlich davon überzeugt, daß ein Mensch, den man geliebt hat, gar nicht sterben kann, daß er in irgendeiner Form, nur für unser Bewußtsein eben nicht oder kaum mehr faßbar, weiterlebt.

Scheinbare Wahrträume

Die meisten Träume und Visionen, die eine prä-kognitive Aussage zu enthalten scheinen und als eine Vorankündigung aufgefaßt werden, sind es nur scheinbar und erfordern eine psychologische oder tiefenpsychologische statt einer parapsychologischen Erklärung. Dafür zwei Beispiele. Das erste ist kein

Schlaftraum, aber eine Vision im unmittelbaren Zusammenhang mit dem Schlaf.

Eine ältere, verwitwete Frau, die übrigens zeit ihres Lebens «jenseitigen» Vorkommnissen verständnislos gegenübergestanden hatte, erwachte nachts um zwei Uhr und fand ihr Zimmer dämmrig erleuchtet. Einige Meter vor ihr stand eine Gestalt in einer grauen Kutte und machte mit den Armen eine einladende Bewegung. Dabei blickte sie die Frau freundlich an. Das Ganze hatte überhaupt nichts Erschreckendes oder Beängstigendes, sondern etwas ungemein Beruhigendes.

Natürlich liegt es nahe, hier an eine Prophetie zu denken und in der Gestalt eine Art Todesengel zu erblicken. Doch lebte die Frau noch fast zehn Jahre. Es ist auch bemerkenswert, daß diese Art Träume und Visionen vorzugsweise im höheren Alter vorkommen, also mindestens eine indirekte Beziehung zum realen Tod haben müssen. Doch ist diese Beziehung meistens keine prospektive, vorausschauende. Die Dinge dürften eher so liegen, daß der Traum eine innere Umstellung dem Tode gegenüber zum Ausdruck bringt, eine innere Wandlung. Der Träumer macht sich vertraut mit dem Sterben, so daß der Übergang nicht mehr so erschreckend erscheint, indem die Möglichkeit ins Auge gefaßt wird, daß man im Jenseits von freundlichen Genien in Empfang genommen wird. In Wirklichkeit ging mit der Vision eine besonders schwere, auch durch körperliches Leiden gekennzeichnete Phase ihres Lebens zu Ende und machte einer gelösteren und relativ heiteren Grundstimmung Platz.

Das zweite Beispiel betrifft eine siebzigjährige, ebenfalls verwitwete Frau.

Sie träumte, sie sei erwacht und in den unteren Stock ihres Hauses gegangen, der von einem unwirklich gelben Licht erhellt war. Im Wohnzimmer stand eine schon längst verstorbene Tante ihres ebenfalls schon lange verschiedenen Mannes. Sie trug ein langes dunkles Gewand und verkündigte ihr: «Morgen wirst du sterben.» Die Träumerin nahm das ganz ruhig auf, ohne Erschrecken oder Verwunderung, eher in einer Art andächtiger Sachlichkeit. Die beiden Frauen standen einander feierlich wie in einer griechischen Tragödie gegenüber.

Auch hier möchte man meinen, daß es sich um eine Todesankündigung handeln könnte: Die Tante war schon lange im Totenreich, und sie war die Tante des ebenfalls schon lang verstorbenen Ehemannes. Auch der Inhalt der Ankündigung selber sowie die *feierlich-hieratische, priesterliche* Form, in der sie vorgetragen wurde, und überhaupt die merkwürdig unirdische Stimmung, die über dem Geschehen lag, könnte in diese Richtung weisen. Die Träumerin aber lebte nach zehn Jahren immer noch. Was hingegen geschah, war, daß bald nach dem Traum eine lebensbedrohende Krankheit ausbrach, die einen längeren Spitalaufenthalt notwendig machte. Es ist aber auch hier wieder darauf hinzuweisen, daß im Unbewußten andere Zeitverhältnisse herrschen, so daß eben doch eine Todesankündigung gemeint sein könnte, die wir nur mißverstehen. Wenn wir zu hören meinen «bald bevorstehend» oder «morgen», könnten vom Unbewußten vielleicht ganz andere Zeiträume oder überhaupt keine Zeiträume, sondern etwas jenseits von Zeit und Raum gemeint sein.

Auch in solchen Träumen und Visionen überwiegt gewöhnlich, wie wir sehen, eine heitere, gelassene Stimmung, wie wenn es sich um etwas ganz Natürliches handelte, ein Hinweis darauf, daß das Unbewußte dem Tod und dem Leben nach dem Tod positiv gegenübersteht. Wir finden auch, daß hier eine freundliche Übereinstimmung herrscht und daß das Grauen vor dem Tode viel eher unserem wachen Denken und Sein anzugehören scheint. Im Unbewußten finden wir zwar viel Angst vor dem Leben, vor dem Triebhaften, vor der Übermacht der Sexualität und des Aggressionstriebes, vor Schuld und Strafe und schließlich vor Ich-Verlust und Überschwemmung aus dem Unbewußten, aber kaum eigentliche Todesangst, und wenn, dann gekoppelt mit Schuld- und Triebkomplexen.

Zeit, Raum, Verwandlung im Traum

Wer sich mit Träumen befaßt, wird alsbald den Eindruck gewinnen, daß man damit ein Reich betritt, in dem völlig andere Gesetze herrschen als im Wachleben. Es ist, als ob ein und dieselbe Person im Wachen und im Träumen zwei ganz verschiedene Sprachen sprechen würde. Und doch fühlt man sich immer wieder genötigt, die eine in die andere Sprache zu übersetzen, und ist verwirrt, wenn es nicht gelingt.

Gibt es nun einen gemeinsamen Nenner für diese fundamentalen Unterschiede zwischen Träumen und Wachsein? Die Erfahrung zeigt, daß ein solcher gemeinsamer Nenner tatsächlich existiert. Drei unvereinbare Gegensätze nämlich grenzen den Traum vom Wachleben ab. Sie sind unter anderem auch dafür verantwortlich, daß er uns oft so unverständlich erscheint. Es sind dies: die besondere Zeitstruktur, die besondere Raumstruktur und das Prinzip der Verwandlung im Traum, das unvereinbar ist mit dem Ursache/Wirkung-Prinzip im Wachen.

Zeit

Wir finden im Unbewußten eine gänzlich andere Zeitstruktur als im wachen Leben. Die unbewußte Zeit wird als elastisch beschrieben, bald langsamer, bald schneller ablaufend, je nachdem, was die Seele ausdrücken möchte. Sie fließt nicht unabhängig von den Dingen dahin, gleichmäßig, immer gleich schnell, sich an ihnen als ein Fremdes, Unbeteiligtes vollziehend. Vielmehr erscheint sie als ein zu jedem einzelnen Ding gehörendes Wesensmerkmal, das etwas von dessen innerstem Kern kundgibt, genau wie seine Farbe, seine Form oder seine Sprache. Sie läuft also nicht an den Dingen ab, und diese ihrerseits sind nicht in der Zeit, sondern sie quillt gleichsam aus den Dingen selber hervor.

Im Traumbewußtsein heißt es nicht: Die Lokomotive, die ich da sehe, fährt schnell (sie könnte auch langsam fahren), sondern: Das ist eine schnell fahrende Lokomotive; sie kann gar nicht langsam fahren;

wenn sie es täte, wäre sie nicht mehr dieselbe Lokomotive. Die Zeit ist also im Unbewußten und vor allem auch in dessen Prototyp, dem Traumleben, bei weitem nicht die große tyrannische Macht, gefürchtet und gehaßt. Sie ist nicht eine Macht, der alle Wesen unterworfen sind, die alles «mit der Zeit» vernichtet, sondern ein innerer Wesenszug der Dinge selber, ihnen zugehörig und eigen. Sie ist hier auch nicht mehr das große Apriori, in das alle Weltvorgänge wie eingepackt erscheinen, die Zwangsjacke, durch die sie im Wachleben eingeengt sind. Unsere gewohnte lebensfeindliche, mechanische Zeit, die Uhrzeit, scheint hier aufgehoben in einer anderen, lebens- und seelengerechteren Zeitform.

Die Entmachtung unserer gewohnten Zeiterfahrung zugunsten grenzenloser Zusammenziehung und Ausdehnung kann auch geradezu kosmische Züge annehmen und wird dann auch besonders eindrücklich wie in dem folgenden Traum des berühmten französischen Astronomen *Camille Flammarion**.
Ich befinde mich in den letzten Reihen einer Armee auf dem Schlachtfeld. Die Kugeln schwirren um mich herum, aber ganz geräuschlos. Wenn eine Kugel herankommt, langsamer als gewöhnlich, drehe ich mich um und sehe ihr nach. Zuletzt folgen sie einander so schnell, daß ich es aufgebe, ihnen nachzusehen (Zeitverzerrung bzw. andersartiges Zeiterleben: erst Verlangsamung, dann Beschleunigung!). *Ich bin in dem Krater eines Vulkans in oder bei Paris* (räumliche Verschiebung, Verschmel-

*J. Ježower, Das Buch der Träume

zung räumlich weit entfernter Lokalitäten!). *Plötzlich überflutet ein glänzendes, mildes Licht die Höhle, ich sehe die herrlichsten Kristalle in tausend leuchtenden Farben... Es tauchen düstere Schatten, in Mönchskutten gekleidet, auf. Ein Schauer überläuft mich, dann ermanne ich mich und erwarte ihr Herankommen. Ich bin das einzige lebende Wesen unter ihnen und bin von dem glühenden Wunsch beseelt, diese Wesen über das Jenseits zu befragen... Ich frage den nächsten, ob er wirklich aus dem Reich der Toten komme, ob alle Menschen dort wiederbelebt würden und ob es eine positive, wirkliche Welt wie die unsrige sei. Er will antworten, da ändert sich die Szene* (Verwandlung statt kausale Verursachung wie im Wachleben!), *die leuchtenden Kristallsäulen verschwinden, unbekannte, flüssige und durchsichtige Substanzen bewegen sich von oben nach unten und von unten nach oben im reichsten Farbenspiel. Es ist herrlich. Ein wundervolles Licht beleuchtet die Farben, und die Schatten ziehen ruhig weiter an mir vorüber. Nichts Schreckhaftes trübt die Majestät dieses Schauspiels. Der Gedanke an das Ende der Welt bemächtigt sich meiner, die früheren Fragen verlieren ihr Interesse für mich, denn ich spüre, wie ohne Mühe und Qual mein Leben entweicht und wie ich allmählich in die Welt, die mich umgibt, übergehe.*

Es würde zu weit führen, die archetypischen Gehalte dieses großen Traumes voll auszuschöpfen. Es muß genügen, in ihm besonders eindrückliche Illustrationen für unsere Thesen der Zeitveränderung, der Raumveränderung und der charakteristischen *proteischen*, wandelbaren Natur des Traumlebens zu finden.

Wenn nun aber gesagt wird, daß auch im Tode die Zeit im gewohnten mechanischen Sinne aufgehoben wird, so daß sie im Dasein nach dem Tode keine Geltung mehr hat, so entspräche dies ja genau eben diesen Verhältnissen im Unbewußten. Sollte es im Leben nach dem Tode ähnlich sein?

Raum

Wie die Zeit, so ist auch der Raum im Unbewußten, insbesondere in den Träumen, diesen wichtigsten Erscheinungsformen des Unbewußten, gegenüber dem Wachleben verändert. Wir entdecken hier Verschmelzungen, Verschiebungen, Vertauschungen von Dingen, die im wachen Leben säuberlich getrennt erscheinen. Ein Ding ist im wachen Leben immer dasselbe, von andern isoliert und abgegrenzt. Jedes ist für sich. Eine letzte Konsequenz davon ist die Isolierung des Ich von anderen Subjekten und, daraus resultierend, die Einsamkeit des Individuums. In diese verfällt es, sobald es von seinen Wurzeln im Unbewußten abgeschnitten ist, ein gerade in unserer intellektualisierten Zeit häufiger Befund und die Quelle vieler neurotischer Erkrankungen.

Im Unbewußten aber erscheint der Raum nicht als ein leerer, kalter Behälter, in dem alles enthalten ist, was Form und Maß hat. Er erscheint nicht als etwas für sich, das auch unabhängig von den Dingen, die es umfaßt, existieren würde, sondern als eine Eigenschaft, und zwar eine bezeichnende, wesentliche der Dinge selbst. In der Wachwelt kann man etwas da- oder dorthin versetzen, es ändert sich nicht, bleibt immer dasselbe Ding. Nur die Beleuchtung oder die Perspektive wechseln vielleicht ein wenig. Aber im Traum ist es nicht gleichgültig, wo etwas stattfindet, an welchem Platz etwas steht. Da ist alles bedeutungsvoll. Man kann oft nicht sagen: «Es ist da, oder es ist dort.» Es kann sehr wohl an verschiedenen Orten zugleich sein und seine Wirksamkeit bald da, bald dort entfalten. Auch die Distanzen sind lebendige Ausdrucksformen und haben etwas zu sagen. Wie weit eine andere Person im wachen Zustand entfernt ist, kann die verschiedensten Gründe haben und kann auch ganz zufällig sein; es muß nichts zu bedeuten haben. Nicht so im Traum. Die Distanzen können da nicht in Metern gemessen werden, sie haben aber eine Bedeutung. Es ist hier nicht gleichgültig, in welcher Entfernung vom Träumer eine andere Person steht: Die Entfernung ist vielsagend und drückt etwas wie seelische Nähe oder Ferne und natürlich auch etwas von Wärme und Kälte, von Verstehen oder Nichtverstehen, von Fremdheit oder Vertrautheit aus. Die räumlichen Verhältnisse sind im Traum einbezogen in die Charakteristik eines Dinges, sie gehören zu seiner Physiognomie. Sie sind den Dingen nicht nur äußerlich übergestülpt.

Verwandlung im Traum

Schließlich ist neben der Zeit und dem Raum auch das dritte konstituierende Formprinzip, das die Vorgänge und Gegenstände in unserer Wachwelt strukturiert, im Traum wenn nicht aufgehoben, so doch verwandelt: die Kausalität. Das ist, neben den völlig veränderten räumlichen und zeitlichen Verhältnissen, einer der Hauptgründe, warum uns Träume oft so absurd erscheinen. In der wachen Welt läßt sich für alles, was geschieht, eine zureichende Ursache finden, der wir eine physikalische bzw. mechanische Natur zuschreiben. Darauf beruht die Möglichkeit und Gültigkeit wiederholbarer naturwissenschaftlicher Experimente und überhaupt der naturwissenschaftlichen Forschung: Gleiche Ursachen bedingen gleiche Wirkungen. Unser Weltverständnis beruht auf der unverrückbaren Annahme von Kausalketten, von Verknüpfungen von Ursachen und deren Folgen.

Im Unbewußten gibt es das nicht. An seine Stelle tritt ein lebendiges Bewirken, an die Stelle der Kausalität das Prinzip der Verwandlung.* Damit hängt ein weiteres zusammen, denn die Kausalität beruht auf dem Satz der Identität. Er besagt, daß ein Ding immer sich selbst ist und nicht zugleich etwas anderes sein kann, daß es also immer identisch mit sich selbst sein muß. Daß also A immer gleich A sein muß und nicht zugleich B sein kann. Nur klar definierte Einheiten, eben Dinge, können Ursachen für Wirkungen abgeben. Das bedeutet den grausamen Zwang des Determinismus, eine unerträgliche Einengung der spielerischen Möglichkeiten des Geistes, der Kreativität, eine Beschneidung der Erlebnisräume. Es bedeutet den Verlust der Freiheit. Die Kausalketten sind auch die Ketten, die die schöpferische Freiheit

*L. Klages, Vom Traumbewußtsein, Werke Bd. 3

des Geistes fesseln, so daß er nicht zum Atmen kommt.

Nun hat aber auch der Satz der Identität im Unbewußten keine Geltung. Ein und dasselbe Ding kann hier sehr wohl zugleich ein anderes sein oder sich in ein anderes verwandeln, so wie es sich auch im Märchen zugleich an verschiedenen Orten befinden oder die fernsten Zeiten überbrücken und miteinander vereinigen kann. Sollte dies sich in einem «jenseitigen» Leben ebenfalls ähnlich verhalten?

Hier drängen sich wiederum Analogien zum magischen Denken der Urvölker auf. Auch für den ursprünglichen Menschen gibt es das klar umrissene, mit sich selbst und nur mit sich selbst identische Ding nicht, soweit sein Denken, Fühlen, sein ahnendes Erfassen und seine mythenschaffende Phantasie in Betracht kommen. In seinem praktischen Handeln freilich muß auch er mit der Identität und der kausalen Verknüpfung aller Dinge rechnen, wenn er überleben will. Soweit er lebt, ist seine Welt die Traumwelt des Unbewußten; soweit er aber *über*lebt, gelten auch für ihn die gleichen Gesetze der Identität und der Kausalität wie für uns. Die Frage ist allerdings, ob dies nicht auch unsere Situation ist. Vielleicht wollen wir sie nur nicht wahrhaben? Für den ursprünglichen Menschen etwa ist der Hinweg nicht dasselbe wie der Rückweg, während es für uns ein und dasselbe Ding ist, eben das abstrakte Ding «Weg». Für den alten Ägypter war der Sonnengott Re Horachte im Niedergang nicht derselbe wie im Aufgang. Für uns ist es einfach ein und derselbe

Himmelskörper, der, ein rein äußerliches Geschehen, seinen Ort in bezug auf uns gewechselt hat. Für den ursprünglichen Menschen aber hat er sein Gesicht, seinen Charakter geändert. Die räumliche Veränderung ist eine charakterliche Veränderung. Wir ordnen unsere Welt nach streng fixierten gegenständlichen und gleichbleibenden Einheiten, der ursprüngliche Mensch und unser Unbewußtes ordnen sie nach ineinanderfließenden, sich unablässig wandelnden Bedeutungen. Das sind Erlebnisarten, die für uns schwer nachvollziehbar sind, denen wir uns aber im Traum, in der künstlerischen Intuition, im Märchen und im Mythos annähern können.

Einzelträume, Traumserien, archetypische Träume

Felix Wirz

Grundsätzliches zur Tiefenpsychologie

Die Tiefenpsychologie eröffnet ein vielseitiges Erfahrungs-, Forschungs- und Therapiegebiet. Über die Meldungen von Träumen und Visionen erhalten wir Einsicht in das unserem Leben zugrunde liegende Konzept, in die in der Tiefe wirkenden Kräfte und in die von der inneren Regie geplante persönliche Entwicklungsrichtung. Eindrücklich kommt dies bei langfristigen Verlaufsformen von Traumserien mit ihren immer wieder neuen Variationen zum Ausdruck. An verschiedenen Beispielen wird dies genauer ausgeführt.

Nach tiefenpsychologischen Forschungsergebnissen sind Träume Meldungen aus der Tiefe unserer Persönlichkeit, aus dem Unbewußten. Was wir tagsüber, bewußt oder unbewußt, erfahren und erlebt haben, wird hier registriert und zum großen Bestand von früher Wahrgenommenem eingeordnet. Dadurch werden neue Quer- und Tiefenbeziehungen hergestellt. Vergleichbar ist dieser Vorgang mit der Kombinationsfunktion eines Computers: Das Gehirn besitzt gegen 100 Milliarden Zellen. Jede dieser Nervenzellen stellt ein kleines Verarbeitungszentrum dar und steht in bis zu 10 000 Verbindungen mit Nachbarzellen, woraus eine enorme Vielfalt an Schalt- und Speichermöglichkeiten resultiert. Offenbar ist dies erforderlich, um die Komplexität aller geistigen und körperlichen Funktionen zu steuern.

Es werden auch unterschwellige Wahrnehmungen im Unterbewußtsein gespeichert, solche, die nicht intensiv genug waren, das Bewußtsein zu erreichen, auch solche, die uns schmerzten und deshalb abgeschoben, schubladisiert wurden. Es sind verdrängte Inhalte, die noch nicht verarbeitet wurden und die daher dauernd ein gewisses Energiequantum an sich binden, sogenannte Komplexe.

Das bisher Angeführte gehört zum *persönlichen Unbewußten.* Davon erhalten wir durch unsere Träume Nachrichten, nicht auf eine rational-logische Weise, sondern in einer Bildersprache, in Analogien ausgedrückt. Die analoge Funktion, das intuitive, gefühlsmässige Reagieren wird heute auf die Tätigkeit der rechten Hirnhälfte (bei Rechtshändern), die digitallogische Funktion auf die der linken Hirnhälfte zurückgeführt. Diese Analogien zeigen uns das innere Geschehen wie in einem Drama. Am Anfang wird die Ausgangssituation gegeben, dann folgt die Entwicklung, am Schluß die Lösung und der Ausblick. Wenn wir diesen Vorgang verstehen und deuten können, dann wissen wir auch, was sich in der Tiefe unseres Geistes abspielt, wie es neu geordnet wird und welches unser zukünftiger Weg sein soll. Das Unbewußte führt Regie, ist gleichsam unser innerer Regisseur, und alle Figuren, die auftreten, entsprechen auch Teilen von uns oder stehen in Beziehung zu uns.

Die Traumsprache zu verstehen bedeutet für uns etwas Ähnliches wie das Erlernen einer Fremdsprache, wo man sich gleichzeitig in die andere Mentalität des Sprechenden hineindenken muß. Bei der Traumsprache muß man sich auf die anfänglich fremde Art des Unbewußten umstellen.

Neben diesem Bereich des *persönlichen Unbewußten* gibt es, nach psychotherapeutischer Erfahrung, in unseren tieferen Schichten ein *überpersönliches Unbewußtes.* Dort sind die vor unserer eigenen Existenz durch die Menschheit gemachten allgemeingültigen Erfahrungen und Verhaltensregeln gespeichert. Dieses Wissen und dieser Gefühlsstock gehören zum «Urerlebnisschatz» der Menschheit und schließen die tierische und menschliche Instinktebene und die Erfahrungen aus den frühen Kulturen mit ein. Das überpersönliche Unbewußte wird auch als kollektives Unbewußtes bezeichnet, d. h. es besteht in diesem Bereich keine Abgrenzung des einzelnen Individuums. Auch aus dieser tieferen Schicht erhalten wir Meldungen in unser Bewußtsein in Form von Träumen, die als besonders eindrückliche, wie von außen kommende, einmalige Botschaften empfunden werden. Man kann sich nach Jahren noch daran erinnern. *C. G. Jung* hat sie als «große» oder *archetypische* Träume bezeichnet. Ein *Archetyp* weist auf ein überzeitliches, urmenschliches Verhaltensmuster hin (s. S. 19). Überpersönliche und persönliche Elemente können im gleichen Traum vorkommen. Die innere

Führung stützt sich also sowohl auf die persönlichen Erfahrungen als auch auf das Urwissen des kollektiven Unbewußten.

Bei der Verhaltensbeobachtung unseres Alltagslebens können wir Ähnliches feststellen. In gewissen Streßsituationen fallen wir unvermittelt auf ursprüngliche, einfache Reaktionsweisen zurück. So reagieren wir etwa, wenn wir krank sind, wie Kinder und brauchen Betreuung und Schutz. Bei Katastrophen flüchten die Menschen blindlings alle in die gleiche Richtung oder erstarren an Ort.

Sowohl die Erforschung des äußeren Verhaltens wie auch die Beobachtung innerer Vorgänge sind naturwissenschaftliche Methoden. Sie beruhen auf der präzisen Beobachtung von Befunden, Situationen und Abläufen. Im Gegensatz zur Wahrnehmung durch die Sinne geht es bei der tiefenpsychologischen Abklärung von Phänomenen um die Registrierung innerer Fakten. Von anderen analytischen Beobachtern und bei andern Menschen können sie nachgeprüft, bestätigt oder korrigiert werden. Es handelt sich also nicht um subjektive Eindrücke. Die Ablaufmuster lassen sich allerdings nicht als Experiment wiederholen, doch ist das in anderen naturwissenschaftlichen Disziplinen, z. B. in der Astronomie, auch nicht möglich, und die Ergebnisse werden trotzdem als objektive Tatsachen anerkannt. Aufgrund dieser inneren Informationen können wir uns, ähnlich wie in der Chemie und in der Physik, ein Bild von etwas bisher Unbekanntem machen, beispielsweise auf die Struktur und Arbeitsweise eines

Führungszentrums schließen. Die bis heute vorliegenden und in der Praxis sich täglich wiederholenden Erfahrungen bestätigen dies und vieles andere und liefern laufend weitere Präzisierungen.

Die Untersuchung äußerer Vorgänge kann bewußt angestrebt und Schritt für Schritt weitergeplant werden. Bei der inneren Wahrnehmung ist es nicht möglich, zielgerichtet und logisch vorzugehen. Hier gilt es abzuwarten, ob und wann das Unbewußte in seinem eigenen Rhythmus und in seiner eigenen Ausdrucksweise etwas kundtut. Auch wenn wir eine Information erhalten haben, können wir den nächsten Abklärungsschritt nicht selber wählen, sondern müssen auf weitere spontane Äußerungen warten.

Würden wir dies mißachten und uns nur auf die Beobachtung des äußeren Erscheinungsbildes und des momentanen Verhaltensablaufes beschränken, müßten wir auf die ganze Abklärung der das äußere Geschehen vorbereitenden inneren Mechanismen verzichten. Erst wenn wir das tiefenpsychologische Material mit einbeziehen, ist es möglich, zu den Grundbedingungen unseres Bewußtseins vorzudringen.

Die äußeren Beobachtungen können sachlich neutral sein. Die inneren Wahrnehmungen berühren uns immer auch gefühlsmäßig, sie haben Erlebnischarakter. Nur wer sich emotional ansprechen läßt, erfaßt auch den Sinngehalt und erhält weitere entsprechende Mitteilungen; anderenfalls versiegen die Meldungen. Die gefühlsmäßige Mitbeteiligung darf allerdings nicht davon abhalten, gleichzeitig eine offene, kritische Beobachterhaltung zu bewahren. Dies ist nicht einfach und muß in analytischer Selbsterfahrung erlernt werden.

Gleiche methodische Unterschiede kennzeichnen auch das therapeutische Vorgehen. Bei einer körperlichen Störung fahnden wir gezielt nach der tieferen Ursache und versuchen die nachfolgende, falsch verlaufende Reaktionskette zu unterbrechen. Wenn eine psychische Beeinträchtigung vorliegt, beispielsweise eine Neurose, tun wir dasselbe, jedoch in der dem Unbewußten angepaßten Methode, sowohl durch Erkennen der Zusammenhänge als auch durch emotionale Mitbeteiligung und unter Berücksichtigung der langsameren und individuellen Zeitabläufe. Unkomplizierte Problemstellungen sind auf einfache Art zu lösen; meist braucht der seelische Heilungsprozeß aber eine längere Zeit.

Jeder Mensch hat neurotische Reaktionen, d. h. er reagiert hie und da unangemessen, unverständlich für die andern und oft auch für sich selbst. Das ist darauf zurückzuführen, daß gewisse Erlebnisse nicht verarbeitet und eingeordnet werden konnten und sich als selbständige Komplexe in unserem Unbewußten festsetzten. Je mehr Ereignisse im Leben, besonders in den Jugend- und Entwicklungsjahren, nicht aufgearbeitet worden sind, desto mehr Energie wird blockiert, und die Entwicklung wird gehemmt. Es kommt zu Störungen und Fehlabläufen im Verhalten, dadurch auch zu einer Beeinträchtigung von Lebensgenuß und Arbeitsfähigkeit. Werden solche Blockierungen überwunden, erfolgt meist eine um so größere Stärkung und Erweiterung des Lebensgefühls.

Eine Neurose kann spontan ausheilen. Geschieht dies nicht und wirkt sie störend, empfiehlt sich eine Psychotherapie. Schuldzuweisungen sind bei einer Neurose ebenso fehl am Platz, wie jemanden für eine Lungenentzündung verantwortlich zu machen, welche auf eine unverschuldete Infektion zurückgeht. Auch den ursprünglichen «Verursachern» des Leidens kann, sofern sie über kein besseres Wissen verfügten, keine Schuld angelastet werden.

Praxis der Traumverarbeitung

Ein Traumbild kann verschieden kommentiert werden. Damit die wichtigen Mitteilungen aus der Tiefe des Unbewußten konkret und persönlich für den betreffenden Träumer gedeutet werden können, müssen wir uns auf das persönliche Erleben im spezifischen Umfeld abstützen. Wir sollten alle Nuancen des Kommentars, den der Träumer zu seinem Traum bringt, berücksichtigen und mit dem breiten Wissensgut über Symbole in Einklang bringen. In den Mythen, Sagen, Märchen und Bildvorstellungen seit den prähistorischen und bis in unsere modernen Kulturen gibt es eine Überfülle von Symbolen, beispielsweise die Mutter, der Weise, der Böse, die Hexe, das Kind, die Schlange usw. Kinder und Naturvölker denken und leben noch weitgehend in diesen Vorstellungen. In der Psychologie gelangen wir durch Kombination des Symbolgehalts mit dem eigenen Erleben des Träumers zu einer für den Betreffenden und nur für ihn gültigen Deutung. Dann horcht der Träumer auf. Er hat das Gefühl, wir hätten ins Schwarze getroffen. Es erfolgt eine Rückwirkung auf das Unbewußte, und der Reifungsprozeß setzt sich fort. Neue Traummitteilungen werden auf eine weitere Stufe hinweisen, was anderseits auch eine wichtige Bestätigung für die Richtigkeit der Deutung ist. War die Auslegung hingegen falsch, wiederholt sich ein Traum unter Umständen in ähnlicher Form, oder es folgt ein klärender Traum. Wir alle erleben das hin und wieder. Der Prozeß kann aber auch vollständig stagnieren, weitere Traummitteilungen können ausbleiben. Das Unbewußte schottet sich ab, wenn nicht sinngemäß oder zu intellektuell vorgegangen worden ist. Die vielen neuen Möglichkeiten und Ideen, die es in sich birgt, sind erst im Werden und noch leicht verletzlich. Sie brauchen zur vollen Ausreifung ein geschütztes Milieu.

In den Märchen wird dieses Geschehen von den hilfreichen Zwergen dargestellt. Nachts arbeiten sie emsig für ihre Schützlinge. Sobald man jedoch Licht anzündet und den Sachverhalt verstandesmäßig abklären will, verschwinden sie spurlos und für immer.

Wenn die Dynamik des Unbewußten gestoppt wird, können sich körperliche oder seelische Störungen wie Nervosität, Spannungen und Angst einstellen. Das Ich kann dadurch gezwungen werden, erneut auf die Wünsche des Unbewußten einzugehen.

Nachträglich wird uns oft bewußt, daß solche Phasen im Grunde genommen ein wichtiger Anstoß zu Umstellung und Neuorientierung waren. Wie lange solche kritische Perioden dauern, ist in der psychotherapeutischen Sprechstunde nur begrenzt vorauszusagen. Die Heilungschance hingegen läßt sich aufgrund der Träume mit einiger Sicherheit beurteilen. Die Traummitteilungen weisen auf die Sinnzusammenhänge in unserem Dasein hin und deuten die einzuschlagende Richtung an, im Sinne einer Empfehlung, nicht als Befehl. Wir besitzen die volle Freiheit der Entscheidung (vgl. nachfolgend Traum 3). In all den farbigen, oft humorvollen Bildern des Traums werden wir in wohlwollender, aber eigentlich sachlicher Art auf die weiteren Möglichkeiten aufmerksam gemacht. Eine moralische Haltung oder gar eine Wertung ist dabei nie zu erkennen. Es ist, als ob uns die übergeordnete, dirigierende Instanz im Innern über das Mittel der Trauminformation kurz- und langfristig durch das Leben führen würde. Deshalb ist es von wesentlichem Interesse, durch das Studium von Träumen selbst zu erfahren, was sich in uns vorbereitet und entfaltet und in welche Richtung unsere Schritte führen sollen. In schwierigen Lebensabschnitten ist es anderseits leichter, sein Schicksal im Vertrauen auf eine wohlwollende Führung und im Bewußtsein eines inneren Sinnzusammenhangs zu ertragen, als alles, auch Unerklärliches, blind hinnehmen zu müssen.

Die meisten Träume sagen etwas über unsere innere Situation und unsere Entwicklungstendenz aus.

Früher deutete man die Träume vorwiegend als Manifestationen nicht erfüllter Wünsche, doch erwies sich dies als zu einseitig. Ein anderer, seltenerer Typ sind die sogenannten *Wahrträume,* Träume, die ein äußeres oder inneres Ereignis voraussagen, wie etwa die unerwartete Rückkehr von lange nicht mehr gesehenen Verwandten.

Während des Zweiten Weltkrieges war eine junge Frau in Angst um ihre Patin und ihren Onkel. Sie berichtet:

Eigenartigerweise hatte ich im Traum den Eindruck, daß ich träumte und daß das Folgende innert vierundzwanzig Stunden eintreffen würde.

Ich sah meine Patin und deren Mann mit Koffern in der Hand unter unserem Pflaumenbaum stehen und hörte sie sagen, sie seien endlich, nach fünfzehn Monaten Wartezeit im französischen Pontarlier, von den Deutschen entlassen worden. Am Morgen eilte ich ins Schlafzimmer meiner Eltern und rief laut: «Heute kommen sie!» An demselben Abend riefen sie tatsächlich aus Basel an, sie hätten die Grenze überschritten und kämen mit dem nächsten Zug.

Es gibt auch *Todesträume,* die den Wahrträumen entsprechen. Sie sagen den Tod von Menschen voraus, welche im Moment gesund und aktiv sind. *C. G. Jung* berichtete in seinen Memoiren* über ein visionäres Bild, das er selber in unmittelbarer Todesgefahr nach einem Herzinfarkt erlebt hatte:

* C. G. Jung, Erinnerungen, Träume..., S. 295

Es schien ihm, als ob er sich weit oben im Weltraum befände. Nach einiger Zeit sah er den ihn behandelnden Arzt, oder vielmehr war es dessen Urbild als Arzt, sich von der Erde abheben.

Er kam zum Schluß, dieses Bild bedeute, daß der Mann bereits zu der Gesellschaft der Jenseitigen gehöre und demnächst sterben werde. Er gab sich größte Mühe, mit ihm darüber zu sprechen, aber der Arzt verstand ihn nicht. Drei Monate später verstarb dieser an einer akuten Krankheit.

Eine Frau schrieb über einen für sie merkwürdigen Traum:

Man hat unsere Mutter in einem offenen Sarg von der Werkstätte durch den Garten bis zum Spitalauto getragen. Ich dachte für mich: «Daß man so etwas Dummes träumen kann! Man geht doch nicht mit dem Sarg durch die Werkstätte zum Haus hinaus. Zudem ist meine Mutter gesund und munter.» Einige Wochen später hatte sie einen Hirnschlag in dieser Werkstätte. Sie starb nach wenigen Tagen. Ich war tief beeindruckt.

Falls das vorausgesagte Ereignis später wirklich eintritt, wissen wir, daß es sich im Traum effektiv um eine Voraussage gehandelt hat. Es braucht jedoch eine gewisse Erfahrung, um einen Wahrtraum schon vorher als solchen zu erkennen. «Todesträume» künden oft nicht den bevorstehenden körperlichen Tod an, sondern weisen viel häufiger darauf hin, daß eine bis anhin gepflegte Lebensweise in uns sterben, also aufgegeben werden muß, um einer neuen Entwicklung Platz zu machen.

In einem andern Fall befürchtete eine 53jährige Träumerin ebenfalls, daß ihr baldiger Tod angekündigt worden sei. Der Traum war von solcher Eindrücklichkeit, daß sie ihn, wie sie betonte, in ihrem Leben nie mehr vergessen würde:

Ich sitze auf einem am Boden liegenden Baumstamm auf einer ein wenig vertrockneten Wiese. Schräg hinter mir sehe ich ein sehr großes, rundes Betongebäude, aus dessen Innerem eine Treppe bis hinaus auf die Wiese führt. Ich stehe auf und gehe, wie in Trance und wie von fremden Kräften geführt, auf das Haus zu und steige ein paar Stufen die Treppe hoch. Sie ist relativ eng und führt ziemlich steil hinauf. Plötzlich erscheint weit oben, am Ende der Treppe, eine weiße, strahlende Gestalt. Sie ruft mich bei meinem Namen, und ich frage sie, woher sie wisse, daß ich Anne-Marie heiße. Ruhig antwortet sie: «Aber ich kenne dich doch» und winkt mich mit einer kleinen Bewegung ihrer Hand zu sich hinauf. Als ich oben ankomme, reicht sie mir ein Gefäß mit frischem Wasser und ein Stück Brot. Ich nehme beides zögernd an, dann erwache ich, und in mir ist ein fast überirdisches Glücksgefühl.

Die Träumerin befand sich auf einer etwas vertrockneten Wiese und saß auf einem gefällten Baum. Sie war also in einer zurzeit nicht besonders ersprießlichen Situation. Von unbewußten inneren Kräften wurde sie von hier in ein modernes Gebäude geführt, welches symbolisch einen Teil ihrer neuen Persönlichkeit darstellte, und ging darin einige Stufen die Treppe hoch. Eine Lichtgestalt, eine Leitfigur, kannte ihren Lebensweg und rief sie persönlich zu sich empor. Sie meinte zuerst, es könnte sich um die Ankündigung ihres Todes handeln. Diese strahlende Gestalt aber überreichte ihr zwei wichtige Dinge: frisches Wasser, als Ausdruck des fließenden Lebens, und Brot für das diesseitige Dasein.

Parallelen dazu finden sich im Neuen und im Alten Testament, z. B. bei Jesaia: «Ich habe dich beim Namen gerufen, da du mich noch nicht kanntest, und habe dich erlöst.» In beiden Fällen ging es demnach um eine persönliche Auserwählung und um eine Aufforderung zur Weiterentwicklung. Für die Träumerin war das von besonderer Bedeutung, da sie nach einer schwierigen Jugendzeit und als alleinstehende Frau kein einfaches Leben hatte. Es handelte sich daher nicht im entferntesten um eine Todesankündigung, sondern um eine klare Aufforderung zur Weiterentwicklung, selbst unter schwierigen Umständen. Eindrücklich ist, wie die innere Führung in Erscheinung trat.

Bestimmte Vorausmeldungen finden sich auch in unseren ausführlichen Fallbeispielen (vgl. S. 108 und S. 180). Im ersten Fall wurde in einer Vision die Entwicklung für die nächsten Jahre vorausgesagt – aber nicht begriffen. Im zweiten Fall wurde in visionären Bildern der bevorstehende Tod des Vaters angekündigt. Spätere Träume stellten seinen Weg nach dem Tod dar. War das letztere nun auch als Vorausmeldung im Sinne eines Wahrtraumes aufzufassen?

In seiner Symbolsprache teilt uns das Unbewußte mit, was sich in unserer Tiefe abspielt und in welcher Richtung die innere Führung uns leiten will. Welche Bedeutung kommt nun Meldungen zu, die auf eine Daseinsform nach dem Tode hinweisen? Kann es sich um verschlüsselte innere Hinweise handeln?

Über Erfahrungen *während* des Sterbens liegen heute viele Berichte vor. Meistens beruhen sie auf Aussagen von Menschen, die keinerlei Zeichen eines noch funktionierenden Kreislaufes oder Nervensystems mehr erkennen ließen. Durch moderne medizinische Technik konnten diese Personen reanimiert, d. h. zurück ins Leben gebracht werden. Solche Leute berichteten, was sie in ihrem todesähnlichen Zustand erlebt hatten, also gerade auf der Schwelle zum postmortalen Zustand.

Verschiedentlich wurde allerdings der Wert solcher Aussagen in Frage gestellt, und die Erlebnisse wurden als Folge von Stoffwechselstörungen während des Sterbevorganges gedeutet. Solche sind zweifelsohne vorhanden. Die Aussagen und Visionen sind jedoch viel zu differenziert und bei aller Ähnlichkeit doch zu farbig und vielgestaltig, als daß es sich einfach um die Folgen einer beginnenden Hirnvergiftung handeln könnte. Wie sollte ein geschwächtes, absterbendes Gehirn in der Lage sein, von sich aus diese ganz besonders eindrücklichen, speziell ausgestalteten inneren Erlebnisse hervorzubringen? Es überrascht zudem, wie gleichgerichtet die Berichte von Menschen verschiedener Kulturkreise und unterschiedlicher Altersstufen sind. Die reichhaltigsten

Dokumentationen zuverlässiger Einzelmitteilungen wurden von *R. Moody** in den USA mit bisher 3000 und von *A. Jaffé*** in der Schweiz mit 1500 Fällen zusammengestellt.

In den nachfolgenden ausführlichen Traumanalysen bekommt man einerseits Einblick in die inneren Zusammenhänge des vergangenen und gegenwärtigen Lebens des betreffenden Träumers, und anderseits wird sich zeigen, ob auch Anhaltspunkte für ein Gesamtkonzept über unser hiesiges Dasein hinaus feststellbar sind.

Es wird berichtet über Serien von Träumen, die sich zum Teil über Jahrzehnte erstreckt haben und denen deshalb eine besondere Aussagekraft zukommt. Sie stammen von kritisch eingestellten Naturwissenschaftlern, die auch aufgrund ihres Alters über eine gewisse Berufs- und Lebenserfahrung verfügen. Dabei wird nur auf diejenigen Abschnitte der zahlreichen Träume eingegangen, die für die Gesamtaussage bestimmend sind und in Beziehung zu vorhergehenden und nachfolgenden Träumen stehen. Träume in all ihren Elementen durchzuarbeiten und geschichtliche und mythologische Parallelen einzubeziehen, wäre Aufgabe eines Seminars. Viele der hier angeführten Träume beinhalten vorwiegend archetypische Bilder. Dadurch kommt neben dem Individuellen besonders der für uns Menschen allgemeingültige Wandlungsprozeß zur Darstellung.

---

*R. Moody, Leben nach dem Tod
** A. Jaffé, Geistererscheinungen und Vorzeichen, S. 36, 57, 71, 73

Die hier vom Träumer bzw. der Träumerin und dem Analytiker erarbeiteten Deutungen sind *eine* Möglichkeit der Interpretation. Träume und Erlebnisse zeigten in beiden Fallbeispielen eine deutliche Fortentwicklung. Die gemeinsame Verarbeitung entsprach demnach der inneren Situation. Andere Analytiker würden auf andere Weise vorgehen, hätten sich aber gleichermaßen vom inneren Regisseur dirigieren und korrigieren lassen.

Träume und Lebensentwicklung über drei Jahrzehnte

In der ersten Fallbesprechung geht es um einen bei der ersten Konsultation 32jährigen, verheirateten Arzt. Wir nennen ihn Bernhard Nauer. Seine Mitteilungen begannen mit einem visionären Erlebnis.

Vision 1

Bernhard Nauer hatte sich mit großer Energie um eine neue Stelle beworben. Als er nach dem Vorgespräch den Hörer in der Telefonkabine aufhängte, sah er rechts neben sich einen freundlichen Herrn in mittlerem Alter, der ihm sagte, er werde diesen Posten mit Sicherheit bekommen. Er gab ihm noch weiteres zu verstehen, doch Bernhard Nauer war mit der ersten Mitteilung voll zufrieden und machte sich im übrigen keine weiteren Gedanken über das Geschehen.

An seinem neuen Arbeitsort geriet Bernhard Nauer aus persönlichen Gründen in Schwierigkeiten und wurde sehr nervös. Er kam in eine Analyse und erzählte von der Erscheinung nach jenem Telefon. Erst jetzt merkte er, daß ihm jener Unbekannte damals schonend und mitfühlend eröffnet hatte, er werde in eine schwierige Situation geraten und diese durchstehen müssen.

Die Psychoanalyse dauerte vorerst zwei Jahre. Bernhard Nauer schilderte viele Träume und ein weiteres visionäres Erlebnis. Die Entwicklung erstreckt sich bisher über 36 Jahre.

Traum 1
Wie auf einer Bühne sehe ich rechts in hellem, warmem Licht einen zirka 50jährigen Mann in graubeigem, modernem Anzug, links einen sehr bunten, tanzenden Clown. Der 50jährige Mann scheint sehr kompetent zu sein. Er deutet darauf hin, daß der lebhafte Clown und die schwarze Eisenmaske, die er in der Hand hält, zum Gesamtbild gehören. Hinten ist ein jüngerer Mann nur in Umrissen zu sehen. Vorne stehe ich als Zuschauer.

Kommentar nach gemeinsamer Besprechung:
Rechts im hellen Licht sitzt ein wissender, erfahrener, etwa 50jähriger Mann, modern gekleidet. Helligkeit ist ein Symbol für Wissen und Erkennen (das Licht

der Erkenntnis). Der moderne Weise hält demonstrativ eine schwarzbraune Eisenmaske in der Hand, die nicht bedrohlich wirkende, klare, regelmäßige männliche Gesichtszüge aufweist. Analytisch gesehen, ist sie Ausdruck für eine aggressive Haltung, die, im positiven Sinn, Energie und Durchsetzungswillen bedeutet. Die Eisenmaske ist auch auffallend in die Mitte gesetzt. Sie kann also auch eine Machtkomponente darstellen: Macht über das Leben, Macht über die anderen. Das Leben aber ist ein dauernder Wandlungs- und Entwicklungsprozeß, und zwar aufgrund freier persönlicher Entscheidungen. Die Einwirkung der Macht eines andern verunmöglicht jedoch eine solche Entwicklung. Deshalb ist Macht, in dieser Art angewendet, lebensfeindlich. Das gilt auch für Machtanwendung gegen sich selber, als Eingriff in das spontane Spiel der inneren Kräfte. Bei Bernhard Nauer hat das Machtprinzip bereits in Traum 5 eine wesentliche Umgestaltung erfahren. Den beweglichen, phantasievollen Clown empfand Bernhard Nauer als Symbol der Lebensfreude. Der Weise weist nachdrücklich darauf hin, daß beide Aspekte, der Clown und die Eisenmaske, zusammengehören als wichtige Teilaspekte der Gesamtperson.

Nauer hatte in der Tat viel Energie – daher wurde die Eisenmaske in die Mitte des Bildes gezeichnet – doch stand diese noch nicht harmonisch mit der Phantasie- und Gefühlsseite des Clowns in Beziehung. Die Maske als solche kann auch bedeuten, daß der Betroffene seine persönliche Art hinter einer offiziellen

Fassade verbirgt. Vom Träumer Bernhard Nauer wurde diese Deutung abgelehnt. Für ihn handelte es sich um den Ausdruck einer in sich harmonischen Kraft. Der Clown anderseits kann auf eine «Trickstergestalt» hinweisen, d.h. auf ein halb naturhaft dämonisches, halb schelmisch gutmütiges Wesen. Dieser Aspekt des Negativ-Tierhaften wurde vom Patienten auch abgelehnt, was man akzeptieren muß. Für ihn war die Gestalt im Gegenteil Ausdruck der Lebensfreude, der Spontaneität, vielseitiger Beziehungen und des Humors. Er sagte sich, «vielleicht kann mir die noch undeutliche Gestalt hinten zwischen den beiden Hauptfiguren später behilflich werden, die beiden Extreme zusammenzuführen.» Nachträglich stellte er fest, daß der Wissende in diesem Traum viel Ähnlichkeit hatte mit der Gestalt in seiner ersten Vision in der Telefonkabine. Schon da hatte sie ihm freundlich und mit überlegenem Wissen angedeutet, was er noch erleben werde. Er hatte es damals noch nicht verstanden, noch nicht einmal bewußt registriert. Jetzt aber bekam er vom Weisen eine klare Aufgabe zugewiesen.

Wie erwähnt, sind alle Figuren, die in Träumen und Visionen auftreten, auch Teile von uns selber resp. Teilkonzepte unseres überpersönlichen Urwissens. Der Weise ist deshalb auch Symbol des wissenden, ordnenden und planenden Zentrums in uns. In der Terminologie von C. G. *Jung* wird dies als das «Selbst»* bezeichnet.

---

*C. G. Jung, Erinnerungen, Träume..., S. 295

Traum 2

Ich bin hinten in einer kleinen Kirche. Mit Ausnahme von vereinzelten Bänken ist der Raum vollständig leer. Vorne rechts steht eine Tür offen, darüber der Hinweis «Notausgang». Ich gehe durch sie hinaus und gelange zu einem Sandhaufen. Als ich dort im Sand zu spielen beginne, kommt eine Frau mittleren Alters zur selben Tür heraus und spielt mit.

Kommentar:

Im Gegensatz zum vorherigen Traum geht Bernhard Nauer hier selbständig von dem von ihm in der alten Form als leer empfundenen sakralen Raum durch den Notausgang zu einem spielerischen Gestalten über, dies zusammen mit einer gleichaltrigen Partnerin, seiner Anima-Figur.

Die Anima ist die weibliche Ergänzungsfigur in der Psyche des Mannes. Sie verkörpert im Mann die phantasievolle, gefühlvolle und schöpferische Seite, auch die Fähigkeit und Offenheit für menschliche Beziehungen. Mit dieser ergänzenden Person seines Ich war Bernhard Nauer in einem gemeinsamen Spiel engagiert. Im Spiel können neue Möglichkeiten am leichtesten eingebracht werden. Die Frau in diesem Traum, bemerkte Bernhard Nauer nachträglich, kam ihm streng und zu sachlich vor. Neue Seiten unseres Ich sind anfänglich nicht voll, sondern erst teilweise entwickelt. Wenn sich etwas völlig Neues aufbauen soll, so geht dieser Prozeß über verschiedene Stufen und braucht Zeit und Geduld.

Traum 3

Da sitzen der «weise Mann» und rechts von ihm ein etwa 40jähriger, aufgeweckter, sportlicher Typ an einem Tisch. Im ersten Traum war dieser nur andeutungsweise zu erkennen. Der Weise blättert bedeutsam in einem Buch und erklärt dem andern meine noch unbekannte Zukunft. Vorne bin ich.

Kommentar:

Weitere noch unbekannte Schicksalsseiten werden im Leben von Bernhard Nauer aufgeschlagen. Der Weise ist nicht sicher, wie die Entwicklung gehen würde. Vieles würde von Bernhard Nauers eigenen Entscheidungen abhängen. Der 40jährige ist nach dem Eindruck des Träumers derjenige, der im vorhergehenden Traum erst andeutungsweise zu erkennen gewesen ist. Er ist erstaunt, einen solchen Begleiter in sein Leben treten zu sehen. Nach heutiger Benennung entspräche diese Figur einem Guide oder Guru.

Bernhard Nauer fragte sich, ob der «kompetente, wissende Mann» eventuell einer modernen Christusgestalt entsprechen könnte und der jüngere Begleiter, mit den persönlichen Gesichtszügen, nach christlicher Auffassung einen Schutzengel darstellte. Das wäre ein wesentlich anderes Konzept als dasjenige früherer Zeitepochen. Abgesehen von verschiedenen Interpretationen ist festzuhalten, daß diese archetypischen Bilder für Bernhard Nauer persönlich von großer Bedeutung waren.

Traum 4

Ich schreite von links unten nach rechts oben zu einer Stadt auf einem Berg. Da kommt von unten aus dem Dunkeln heraus ein kleines, voll besetztes Auto. Der Chauffeur führt die zusammengepferchten Leute zielbewußt nach oben, während ich zu Fuß gehen muß. Ich gehe aber gerne allein aufwärts. Oben ist eine schöne mittelalterliche

Stadt, noch menschenleer. Weit über die Stadt hinaus sieht man in eine hellgrüne Landschaft.

Kommentar:

Bernhard Nauer ging von links unten nach rechts oben. Nach psychologischer Erfahrung und nach dem Urwissen der Menschheit bedeutet links die Vergangenheit, das Unbewußte, auch Urtümliche. Rechts weist auf das Bewußtsein, die Realität, Aktivität und Zukunft hin. In den nachfolgenden Träumen werden sich diese Prinzipien häufig finden.

Bernhard Nauer schreitet zu einer historisch gewachsenen Stadt hinauf, mit weitem Blick in die Ferne. Die Stadt ist Ausdruck für vielseitige Beziehungsmöglichkeiten und mannigfache berufliche und kulturelle Aspekte. Eine mittelalterliche Stadt stellt ein historisch aufgebautes Gemeinwesen dar, entsprechend dem in uns von Generationen her überlieferten Erlebensschatz. Sie ist noch menschenleer: In den Träumen werden wesentliche neue Perspektiven aufgezeigt, diese müssen aktiviert und durch persönlichen Einsatz ins Leben eingebaut werden. Die Stadt ist also noch zu bevölkern. Bernhard Nauer war erstaunt, wie die zusammengepferchten Leute so mühelos hochgefahren wurden. Diese Leute erarbeiten sich den Weg zwar nicht selber, aber in ihrem Kollektiv haben sie vieles mitbekommen und gelangen zusammen mit ihrem Leiter nach oben. Der Träumer seinerseits nimmt in Kauf, von ihnen überholt zu werden, und schreitet zügig und zufrieden weiter.

Traum 5

Ich setze mich, wie unsichtbar dirigiert, sehr bescheiden an die Ecke eines Tisches und höre aufmerksam zu. Eine große, etwas unförmige Frau in Grau sitzt links neben mir. Der 40jährige, aufgeschlossene Mann vom früheren

Traum sitzt rechts. Daneben befinden sich noch vier weitere Personen, die ich nicht genau erkenne. Die große Frau links steht auf und sagt im Weggehen, sie sei enttäuscht und halte gar nichts von mir. Mein Begleiter zur Rechten entgegnet sofort, das stimme nicht. Er wisse, daß noch verschiedenes dazukommen werde. Weiter rechts befindet sich eine Rolltreppe, die stillsteht.

Kommentar:

Auffallend ist, daß sich Bernhard Nauer, wie von einem Unbekannten geführt, klein und bescheiden auf einen niedrigen Hocker setzt. Durch das Zurückstellen eigener Machtansprüche (vgl. Traum 1) wird er aufnahmefähig und kann Neuem begegnen. Die Anima, sein inneres Frauenbild als Ausdruck seiner Gefühlssphäre, ist zwar groß, aber grau in grau, undifferenziert. Durch diese zu große, ihn noch im Erwachsenenalter zu stark behütende Mutterfigur wird Bernhard Nauer in seiner eigenen Entfaltung gehemmt. Das ist die Machtdemonstration von seiten des Fraulichen und nicht eine echte Auseinandersetzung und nachfolgende Integrierung des ergänzenden weiblichen Prinzips in die männliche Persönlichkeit. Darum wurde die Frau in dieser Erscheinungsform vom Begleiter sofort abgelehnt und weggewiesen. Diese Figur äußerte sich bezeichnenderweise nur negativ über ihn. Die positive Seite der Anima hingegen bedeutet Phantasie, neue Ideen, Freude am Dasein, Erweiterung der Beziehungsmöglichkeiten und der Liebesfähigkeit, also vieles, was das Leben farbig und warm gestaltet.

Der Animus, das Symbol der positiv männlichen Ergänzung in der Frau, schließt Sinn für Ordnung, Zielstrebigkeit, urteilendes und abstrahierendes Denken in sich. Wenn sich diese inneren Bilder, im Mann die Anima, in der Frau der Animus, entwickelt haben, können sich Mann und Frau auch im Tagesleben frei begegnen und müssen das Bild der eigenen Mutter oder des eigenen Vaters nicht länger auf den Partner projizieren. So werden sie ihr Leben nicht unter falschen Voraussetzungen führen.

Der Traum 5 stellte eine Etappe im fortschreitenden Reifungsprozeß von Bernhard Nauer dar. Wie im vorangegangenen Traum, wo die Stadt harmonisch aufgebaut, aber noch menschenleer war, wies auch diese farblos graue, aber imposante Frauengestalt ihrerseits auf eine diesbezügliche große Entwicklungsmöglichkeit hin. Es beruhigte Bernhard Nauer auch, daß sich sein persönlicher Begleiter so voll für ihn einsetzte und daß rechts eine nach oben gerichtete Rolltreppe bereitstand.

Mehrere Jahre später ereignete sich folgendes:
Bernhard Nauer befand sich damals in den Badeferien und kam vom Schwimmen an den Strand zurück. Im seichten Wasser stürzte rechts von ihm eine Frau mit einem Aufschrei zusammen. Zwei Männer trugen die Frau in eine Höhle unter der Felswand, welche die Bucht umgab. Bernhard Nauer eilte dorthin, hatte aber Mühe, seine Strand- und Ferienstimmung abzulegen und ärztliche Hilfe zu leisten. Die Frau

war durch einen von der Felswand herunterstürzenden Stein getroffen worden. Sie wies in der rechten Schläfengegend einen offenen Schädelbruch auf. Als Bernhard Nauer sie untersuchte, war sie klinisch tot. Herzmassage und künstliche Beatmung blieben erfolglos. Es ärgerte ihn, daß er so mißgestimmt und als Arzt machtlos war. Er fühlte sich sehr betroffen. Einige Tage vor seiner Abreise ging er nochmals zur Unglücksstelle. In der Felsenhöhle war ein Brettchen mit Namen und Todestag angebracht.

Vision 2

In dieser abgeschirmten Höhle kam plötzlich eine große Stille über mich. Unvermittelt stand die verstorbene Frau, die ich vor ihrem Tod nie gesehen hatte, rechts neben mir. Sie hatte keine Schädelverletzung mehr und sah sehr gesund aus. Ich wußte nun ganz deutlich, daß sie mir meine damalige Reaktion ihr gegenüber verzieh. Um die Frau herum sah ich darauf eine etwa 2 bis 3 Meter große, helle Wolke. Diese Wolke, das wußte ich ebenso genau, war Ausdruck einer umfassenden Liebe, ausgehend von der Verstorbenen und ihrer neuen Welt. Da kam mir ein Bekannter entgegen, das Bild verschwand, und ich nahm wieder alle Geräusche um mich wahr.

Visionen

Visionen sind wie Träume Meldungen aus dem Unbewußten, ebenfalls ausgedrückt in Analogiebildern. Sie sind wie diese Spontanphänomene, die man nicht willkürlich hervorbringen kann. Sie überfallen den Menschen im Wachzustand. Die äußere Sinneswahrnehmung ist entweder stark reduziert oder ganz ausgeschaltet. Subjektiv fühlt sich der Visionär ganz präsent, im Gegensatz zu einem Traumzustand. Das, was er sieht oder hört, erscheint ihm eindrücklicher und realer als alles übrige Geschehen. Es kann ein erschütterndes Erlebnis sein, wie etwa die Visionen des *Paulus vor Damaskus*, des *Niklaus von Flüe* bei Liestal* oder aber diejenige von *C. G. Jung*** vor dem Ersten Weltkrieg. Es gibt verschiedene Intensitätsgrade von Visionen bis hin zu solchen, die fast ein vertrautes Ereignis darstellen. Bei Menschen, die Visionen haben, ist offenbar die Schranke zwischen Bewußtem und Unbewußtem erheblich durchlässiger. Der bessere Informationsfluß zwischen den Ebenen darf

---

* M. L. von Franz, Niklaus von Flüe
** C. G. Jung, Erinnerungen, Träume..., S. 179

aber gleichzeitig eine kritische Beobachtungshaltung des Visionärs nicht ausschließen.

Bei den zwei nachstehend beschriebenen Fälle trifft dies zu.

Visionen sind nicht selten. Menschen, die sie erfahren, sprechen jedoch kaum davon, da sie befürchten, als Phantasten, als abnormal oder gar geisteskrank abgestempelt zu werden. Für sie ist es eine wertvolle persönliche Erfahrung, die sie nicht dem Unverständnis und der Lächerlichkeit preisgeben wollen. Diskretion ist darum hier noch wichtiger als bei den Träumen.

Zum Aussagewert einer Vision: Die Frage stellt sich, ob es sich um eine subjektiv wahrgenommene Erscheinung oder um ein effektiv stattfindendes Geschehen handelt, d.h. ob wir die Aussage auf der Subjektstufe* – die Anima des Bernhard Nauer weist ihn auf eine neue Entwicklung hin – oder auf der Objektstufe** – die Verstorbene zeigt ihm die Möglichkeit einer neuen Existenzform – deuten müssen.

Grundsätzlich bestehen bei der Interpretation von Träumen und Visionen beide Möglichkeiten. Welche Erklärung die zutreffende ist, kann meistens aus der Lebensgeschichte des Betroffenen und aus der psychologischen Konstellation entschieden werden. Oft enthält die Aussage beides gleichzeitig, eine subjektiv zutreffende Meldung und einen objektiv gültigen Bericht. Beide werden in der Symbolsprache des

---

*Eine nur für die innere Situation des Träumers zutreffende Deutung, also ausschließlich auf das betreffende Ich bezogen.

** Die Objektstufe stellt eine allgemeingültige Aussage dar, auf ein Objekt, auf ein äußeres Ereignis bezogen.

Unbewußten ausgedrückt. Damit nicht zusammenhanglose Kombinationen entstehen, ist diese Besonderheit der Aussage vor allem auf der Objektstufe sorgfältig zu berücksichtigen. Bei der Trauminterpretation kann die Richtigkeit der Deutung daran kontrolliert werden, daß die Entwicklung in den nachfolgenden Traummitteilungen weitergeht oder stagniert. Visionen sind seltener als Träume, doch das Kriterium «Weiterentwicklung oder Stagnation» ist gleichermaßen verwendbar. Spätere Träume oder Visionen werden die erste Aussage bekräftigen oder korrigieren.

Nach der ersten Vision von Bernhard Nauer in der Telefonkabine bestätigte der weitere Verlauf deren Aussage vollumfänglich. Nach der zweiten Vision wurde der eine Teil der Ankündigung, die Idee der bedingungslosen Liebe, durch die nachfolgende Entwicklung der Anima-Seite ebenfalls verwirklicht. Dieses grundlegend neue Prinzip wurde stufenweise in die persönliche Substanz Bernhard Nauers eingebaut (vgl. später insbesondere die Träume 6, 8, 10, 11). Die Voraussagen der Visionen im Fall Bernhard Nauer wurden also bestätigt. Gleiche Beispiele finden sich im zweiten Fallbericht.

Kommentar zur Vision 2:
Bernhard Nauers Vision in der Höhle war kein tieferschütterndes Ereignis, aber sie beeindruckte ihn nachhaltig. Er war äußerst überrascht, die früher im Sterben untersuchte Unbekannte plötzlich ohne Verletzung und aktiv vor sich zu sehen. Daß sie auf sei-

ne frühere, unwillige Reaktion Bezug nahm und ihn freundlich entschuldigte, erstaunte ihn ebenfalls. Am meisten beeindruckte ihn jedoch der Hinweis auf eine umfassende Liebeshaltung, die in einem postmortalen Bereich weiterexistierte. Besonders letzteres entsprach nicht seiner Gedankenwelt, und er war darauf nicht vorbereitet. Als Ereignis war die Vision für ihn ein starker Anstoß zur Weiterentwicklung seines persönlichen Anima-Bildes. Gegenüber der in Traum 5 dargestellten, großen, undifferenzierten und unzufriedenen Frau in Grau erschien ihm hier eine sehr positiv eingestellte Frauengestalt, die seine frühere Haltung ihr gegenüber sofort entschuldigte und ihn auf eine selbstlose Liebeshaltung hinwies. Dies war für ihn eine bedeutsame neue Perspektive.

Bedingungslose Liebe als Archetyp

Der Begriff einer nicht an Bedingungen geknüpften Liebeshaltung bedeutet eine vorbehaltlose Toleranz und große gefühlsmäßige Offenheit eines Menschen gegenüber der eigenen Umgebung. Entsprechend läßt auch das Gegenüber seine Abgrenzung fallen, und es werden positive Rückstrahlungen möglich. Durch einen ungehinderten Gefühlsfluß erfahren beide Seiten eine wesentliche Bereicherung der Lebens- und Ausdrucksmöglichkeiten und damit eine Erweiterung ihrer Persönlichkeit.
Es handelt sich um eine grundlegend neue Haltung,

um die Neuausprägung eines seit je bestehenden Archetyps, welche zu einem Evolutionsschub in unserer westlichen Kultur geführt hat. Zu ihrer Bewußtmachung und Integrierung scheint eine lange, noch weit über unsere Gegenwart hinausreichende Zeit notwendig zu sein. Durch *Jesus von Nazareth* wurde dieses Prinzip eindrücklich in die westliche Welt gesetzt und eine globale Entwicklung eingeleitet. Die Aussage damals und heute ist die gleiche, nur die gewählten Wege zum Finden der Erkenntnis sind verschieden. Die neue Haltung wurde den damaligen Menschen durch Verkündung nahegebracht. Heute erhält man u. a. durch tiefenpsychologische Beobachtung am Erfahrungsmaterial des Unbewußten Kenntnis. Man kommt zu einem bewußten Erkennen des neuen Zieles und des dahin führenden Weges. Jedem Menschen steht es indessen frei, seinen eigenen Weg zu wählen.

Im übrigen finden sich sehr viele Parallelen zwischen christlicher und tiefenpsychologischer Erkenntnis, denn es handelt sich um ein archetypisches Urwissen. Auch Jesus drückte sich in einer Bildersprache aus, in Gleichnissen, ähnlich wie wir die Meldungen des Unbewußten in Symbolen mitgeteilt bekommen. Sowohl in den christlichen Gleichnissen als auch in den Mitteilungen des Unbewußten werden oft drastische Formulierungen gebraucht, offenbar um aufzurütteln. Die in den Traummitteilungen vorkommenden Gestalten sind psychologisch gesehen gleichzeitig auch Teilfiguren von uns. Im christlichen Glauben beispielsweise sagt *Paulus* im Brief an die

Galater 2, 20: «Nicht mehr ich lebe, sondern Christus lebt in mir.»

Auch Bernhard Nauer hatte sich die Frage gestellt, ob nicht der Weise in seiner ersten Vision und in den beiden folgenden archetypischen Träumen einer modernen Christusgestalt entspreche und eventuell auch einen Teil seiner Persönlichkeit darstelle.
Der Weise in Traum 1 hatte seinerzeit sehr bestimmt darauf hingewiesen, daß auch die schwarzbraune Eisenmaske mit auf die Lebensbühne gehöre. Grundlegend Neues wird von unserm Bewußtsein oft zuerst als dunkel, möglicherweise als bedrohlich oder bösartig, taxiert. Erst wenn wir uns genauer damit befassen und die wahren Zusammenhänge erkennen lernen, offenbart sich seine eigentliche Natur. Das ursprünglich Dunkle verliert dann den Aspekt des Bösen und kann als wertvoller neuer Teil und zusätzlicher Energieträger in die Gesamtperson eingebaut werden. Dies geschah in Traum 5 von Bernhard Nauer und in der überraschenden Vision 2. Er überlegte damals, was das große Frauenbild wohl beinhalte und was diese Frau von ihm erwarte. Dadurch wurde die Figur nicht abgespalten und zu einem negativen Symbol, einem bedrohlichen, destruktiven Frauenbild, wie z.B. in früheren Zeiten zu einer Hexe, sondern wandelte sich im psychologischen Prozeß zu einer von Licht umgebenen, zukunftsverheißenden Frauengestalt.
Im langen Wandlungsprozeß Bernhard Nauers traten keine Gestalten des eigentlich Bösen in Erschei-

nung, was darauf zurückzuführen sein dürfte, daß er gelernt hatte, neuen, sich erst andeutenden Teilaspekten in aller Freiheit zu begegnen, sie in ihrer eigentlichen Bedeutung zu verstehen und stufenweise zu integrieren.

In der früheren christlichen Auffassung, welche den Menschen der damaligen Bewußtseinsstufe entsprach, wurden neue, aus dem Unbewußten erstmals auftauchende Lebensaspekte gerade wegen ihrer Ursprünglichkeit als primär verdächtig, später als von Grund auf böse angesehen, ausgesperrt und dann auf andere Menschen oder Gestalten der Einbildung projiziert und diese als Teufel in verschiedenen Variationen bekämpft.* Auch in dieser Hinsicht ist es von Vorteil, die neuen Möglichkeiten unserer Epoche zu nutzen und sie dem religiösen und kulturellen Leben zur Verfügung zu stellen. *W. Obrist*** und *E. Drewermann**** sind in umfassenden Arbeiten darauf eingegangen.

Neben dem Begriff einer umfassenden Liebe war für Bernhard Nauer auch der in der Vision erhaltene Hinweis überraschend, daß der Entwicklungsprozeß über die *somatische,* körperliche Existenz hinaus andaure. Die Frage, ob es sich dabei um eine effektiv andere Welt oder um eine bildhafte Darstellung des Unbewußten handle, war für ihn nur von theoretischem Interesse und persönlich bedeutungslos. Das

---

*C. G. Jung, Psychologie westl. u. östl. Rel., S. 184–193
**W. Obrist
***E. Drewermann, Tiefenpsychologie u. Exegese

visionäre Erlebnis als solches war so beeindruckend gewesen, daß es für ihn keiner zusätzlichen Erklärung bedurfte.

Bernhard Nauer stand andererseits dem Geschehen auch skeptisch gegenüber. Wenn er nun «braver und edler» werde, so sagte er sich, könnte nach allgemein analytischer Erfahrung über kurz oder lang eine Gegenreaktion folgen, und negative Kräfte würden unkontrolliert einbrechen, z. B. in Form eines unbegründeten Wutausbruchs, als rücksichtsloses Draufgängertum oder, in körperlicher Ausprägung gegen sich selber gerichtet, als Herzkrampf, Magenblutung oder ähnliches Leiden. Um dem vorzubeugen, wollte er auf weitere Träume achten. Es beruhigte ihn, daß damals im ersten archetypischen Traum als zweite Hauptfigur der natürliche *Trickster* aufgetreten war, also das Symbol einer lebensbejahenden Kraft in seinem Innern. Güte und Milde mit Passivität zu verbinden entsprach ihm keineswegs. Für die Zwischenzeit und um plötzlich auftretenden zerstörerischen Tendenzen zuvorzukommen, hatte er im Sinn, sich vermehrte Freiheiten zu gestatten. Er beabsichtigte, seine früheren Freizeitbeschäftigungen, Holzschnitzen und Wandern, wieder aufzunehmen. Beide, speziell das Wandern, gehen auf frühmenschliche Tätigkeiten zurück. Als die Menschen noch Jäger und Sammler waren, gehörte es zur täglichen, lebenserhaltenden Betätigung. Für heutige Menschen beruht die ausgleichende Wirkung dieser ursprünglichen Handlungen – neben der körperlichen Beeinflussung – auf einem Nachvollziehen des Erlebnismusters der frühen Vorfahren. Ohne sich solcher Zusammenhänge bewußt zu sein, wie das bei vielen anderen Nebenhandlungen tagsüber auch der Fall ist, wiederholt man dies aus innerem Bedürfnis in ähnlicher Form und fühlt sich danach geordnet und entspannt. Hobbies und körperliche Betätigungen sind als Ergänzungen oder wie im Falle Bernhard Nauers als Überbrückungshandlungen anzusehen. Der Reifungsprozeß in der Tiefe ist vielgestaltig und umfassend und wird davon nur insofern beeinflußt, als dadurch vermehrte Energie zur Verfügung steht und ein Zeitdruck vermieden wird. In der Zwischenzeit kann sich auch das bisher Erworbene im täglichen Leben einspielen. Vermutlich dürfte die günstige Entwicklung Bernhards in dieser Erkenntnis und im Miteinbeziehen von praktischen Ausgleichsbetätigungen begründet sein. Er selber zweifelte daran, ob die ganze Breitenentwicklung in dem ihm noch zur Verfügung stehenden Lebensabschnitt zu erreichen sei. Ob z. B. die vier in Traum 5 um den Tisch sitzenden und noch kaum erkennbaren Nebenfiguren zum Leben erweckt und eingebaut werden könnten. Die Frauengestalt in der Höhlenvision hatte allerdings auf einen über das Leben hinaus sich fortsetzenden Prozeß hingewiesen, als ob das Unbewußte eine das Leben überdauernde Kontinuität besitzen würde.

Wie man sich nun zu dieser grundlegenden Frage stellt, hängt stark von Alter und Lebenserfahrung ab. C. G. Jung* äußerte sich hierzu mit vierundfünfzig

*C. G. Jung, Traumanalyse, S. 147

Jahren folgendermaßen: «In metaphysischen Dingen können wir niemals die absolute Wahrheit erkennen, das einzige Kriterium ist, wenn es in einem klingelt. Wenn das der Fall ist, dann spüre ich, daß ich richtig denke, und wenn ich so denke, dann kann ich auch richtig funktionieren.» Im hohen Alter, bei voller geistiger Präsenz, sagte er in einem Radiointerview mit BBC ergänzend, daß das Unbewußte den Tod als Ende ignoriere und daß die Träume so weitergingen, als ob nichts bevorstünde.

Auch in den Mythendarstellungen verschiedenster großer Kulturen, die Sumerer haben das um 3000 v. Chr. bereits schriftlich festgehalten, und in allen großen Religionen wurden ähnliche Aussagen gemacht. Rituelle Begräbnisse gab es schon vor rund 60 000 Jahren. Der leibliche Tod wird grundsätzlich nicht mit dem Ende gleichgesetzt. Der Entwicklungsprozeß scheint sich in vielfältigen Ergänzungen und Analogien fortzusetzen. Im postmortalen Bereich vollziehen sich anscheinend ähnliche Schicksale in immer weiteren Variationen von Wandlungen, Klärungen, Bewußtseinserweiterungen und Erkenntnissen. Offenbar ist es der Sinn des Seins, all dies durchzumachen, um schließlich zu einer ausgewogenen Ganzheit zu reifen.

In einfacher, aber eindrücklicher Art findet man entsprechende Hinweise in den Zeichnungen todkranker Kinder. Aus einer unansehnlichen Raupe entwickelt sich durch Verpuppung, d. h. Wandlung, ein prächtiger Schmetterling. Die Kinder malen solche Bilder spontan und ohne Anleitung und zeigen danach eine ruhige, selbstverständliche Einstellung zu ihrem Schicksal.

In diesen und in vielen andern Bildern ist eine ausgesprochene Tendenz zur Wiederherstellung einer intakten Körpervorstellung zu erkennen. Die tödlich verunfallte Frau in der Höhlenvision von Bernhard Nauer schien wieder voll hergestellt zu sein. Im zweiten Fallbericht, ab S. 180, zeigt sich das gleiche Phänomen bei einem mit 92 Jahren verstorbenen Mann.

Die ersten fünf großen Träume von Bernhard Nauer waren in einem Zeitabschnitt von 24 Jahren aufgetreten. Die nachfolgenden Träume verteilten sich über eine Zeitspanne von 12 Jahren. Neu fand das Geschehen aber im persönlichen Umfeld statt.

Traum 6

Ich komme in unser Haus, sehe bereits im Korridor eine große Unordnung. In der Küche liegt alles durcheinander. Offenbar ist durch einen Kurzschluß die eine Seite der Küche, die Kombination von Spülbecken, Abtropfbrett und Abwaschmaschine, zusammengeschmolzen. Der Herdteil und der Küchenschrank bestehen unverändert weiter. Ich bin erschüttert, daß alles kaputt ist, dies offenbar durch eine Unachtsamkeit meiner Frau, die gerade verschwindet. Tief betroffen stehe ich dann mitten in der Stube und weine. Meine beiden Töchter umgeben mich, trösten mich und wollen mir beistehen, bis alles wieder in Ordnung kommt.

Kommentar:

In unserer Kultur sind wir gewohnt, in einem abgegrenzten Raum zu leben. Das Haus, das Zimmer ist dadurch zu einem Symbol für unseren inneren Lebensraum geworden. Die Küche ist nach traditioneller Vorstellung, auch nach Auffassung von Bernhard Nauer, der Ort der weiblichen Aktivität. Ein Kurzschluß in der Energieleitung, auch in derjenigen des Träumers, hat dazu geführt, daß ein Drittel dieses Bereiches zerstört ist. Auffallenderweise ist dies die Seite, wo man reinigt und einordnet, und nicht der Teil, wo Vorräte gestapelt sind und Neues entwickelt wird. Das alte Frauenbild Bernhards ist schuld daran und es verschwindet. Das ist für ihn ein tiefer Eingriff, und er steht erschüttert im Wohnraum seines alten Ich. Eine so radikale Umgestaltung der Persönlichkeit kann sehr nahegehen. Die nachfolgende junge Frauengeneration bietet ihm für die schwierige Übergangszeit bereits Hilfe an.

Traum 7

Von einem Unbekannten fühle ich mich in das Zimmer meiner Jugend zurückgedrängt, wo ich bis zum achten Lebensjahr gelebt habe. Mein heutiges Wohnhaus und der ganze übrige Teil des früheren Hauses sind abgebrochen.

Kommentar:

Die Gesamtpersönlichkeit von Bernhard Nauer ist bis auf die Schichten der ersten Jugenderlebnisse in Abbruch und Umbau. Er kann sich nur noch in den letzten Winkel seiner frühkindlichen Geborgenheit zurückziehen.

Traum 8

Ich liege auf dem Untersuchungsbett für eine Herzkontrolle. Ein Spezialist hantiert mit vielen Apparaten wissenschaftlich distanziert an mir herum. Er erklärt mir nichts, und ich fühle mich frustriert. Dann befinde ich mich inmitten vieler lebensfroher Leute. Ich werde zu einer netten alten Verwandten in der Nachbarstadt geführt. Das Wetter ist schön und warm, die Felder grün und der Himmel tiefblau.

Kommentar:

Bei unserer Besprechung kamen wir zum Schluß, das Herz sei ein Symbol für das Gefühlsleben, die Herzlichkeit. Bisher hatte Bernhard Nauer eher eine neutral-nüchterne Einstellung. Unter den freundlichen, unkomplizierten Leuten hatte er nun Gelegenheit zu neuen, vielfältigen menschlichen Beziehungen. Als weitere Stufe erlebte er die Begegnung mit einer mütterlich fraulichen Gestalt aus seiner eigenen Familie. Er kann also über seine eigenen Kindheitserfahrungen im Traum 7 hinaus auf die gemütsmäßige Substanz und Lebenserfahrung seiner Vorfahren zurückgreifen und von hier aus seine Persönlichkeit vollständig neu aufbauen. Das ganze Umfeld wird nun warm und hell, im großen Gegensatz zur vorherigen gefühlskalt prüfenden Haltung des Herzspezialisten.

Entsprechend dem, was sich im Unbewußten neu formierte, vollzog sich auch im alltäglichen Leben Bernhard Nauers ein deutlicher Wandel. Es wurde ihm zum Bedürfnis, seine menschlichen Beziehungen zu erweitern und neu zu gestalten.

In seiner Praxis fiel ihm auf, wie oft Krankheiten seiner Patienten ursprünglich durch eine gemütsmäßige seelische Störung bedingt waren. Dank seiner neuen Gefühlsoffenheit wurde es ihm möglich, darauf auch einzugehen.

Traum 9
Ich fahre mit einem orangeroten Traktor zur Feldarbeit. Bei einer Abzweigung nach links sehe ich einen großen, weißen Schwan am Straßenrand liegen. Zwei braunschwarze Vögel mit spitzen Schnäbeln lehnen sich zutraulich an seinen Rücken. Plötzlich werden sie von Zerstörungswut erfaßt und hacken gemeinsam auf den schönen Schwan ein. Der große Vogel dreht sich, die Eingeweide des Schwans sind vollständig weggefressen, nur noch die äußere Hülle existiert. Ich bin betroffen.

Aufgrund seiner bisherigen Erfahrungen kommentiert Bernhard Nauer: Ich bin mit einer kräftigen Energiemaschine auf Fahrt, um das Land zu neuer Fruchtbarkeit umzupflügen. Unerwartet befindet sich am linken Straßenrand – links weist auf Vergangenheit oder Unbewußtes hin – ein großer Schwan. Dieses Bild edler Schönheit wird plötzlich durch die zerstörerische Triebhaftigkeit zweier unscheinbarer dunkler Vögel zur bloßen äußeren Hülle.

Kommentar:
Tiere in den Träumen weisen auf ein Geschehen auf der Stufe des Instinktes hin. Makellos-weiss/braunschwarz sind Gegensätze wie gut/böse oder Tag/

Nacht. Die Auseinandersetzung zwischen den Gegensatzpaaren, das Aufnehmen und Überwinden des trennenden Gegensätzlichen, wird auf ursprünglicher Stufe durch Auffressen ausgedrückt. Danach kann wieder etwas Neues entstehen. Nach dieser Zwischenphase geht im nächsten Traum die Entwicklung bereits weiter.

Traum 10

Ich befinde mich im Badezimmer. An der Wand sehe ich zwei Schmetterlinge. Der obere zeigt fast handtellergroße Flügel mit wunderbar farbigem Streifenmuster. Der untere ist etwas kleiner, hat ähnlich schöne, etwas dunkler getönte Flügel. Sie kopulieren zusammen und sind in solcher Hochstimmung, daß sie das durch lautes Pfeifen (?) kundtun.

Kommentar:

Bernhard Nauer ist im Badezimmer, dem Ort eines Reinigungsprozesses. Gegenüber dem vorherigen Traum, wo zwei dunkle, unansehnliche Vögel stumm in das Fleisch eines weißen, edlen Schwans pickten, so daß nur noch eine starre Hülle übrigblieb, haben sich hier, nach vorheriger Verpuppung, zwei farbenprächtige Schmetterlinge entwickelt als Symbole für Anima und Animus, das weibliche und das männliche Seelenbild. In einer ekstatischen Vereinigung der Gegensätze weiblich/männlich sind sie zu einer Einheit verschmolzen. Sie hacken nicht mehr aufeinander ein, sondern geben laut ihrer Freude Ausdruck.

Entwicklungsgeschichtlich stellen Insekten, Schmetterlinge eine frühe Stufe dar, der Prozeß geht also im vorliegenden Fall auf sehr ursprüngliche, instinkthafte Schichten der Persönlichkeit zurück. Er wird um so durchgreifender stattfinden.

Im äußeren Leben Bernhard Nauers wird sich vorläufig nichts ändern. Der Prozeß im Unbewußten braucht Zufluß von Energie und Zeit, bis sich das Neue im Tagesgeschehen manifestiert. Dann hat die menschliche Haltung, ohne erkennbare äußere Ursache, eine grundlegende Umgestaltung erfahren. An diesem Beispiel zeigt sich die große gestalterische Fähigkeit des Unbewußten. Erstaunlich ist, in welch ausdrucksvollen Bildern das innere Geschehen dargestellt wird. Dabei wird uns vom gewaltigen Wissensgut des Unbewußten im Moment nur gerade soviel übermittelt, wie wir begreifen und verarbeiten können. Voraussetzung ist allerdings, daß solche Traummitteilungen überhaupt erkannt und verstanden werden.

Traum 11

Ich sitze auf dem Boden in unserer Stube und spiele mit zwei Enkeln, einem zweijährigen Mädchen, das sehr lebhaft ist und wie ein Puttchen aussieht, und einem siebenjährigen Knaben. Da öffnet sich die Tür, zwei große Gestalten kommen herein, ein Mann und eine Frau, Kopfbedeckung, Gesichter und lange Gewänder sind vollständig in Weiß. Entgegen meiner Befürchtung sind meine Enkel nicht verängstigt, sondern schauen abwartend zu.

Der Mann nimmt mir gegenüber auf dem Boden Platz. Er ist zirka 35 Jahre alt. Sein Gesicht wechselt von maskenhaftem Weiß zu gesunder menschlicher Farbe und strahlt Ruhe und Wissen aus. Die Frau bleibt bei der Türe stehen. Sie ist etwa 30 Jahre alt, zeigt ein ausgeglichenes, braunrotes frauliches Gesicht und lächelt mir zu.

Kommentar des Träumers:
Im dramatischen Traum 6 war die eine Seite unserer Küche eingeschmolzen, symbolmäßig also ein Teil meines bisherigen Frauenbildes vernichtet, und ich stand erschüttert in der Stube. Jetzt spiele ich entspannt mit meiner kleinen Enkelin im Wohnzimmer nebenan. Sie sieht aus wie ein überirdisches Puttenengelchen, aber im Gegensatz zu einer «himmlischen Harmonie» befindet sie sich in ständiger ungestümer Bewegung. Ihrer Lebhaftigkeit wegen muß ich dauernd auf sie aufpassen. Gleichzeitig halte ich auch meinen Enkel, meine noch junge, männliche Nebenfigur, an der Hand. Dieser Enkel setzt sich kritisch abwartend mir gegenüber und beobachtet, wie ich reagiere. Die mir erscheinenden großen Gestalten muten mich zuerst wie überirdische Wesen an, erhaben und ganz in makellosem Weiß. Dann aber zeigen sie normale menschliche Gesichter, und der Mann setzt sich mir gegenüber auf den Boden. Er ist größer als der frühere Begleiter in Traum 5, auch gelassener, und er strahlt großes Wissen aus. Der frühere Begleiter hatte mir eher den Eindruck eines aktiven, umsichtigen Mannes gemacht. Erstmals tritt nun ein menschliches Paar auf, welches in einer echten Part-

135

nerbeziehung steht. Das alles kommt mir wie eine Meldung aus einer anderen Welt vor.

Kommentar:

Bernhard Nauer stellte sich die Frage, ob diese Weißgewandeten nach christlicher Auffassung etwa einem Engelpaar entsprechen könnten und damit auf den Übergang in eine jenseitige Welt hindeuten würden. Dies ist klar zu verneinen. Die beiden Gestalten kündigten in keiner Weise eine bevorstehende abrupte Umbruchphase an, sondern wiesen im Gegenteil auf eine Fortdauer des Entwicklungsprozesses in bezug auf Wissen, Gefühlsleben und Partnerbeziehung von Bernhard hin. Die Anwesenheit zweier seiner lebhaften Enkel war ein weiterer Hinweis auf einen zukunftsgerichteten Lebensverlauf.

Unsicherheiten und Befürchtungen über den weiteren Lebensweg in einen Traum hineinzuprojizieren wäre falsch. Träume sind sachlich und konform zum Verlauf der ganzen Serie zu interpretieren. Sie sind Mitteilungen über innere Zusammenhänge. Über äußere Abläufe sagen sie meist nur insofern etwas aus, als sie in enger Beziehung dazu stehen.

Das Paar erschien zuerst ganz in Weiß, auch die Gesichter waren weiß. Weiß umfaßt in sich alle Farben des Spektrums, im übertragenen Sinne alle Gefühlsschattierungen. Es ist die Farbe des Reinen und Vollkommenen, auch des Überirdischen. Darauf wandelten sich die Gestalten zu einem lebensvollen Menschenpaar, das sich bezeichnenderweise direkt im Wohnbereich Bernhard Nauers niederließ. Das ist

ein weiterer Hinweis auf die Bedeutung der Paar-
beziehung in seinem Entwicklungsprozeß.

Im folgenden Traum, demjenigen der 45jährigen
Ruth Andres, werden die Symbolbedeutungen der
Partnerbeziehung eindrücklich dargestellt.

*Es ist Abend. Die Sonne scheint warm und rot über den
Horizont auf unser kleines Dorf. Wir – ich, mein Mann
und meine zwei kleinen Mädchen – müssen jedoch das
Dorf verlassen. Wir laufen durch die Straße und ducken
uns unter Steinwürfen. Wir werden regelrecht fortgetrie-
ben und verstoßen. Die Brücke über einen breiten Fluß
bietet uns Schutz. Auf der anderen Seite des Flusses beginnt eine steppenartige Wildnis. Hier sind wir in Sicherheit. Rote Erde, einzelne braunrote Büsche, Heidekraut,
unendliche Weite, Dämmerung. Wir hören die Laute verschiedener Tiere, ohne besonders Angst zu haben. Da wir
keine Vorräte haben, pflücken wir Beeren, die überall
reichlich reifen. Ich genieße die großartige Weite des
Abendhimmels. Zu meinem Erstaunen bemerke ich, daß
aus meiner älteren Tochter ein wunderschöner, zwei bis
drei Jahre alter Knabe geworden ist. Zufrieden schweifen
meine Augen über das Land. In der Ferne entdecke ich ein
eigenartiges Bauwerk, halb verdeckt von Sträuchern und
Bäumen. Neugierig rennen wir diesem Gebäude entgegen.
Bald erkennt man eine Art kleinen Tempel mit Säulen und
einem Wächter vor der Türe. Der Wächter hat uns erwartet und läßt uns eintreten. Von einem kleinen Vorraum
führt eine Wendeltreppe in die Tiefe, weiter und immer
weiter nach unten. Die anfängliche Dunkelheit wird mit
dem Tiefersteigen von unten her durch farbiges Licht er-*

hellt. Endlich zuunterst angekommen, öffnet sich uns eine herrliche licht- und klangdurchflutete Halle (wie eine Kathedrale). Eine Wächterin verlangt ein Eintrittsgeld. Ich gebe ihr die paar Münzen, die ich im Sack habe. Der Raum ist offen und hoch, in vibrierende Farben getaucht. Eine Menschengruppe steht in der Mitte und feiert irgendein Ritual. Die Wächterin führt uns durch die Stuhlreihen und flüstert mir zu: «Dies ist die chymische Hochzeit.» Staunend stehen wir da. In der Mitte der Menschen stehen engumschlungen ein Mann und eine Frau...

Ich erwachte mit klopfendem Herzen. Ich spürte totale Begeisterung. Mein Leben ist irgendwie reicher geworden mit diesem Traum.

Kommentar:
In Wirklichkeit fühlte sich Ruth Andres sehr wohl in ihrer Dorfgemeinschaft. Dorf bedeutet, wie Stadt, viele Beziehungsmöglichkeiten oder, im negativen Sinn, Eingebundensein in eigenen festgefahrenen Auffassungen. Daraus wird die Träumerin von ihrem inneren Regisseur brutal herausgetrieben, überschreitet eine Brücke, kommt auf die andere Seite eines Flusses – Loslösung von einer bisherigen inneren Begrenzung – und gelangt zu einer großen Weite. Darauf folgt Dämmerung, Eintauchen ins Unbewußte, in die Instinktwelt und die nährende Natur. Ihre eigene weibliche Doppelseite, ihre Tochter, verwandelt sich in eine noch junge männliche Ergänzungsfigur. Zufriedenheit. Tempel, ein alter, historischer Ort der Besinnung, der beschützt wird.

Hinabsteigen in die eigene Tiefe, zuunterst das Gefühl, in einer herrlichen Kathedrale zu sein, einem großen weihevollen Raum in ihrem eigenen Innern. Aufforderung zu eigenem kleinem Einsatz in Form einer Eintrittsgebühr. Die Eingelassenen feiern ein bedeutsames Ritual, die Vereinigung von Frau und Mann, das heißt die symbolische Vereinigung von Gegensätzen, damit daraus ein neues Drittes entstehen kann. Dies ist ein so tiefes archetypisches Erlebnis, daß die Träumerin «mit klopfendem Herzen» erwachte und «totale Begeisterung, Versöhnung und Erlösung» verspürte.

Ohne daß Ruth Andres den Traum verstehen konnte, war in ihrem Innern etwas Wesentliches geschehen. Den Ausdruck «chymische Hochzeit» hatte sie vorher nie in ihrem Leben gehört, und erst nach langem Suchen fand sie später ein neu erschienenes Buch darüber. Der Begriff geht auf eine erstmals im Jahre 1604 veröffentlichte esoterische Abhandlung zurück. Als chymisch = chemisch wurde die Verschmelzung zweier gegensätzlicher Substanzen beschrieben, die chemische Verbindung zu einem neuen Stoff. Da keine Vorstellungen über chemische Reaktionen vorhanden waren, wurden direkte Parallelen zu innerpsychischen Abläufen im Menschen konstruiert und diese in mannigfaltigen Riten nachvollzogen. Was in der Traumfolge von Bernhard Nauer stufenweise geschehen ist, wird in diesem einen großen Traum von Ruth Andres gesamthaft ausgedrückt und findet im Bild einer mystischen Hochzeit seinen Höhepunkt.

Über solche Zusammenhänge hatte sich Ruth Andres nie bewußt Gedanken gemacht. Das Unbewußte in uns verfügt über ein viel größeres Wissen und einen vielschichtigeren Erfahrungsschatz als unser Alltagsbewußtsein. Dieses Wissen steht uns zur Verfügung und ermöglicht uns, richtig zu funktionieren, auch ohne Kenntnis der eigentlichen Zusammenhänge.

Beim Bild der Verwandlung ihrer 22jährigen Tochter in einen zwei- bis dreijährigen Knaben hatte Ruth Andres selber den Eindruck, daß dies sowohl sie selbst wie auch ihre Tochter betreffe. Aus psychologischer Sicht gesehen, handelte es sich um das Wachstum der ergänzenden männlichen Seite in ihr selber, was ihrem Alter entsprechend zu einer Erweiterung und Bereicherung der Persönlichkeit führte. Auch in ihrer Tochter fand diese Ergänzung statt, bewirkte aber in deren Alter einen Schritt der Reifung, der sie fähig machte, einem Du zu begegnen. In der Tat teilte ihr die Tochter ein Jahr später mit, daß sie jetzt einen festen Freund habe. Der Traum hatte also bereits vorgegriffen und Ruth Andres somit auch, wie sie selber feststellte, innerlich auf den Wegzug ihres Kindes vorbereitet.

Über etwas ganz Ähnliches berichtete mir ein 50jähriger Mann. Er weilte geschäftlich in Übersee. Da wachte er nachts plötzlich nach einem Traum auf. *Er hatte eine ihm wenig bekannte, jüngere Frau aus dem Dunkeln heraus in sein Zimmer hereintreten sehen. Die Frau zeigte ihm zögernd ein Kleidungsstück, das sie selber gewoben hatte.*

140

Der Träumer überlegte sich immer wieder, was das bedeuten sollte. Er fand aber nicht die geringsten Zusammenhänge. Drei Wochen nach seiner Rückkehr stellte ihm sein Sohn überraschend seine Braut vor. Es war jene Frau, die er im damaligen Traum gesehen hatte. Der Traum hatte also das äußere Ereignis vorangekündigt und gleichzeitig eine innere Umstellung eingeleitet. Er konnte jetzt den Entscheid seines Sohnes akzeptieren.

In beiden oben aufgeführten Fällen hatte es sich um Wahrträume gehandelt.

Bei Bernhard Nauer seinerseits zentrierte sich der fortschreitende Wandlungsprozeß auf die Entwicklung seiner weiblichen Seite. Plötzlich wurde er nachts durch einen aufrüttelnden Traum aufgeweckt.

Traum 12

Ich stehe in unserer Stube, etwa dort, wo ich im Traum 6 erschüttert stand, nachdem der eine Drittel unserer Küche zusammengeschmolzen war. Ich habe meine dreijährige Tochter auf dem Arm und höre, daß sie kein Gefühl in ihrer linken Wange hat. Als ich näher hinschaue, sehe ich, wie die Wange rot und geschwollen ist, ja immer mehr aufschwillt. An einer Stelle fließt bereits Eiter heraus. Mein Kind tut mir leid, und ich will zu einem Chirurgen. Ich drücke mein Töchterchen fest an mich und will rasch gehen. Da sagt sie mit einer tiefen Stimme, die keineswegs einem dreijährigen Kind entspricht, ich hätte etwas lange gebraucht, bis ich merkte, was sich in der Tat abspielt.

141

Eine weitere Szene schließt unmittelbar an:

Ein langer Bus steht zur Abfahrt zu meinem Wohnhaus bereit. Darin sind Holzscheite zum Heizen aufgestapelt. Mehrere Personen sind im Begriff, zuzusteigen. Einer sagt, er müsse noch seinen Regenmantel mitnehmen, was ich verstehe.

Kommentar des Träumers:
Drei Jahre alt ist mein Töchterchen, meine Anima. Drei Jahre also dauert dieses Problem. Mitten in der Nacht wache ich deswegen auf und bin in großer Sorge um meine Tochter. Ich drücke sie fest an mich. Auffallenderweise stehe ich in unserer Stube genau an der Stelle, wo ich im Traum 6 stand, als ich völlig erschüttert von den Ereignissen in unserer Küche war. Zuerst scheint es sich nur um eine Störung der Nervenleitung im Bereich der linken Wange zu handeln, das Gefühl wird nicht weitergeleitet; dann aber zeigt sich eine rapid fortschreitende Entzündung. In der übertragenen Bedeutung ist die Wange ein Ort der Liebkosung. Hier empfängt und gibt man Liebe, und gerade in diesem Bereich ist nun etwas im Umbruch. Andererseits ist die Wange ein Teil der Kaumuskulatur, mit der man zubeißt. Das paßt aber nicht zum Bild meiner leidenden kleinen Tochter.
Auch die christliche Aussage, «wenn dich einer auf die rechte Wange schlägt, so halt ihm auch die linke Seite hin», ist in Betracht zu ziehen. Das heißt meines Erachtens, man sollte einer Aggression, aufgrund besserer Einsicht, nicht mit Gegenaggression begeg-

nen. Sich aber bewußt einem Leiden, auch einer Verletzung des Selbstwertgefühles, auszusetzen, würde mein Verständnis überfordern.

Kommentar:

Es zeigt sich erneut, daß biblische Formulierungen und die Darstellungen in unseren Träumen oft sehr prägnant und z. T. überspitzt sind, damit wir gezwungen werden, aufzuhorchen. Die tiefenpsychologische Verarbeitung und das religiöse Vorgehen sind in vielem ähnlich. Sie gehen im Grunde auf den gleichen Archetyp – Umgestaltung und Weiterentwicklung – zurück und bedienen sich einer verwandten Sprache.

Zum unmittelbar anschließenden Traumbild fügte Bernhard Nauer hinzu: Der große Bus mit verschiedenen neuen Gestalten und dem vielen Brennholz zum Heizen in meinem Haus deutet darauf hin, daß es mit der inneren Wärmeentwicklung weitergehen wird. Ich bin jedoch überrascht, wie einer meiner Nebenfiguren ein Mantel mitgegeben wird. Offenbar darf man sich nicht vollständig verströmen, sondern muß seine Erscheinung in der Welt in eine gewisse Form kleiden und sich einer kalten Umgebung gegenüber auch abzugrenzen wissen.

Kommentar:

Bemerkenswert ist, wie umsichtig die innere Regie vorgeht. Es werden nicht idealisierte Fernziele aufgestellt, sondern nächste Schritte gezeigt und gleich das nötige Brennmaterial und die erforderliche Abgrenzung gegenüber der rauhen Außenwelt mitgegeben. Es fällt zudem auf, wie die tiefe Stimme der jungen und zugleich weisen alten Anima nachdoppelt und darauf hinweist, dass es endlich Zeit zum Weitermachen sei.

Während in der Vision 2 die verstorbene Frau auf eine umfassende Liebe im hiesigen und jenseitigen Leben hingewiesen hatte und später das «überirdische» Paar auftrat (Traum 11), wird nun das neue Prinzip in der ganzen nachfolgenden Traumserie von Stufe zu Stufe unter Berücksichtigung sehr verschiedener Aspekte in Bernhards Persönlichkeit eingebaut. Damit wird die Basis für ein erweitertes Verhaltensmuster geschaffen. Was sich auf diese Art im Unbewußten anbahnt, wird sich nach einiger Zeit als neue Möglichkeit im Tagesleben manifestieren. Es braucht hierzu keine Maxime, keinen Imperativ, keine Verpflichtung. Es geschieht. Das ist das erstaunliche Resultat der Verarbeitung von Träumen und Visionen, des Horchens auf die Mitteilungen unseres inneren Regisseurs.

Traum 13

Ich schwimme ruhig und entspannt in einem großen, stillen See oder im Meer. Da überkommt mich plötzlich der Drang, auf dem Rücken mit kräftigen Zügen, wie ein schmales Boot, über das Wasser zu flitzen. Unerwartet schnattert rechts von mir ein Schwan. Er will mich angreifen, weil ich so rasch schwimme. Obwohl ich ihn zuerst wegscheuche, greift er mich nochmals an, bis ich in langsamem Rhythmus weiterschwimme.

Kommentar:

Im Wasser begann die allererste Entwicklung biologischen Lebens. Gemäß psychologischer Erfahrung weisen die Bilder von Wasser, See und Meer auf frühe, noch unbewußte Stadien unserer Entwicklung hin. In der langen Reihe der Evolutionsschübe wurde unser Bewußtsein stufenweise und erst sehr spät entwickelt. Die unübersehbare Weite des Meeres symbolisiert die nicht abgrenzbare Ausdehnung des Unbewußten. Die Größenunterschiede von Schwimmer und See bzw. Meer können als Hinweis auf das Verhältnis von Ichbewußtsein und Unbewußtem verstanden werden.

Unvermittelt meldet sich der moderne Zeitgeist mit seiner Begeisterung für Geschwindigkeit und dem Zwang zur Hetze. Doch der Schwan drängt Bernhard Nauer wieder zu einem natürlichen Rhythmus. Zur Symbolbedeutung eines Schwans gibt es viele Interpretationsmöglichkeiten. Doch diese aus der Literatur stammenden Angaben sagten Bernhard nichts. In seinem Traum 9 wurde ein Schwan von zwei erdfarbenen Vögeln bis auf die äußere Hülle aufgepickt. In der Zwischenzeit hatte sich eine wesentliche Wandlung vollzogen. Wieder erschien ein schönes, kräftiges Tier. Für das Empfinden des Träumers ist der Schwan Ausdruck für ausgewogene Form, Selbstbewußtsein und Durchsetzungswillen; er stoppte ihn zweimal sehr energisch. Sowohl im Wasser, dem Symbol des Unbewußten, als auch in der Luft, dem Symbol des Geistigen, kann er sich fortbewegen. Das Auftreten dieses Schwanes machte

Bernhard Nauer bewußt, wie menschenunwürdig eine Dauerhetze ist und wie erst durch Ausgewogenheit geistiger Überblick zu gewinnen ist. Einige Monate nach dieser drastischen Intervention des Schwanes wurde es Bernhard möglich, sich auch im täglichen Leben von seinem Angetriebensein zu distanzieren und sich auf einen langsameren Rhythmus, bei dem auch sein Gemüt mitspielen konnte, umzustellen. Es kam zu einer deutlichen Erweiterung seiner Beziehungsmöglichkeiten.

In moderner Formulierung ausgedrückt, hieße dies, daß Bernhard Nauer sich von der Geldzeit auf die soziale Zeit umstellte. Geldzeit bedeutet: Leistung pro Zeiteinheit, was mit keiner moralischen Wertung verbunden ist. Soziale Zeit beinhaltet Zeit für Beziehungen mit sozialen Partnern und eigenen inneren Nebenfiguren. Denken und manuelles Handeln laufen rascher ab als Gefühle und können zudem willentlich beschleunigt werden. Beziehungen schaffen und pflegen stützt sich auf das Gefühlserleben. Gefühle verlaufen langsamer. Sie lassen sich durch den Willen nur bedingt beeinflussen oder werden überspielt.

In der vorindustriellen Zeit und bei Naturvölkern gab es keine Geldzeit, sondern nur die soziale Zeit. Das Denken geschah noch größtenteils assoziativ in unkoordiniert auftauchenden Gedanken, nicht zielgerichtet logisch.

Nach diesem Traum war Bernhard Nauer zuversichtlich, weil er ihm im Alter von 62 Jahren neue Perspektiven eröffnete. Darauf hatte im übrigen auch die ganze Traumsequenz seit der Vision in der Höhle hingewiesen.

Unerwartet trat bei ihm nach einem halben Jahr ein Rückfall in die alte Hetzerei ein. Ein weiterer Traum, in welchem er in unsinniger Hast alle seine Sachen, auch völlig unwichtiges Zeug, für eine Reise zusammensuchen mußte und schließlich den Zug doch nicht erreichte, führte erst zur endgültigen Umstellung. Offenbar wurde diese Änderung als dringend erachtet, um eine langfristige Umstellung auf eine spätere Zeitunabhängigkeit anzubahnen (vergleiche nachfolgenden Traum).

Das alles bezog sich auf einen Mann in der zweiten Lebenshälfte. Eine gleiche Regie findet in der ersten statt. Doch besteht in jener Periode ein anderes Ziel. Die Bewußtseinserweiterung durch Auseinandersetzung mit dem bisher Erworbenen und der Einbezug neuer Teile stehen nicht im Vordergrund, sondern es geht in erster Linie um eine Stärkung der Persönlichkeit, des Ich, durch unmittelbares Erleben und Praktizieren noch unbewußter Inhalte.

Der Traum einer 25jährigen Frau, in welchem ebenfalls ein Schwan als Hauptmotiv vorkommt, ist dafür ein gutes Beispiel:

Vor einem großen, weißen Haus findet eine Party statt. Es ist Abend, die Sonne ist schon untergegangen. Ich kenne keine einzige der anwesenden Personen. Da ich mich langweile, schlendere ich durch den Park und komme zu einem kleinen See. Ich bleibe einen Augenblick stehen und schaue zufällig auf meinen Arm. Dort wachsen schneeweiße Fe-

dern direkt aus der Haut. Im nächsten Augenblick befinde ich mich mitten auf dem See: Ich habe mich in einen schönen, großen Schwan verwandelt. Eine kleine, braune Ente schwimmt auf mich zu und spricht mich an. Sie sagt, sie werde mir das Schwimmen und Tauchen beibringen, es sei ganz einfach. Nach einer Weile sage ich, daß ich gehen müsse. Eine Frau ruft mich vom Ufer her. Ich schwimme ans Ufer, bedanke mich bei der Ente und gehe davon: als Mensch.

Kommentar:

Da war eine Gesellschaft mit vielen Leuten, von denen die Träumerin niemanden kannte. (Die Frau war tatsächlich an einer neuen Stelle, wo sie mit niemandem bekannt war und sich unsicher fühlte.) Der psychologische Begriff des Sees wurde bereits erläutert. Sie selber wurde zu einem Schwan und befand sich mitten auf dem See. Als Schwan war sie groß und schön und fühlte sich daher recht sicher. Trotz ihrem Selbstbewußtsein ließ sie sich von einer weiteren Instinktfigur, einer Ente, belehren: keine falsche Überheblichkeit. Eine Frau rief sie ans «Menschenufer» zurück.

Nach Stärkung auf der Instinktstufe ist sie nun um so sicherer als Mensch. Durch Kontaktnahme mit dem Unbewußten – Schwan, Ente, See – wird in dieser Altersstufe eine Stärkung der Persönlichkeit erreicht, was uns die Träumerin zwei Monate später in einem Brief bestätigte.

Beim «Schwantraum» des älteren Bernhard Nauer erfolgt demgegenüber vom Unbewußten her nicht ein weiterer Aufbau des Ich, sondern die Korrektur eines für ihn zu einseitigen Verhaltens.

Häufig ist der Schwan auch ein Symbol für männliche Sexualität, was in den beiden geschilderten Fällen nicht der Fall war. Bei beiden traten hilfreiche Enten auf, welche die Entwicklung förderten. Bei Bernhard Nauer geschah das allerdings in grausamer Art, entsprechend den Ereignissen in der freien Natur.

Traum 14

Vorne rechts öffnet sich eine Tür, und ein netter früherer Studienkollege kommt herein, in einen langen, weißen Mantel gekleidet, der sehr schön geschnitten und vorne silber-weiß bestickt ist. Er lächelt mir freundlich zu und verschwindet wieder links durch eine Tür, wie um sich für immer zu verabschieden und sich einer andern, unbekannten Gesellschaft zuzuwenden.

Kommentar von Bernhard Nauer:

Das war ein sehr netter, bescheidener Kollege, den ich seit Jahrzehnten nicht mehr gesehen hatte. Der elegante weiße Mantel paßte nicht zum Bild, wie ich ihn früher kannte. Offenbar hatte er eine größere Ausgewogenheit erreicht und war entsprechend gekleidet. Er war sehr freundlich, etwas distanziert und meldete sich für immer ab. Es war, wie wenn er eine sachliche Information geben wollte. Die ganze Szene hat etwas Feierliches, Unirdisches an sich.

Kommentar:

In Traum 11 trat ein weißgekleidetes Paar auf. In

Traum 12 bekam eine unbekannte Nebenfigur von Bernhard Nauer einen Regenmantel, nun trug eine ihm nahestehende Teilfigur einen kostbaren weißen Mantel. Weiß ist, wie früher erwähnt, die Farbe des Reinen, Vollkommenen. Diese Nebenfigur hat anscheinend eine höhere Stufe erreicht. Sie kommt aus einer Türe von rechts, von der bewußten Welt her, und geht nach links in das kollektive Unbewußte weg, das heißt zu einer unbekannten, großen Gemeinschaft. Wann dieses Hinübergehen tatsächlich erfolgen wird, ob demnächst oder zu einem unbestimmten, späteren Zeitpunkt, ist aus diesem Traumbild nicht zu schließen.

Traum 15

Ich sehe ein buntes, unbeschwertes Treiben. Da wird eine große Projektionswand über die ganze Szene gezogen, auf welcher in graubrauner Farbe ein liegender Mann zu sehen ist. Sein Gesicht gleicht dem meinigen sehr. Sein Körper ist zusammengefallen, vollständig regungslos, sein Geist hingegen ist hellwach, und er blickt erwartungsvoll in die Zukunft. Der Körper liegt eingeengt auf einem Förderband und wird von links nach rechts quer über die ganze Szene gezogen. Danach verschwindet der überlagernde Projektionsschirm, und ich befinde mich an der militärischen Entlassung. Das Bild ist wieder klar und farbig. Wir ziehen wohl oder übel unsere Uniform an und, da es eine letzte offizielle Handlung ist, auch den Stahlhelm. Ich habe alles bereits zurechtgelegt und kann es nur zur Hand nehmen. Zwei jüngere Kollegen stehen in moderner, farbiger Zivilkleidung herum und nehmen das

Ganze mit Humor. Es herrscht eine aufgeschlossene, kameradschaftliche Stimmung.

Kommentar von Bernhard Nauer:
Den Mann auf der Projektionswand sehe ich nicht flach wie in einem Film, sondern körperlich-plastisch vor mir. Es ist für mich wie eine Art Vorausschau. Die Einengung auf dem Förderband stellt die bevorstehende Beschränkung im materiellen, körperlichen Leben dar, die in Kauf genommen werden muß. Der Geist aber ist voll präsent und in gespannter Erwartung, was sich künftig ereignen wird. Das überlagerte Bild auf der Projektionswand war mehr als eindrücklich, aber etwas belastend, und ich war froh, wieder in die farbige Welt und in die Gemeinschaft mit andern zurückkehren zu können. Als nächstes werde ich mich von meinem bisherigen aktiven zu einem mehr besinnlichen Leben umzustellen haben. Ich bin dankbar, daß ich einen Überblick über die weitere Entwicklung bekomme, vorläufig aber nur kleine, leicht nachvollziehbare Schritte vorgeschlagen werden.

Kommentar:
In den Berichten von wiederbelebten Menschen wird oft angegeben, daß sie Szenen ihres vergangenen Lebens wie in einem Film, aber in körperlich-dreidimensionaler Darstellung vor sich abrollen sahen. Dieses Traumbild gibt den Blick in die Zukunft ebenfalls in plastisch lebendiger Art. In den aufgeführten Träumen hat Bernhard Nauer die Entwicklung sei-

ner Anima und die Vereinigung der Gegensätze
weiblich/männlich von der Instinktstufe bis zum
«überirdisch/irdischen» Paar erlebt. Der vorliegende
Traum ist ein Hinweis auf den Rückführungsprozeß
im Körperlichen und die Überleitung zu einer nicht-
materiellen Sicht. Bernhard fand etwas Ähnliches bei
*C. G. Jung.** Der Mann gleicht auffallend ihm selbst.
Gegenüber dem Weißgekleideten in Traum 14 trägt
er ein bescheidenes Kleid. Offenbar ist er noch auf einer anderen Entwicklungsstufe. Sein Blick ist in die
Zukunft gerichtet, und auch das Förderband bewegt
sich zukunftsgerichtet nach rechts.

Die Rolltreppe in Traum 5 hatte nach oben gezeigt,
war aber nicht in Betrieb gewesen. Dieser Traum hier
erinnerte Bernhard Nauer besonders an den früheren
Traum 3, in welchem der Weise in Anwesenheit seines Begleiters die Seiten seines Lebensbuches umge-
blättert hatte. Hier hingegen fand er sich völlig allein
dem weiteren Geschehen gegenüber. Tröstlich war
für Bernhard Nauer, daß trotz der bevorstehenden
altersbedingten körperlichen Rückbildung vom Unbewußten her neue Zukunftsperspektiven für den
geistigen Bereich aufgezeigt wurden. Unabhängigkeit vom Körperlichen bedeutet im weiteren Sinn
auch Befreiung vom einengenden System der Raum-
und Zeiteinteilung und von Kausalität, diesem un-
ausweichlichen Ursache/Wirkungs-Prinzip.

Interessant ist, wie sich die innere Regie im Verlauf
des Wandlungsprozesses eines Menschen verschiedener Übermittlungsfiguren bedient: Am Anfang er-

* C. G. Jung, Erinnerungen, Träume...

scheint der umsichtige jüngere Mann als Begleiter, dann die verstorbene Unfallpatientin, später das «überirdische» Paar, der frühere Studienkollege und jetzt Bernhards Doppelgänger auf die Projektionswand direkt über die Alltagshandlungen projiziert. Auch in den szenischen Darstellungen finden sich immer neue Variationen. Zuerst das Bild des Weisen, der die Eisenmaske hochhält und gleichzeitig auf den fröhlichen Clown hinweist, dann die Entwicklung des ergänzenden weiblichen Teiles im Mann, bei der Frau des ergänzenden männlichen Bildes, später der Einbezug der eigenen Geschlechterreihe (siehe auch Träume von Yvonne Funk), die Darstellung einer umfassenden Liebe und der Hinweis auf eine Weiterentwicklung über den Tod hinaus. Das entspricht dem wechselvollen und zugleich zielstrebigen Verlauf eines Entwicklungsprozesses, der sich in immer neuen Bildern darstellt.*

Rückblickend kann gesagt werden, daß die frühere große Nervosität von Bernhard Nauer, derentwegen er in psychotherapeutische Behandlung kam, im Grunde ein Glücksfall war, denn er wurde dadurch gezwungen, seine vorherige Verhaltensart zu revidieren und einen wesentlich anderen Weg einzuschlagen. Er gesundete und entwickelte, nach dem Mechanismus der Gegenreaktion, zusätzliche Energien für seinen ganzen weiteren Reifungsprozeß. Das war nicht bewußt geplant. Der innere Regisseur führt einen über Träume und Visionen nach seinem souveränen Konzept. Das geschieht bei jedem, auch

* R. Moody, Leben nach dem Tod

wenn es in den wenigsten Fällen so klar wie in den angeführten Beispielen wird.

Die beiden nächsten Träume sind eine sinngemäße Fortsetzung.

Traum 16

Ich befinde mich vor einem steilen Berg in unserer näheren Umgebung. Rechts ist ein Heiligtum in eine hohe Felswand eingehauen. Dem Stil nach ist es nicht einzuordnen, es sind antike Elemente, vereinzelt auch Renaissance und moderne Strukturen, harmonisch eingefügt. Es wirkt unverwüstlich, in harten Stein gemeißelt, ist etwa vierzig Meter hoch. Die Tür ist verschlossen. Links daneben ist die Öffnung zu einem großen, modernen Tunnel, ähnlich einer Autobahnröhre. Damit wir (meine Frau und ich?) rascher durch den Tunnel kommen, stehen rechts zwei stabile Fahrräder in älterer, zeitloser Ausführung bereit. Bei beiden fehlen noch die Klingeln, die montiert werden sollen.

Kommentar des Träumers:

Rechts, dem Bewußtsein näher, sehe ich ein in den Fels gehauenes unvergängliches Monument, welches mehrere Zeitepochen harmonisch in sich vereint. Gegenüber der «himmelsstürmenden» Gotik war die Renaissance eine Zeit der Rückbesinnung auf die Kulturwerte des Altertums und eines Strebens nach persönlicher Ausgewogenheit im Diesseits. Darin sind auch die Elemente unserer Zeit passend eingefügt, und das Ganze befindet sich in unserer Wohngemeinde. Ich nehme es in seiner ganzen imponierenden Größe zur Kenntnis, finde jetzt aber die Eingangstüre verschlossen. Links davon, also mehr im Unbewußten gelegen, sehe ich den weit offenen Eingang zu einem Tunnel, der auf der anderen Seite für mich und meine Anima zu einem noch unbekannten Lebensabschnitt führen dürfte. Damit wir rascher dorthin gelangen, stehen Fahrräder zur Verfügung. Auf dem Weg zu einer wesentlich neuen Seelenlandschaft tauchen oft alte, überwunden geglaubte Verhaltensmuster auf, und auch die Umgebung ihrerseits reagiert immer noch in der früher gewohnten Weise. Dadurch begünstigt sie unsere alten Reaktionen. All dies sind Hindernisse zum zukünftigen Neuen. Mit den Klingeln sollen wir uns wohl den Weg freimachen.

Aus der Literatur geht hervor, daß eine Brücke, ein Tunnel das Symbol des Übertritts in eine jenseitige Welt sein kann. Nach mythologischen Darstellungen sollen solche Durchgänge von Plagegeistern verschiedenster Art bevölkert sein. Wären etwa auch hier Klingeln hilfreich, um unbehelligt durchzukommen? (Anmerkung des Verfassers: Mythologische und psychologische Darstellungen sagen in verschiedenen Bildern im Grunde genommen dasselbe aus.) Wenn ich diesen Traum als Fortsetzung von Traum 15 betrachte, würde das darauf hinweisen, daß ich mich, nach der dort empfohlenen Umstellung meines Lebensrhythmus, auf den Übergang in die jenseitige Welt einzustellen hätte. Bis ein im Traum angekündigter neuer Entwicklungsschritt im tägli-

chen Leben eingebaut ist, dauert es nach meiner Erfahrung ein halbes bis ein Jahr. Momentan fühle ich
mich recht gut, und ich möchte mir verschiedene
weitere Optionen offenhalten. Auch in den Träumen
anderer Menschen wurden Todesankündigungen
gemacht, und die Betreffenden lebten danach noch
viele Jahre. Es wäre also falsch, unsere eigenen Zeit-
vorstellungen in die Meldungen des Unbewußten zu
projizieren, da dieses unabhängig und zeitlos funktioniert. Sicher ist, daß ich wegen des für mich ge-
planten Schicksals nicht zu verhandeln versuche,
sondern mich unterstellen werde. Meiner Ansicht
nach ist aber für mich zurzeit die erste Deutungsvari-
ante die richtige, nämlich daß ich zu einem neuen
Lebensabschnitt voranschreiten muß.

Eine andere Art der inneren Führung zeigt der folgende große Traum. Der heute 72jährige Mann hatte
entgegen seinen Wünschen ein Studium als HTL-In-
genieur absolviert. Er berichtet: Trotzdem mich die
Elektronik faszinierte, war ich am Technikum un-
glücklich. Mir fehlte die Literatur, die Musik, die
Philosophie und die Theologie. Eines Tages hatte ich
einen Traum:
*Vor mir lag eine farbintensive Landschaft, grüne Wiesen
im Vordergrund, steil ansteigende Hügellandschaften in
der mittleren Tiefe, zuhinterst ein schneebedecktes Gebirge. Darüber ein unglaublich intensives, blaustrahlendes
Licht mit einem hellen, weißen, glühenden Kern. Dieses
gleißende Licht verwandelte sich auf allen Dingen, die es
beschien, in einen warmen, bergenden Schein. Ich sah*

mich als jungen Wanderer im Vordergrund des Traumbildes. Mit leichtem Gepäck, unternehmungslustig, auf das helle Licht ausgerichtet. Der Traum begleitete mich auf der Wanderschaft. Zuerst war das Gelände angenehm hügelig, leicht ansteigend und von saftiger Vegetation besetzt. Dann wurde der Hang steiler, die Vegetation spärlicher. Unmerklich traten einzelne flache Vertiefungen auf, die zwischen breiten Übergängen lagen. Weiter oben mehrten sich die Trichter, die tiefer und größer wurden. Schmaler werdende Wege bestanden aus feinem Sand. Noch weiter oben mußte ich schon ordentlich aufpassen, um auf den schmalen Graten nicht auszurutschen. Ich schaute vorwärts zum hellen Lichtfleck und erschrak. Die begehbaren Stege der Krater waren verschwunden, links und rechts, vorn und hinten waren nur noch graue, tiefe Krater. Ich konnte mich vor dem Absinken in den weichen, feinen Sand nur retten, indem ich dauernd in kleinen Schritten sprang. Ich schaute vorwärts zum Licht hin. Es war näher gekommen, aber noch trennte mich eine erhebliche Distanz vom festen Felsgestein.

Der Traum endete hier, ohne daß ich das Ziel erreichte und ohne daß ich ausrutschte und in einen Trichter stürzte. Das Merkwürdige war, daß der Traum sich sehr oft wiederholte. Ich habe natürlich keine Statistik geführt, aber ich denke, daß er wohl hundertmal fast unverändert wiederkehrte. Nach kurzer Zeit ergab sich eine weitere Merkwürdigkeit: Jedesmal, wenn der Traum begann, wußte ich als Träumender, daß er genau so ablaufen würde wie immer. Ich begrüßte als Träumer dann sozusagen den Traum als alten Bekannten. Ich mußte zwar jedesmal durch den Prozeß einer wachsenden Angst hindurch, aber ich wußte, daß mir auch diesmal nichts geschehen würde. Es war so etwas wie eine Freundschaft, die mich als Träumenden mit dem Traum verband.

Mit der Zeit kam mir der Traum auch tagsüber oft in den Sinn. Als Gleichnis bei schwierigen Aufgaben oder an belasteten Tagen, als grundsätzliche Zuversicht über den Ausgang von Krisen und auch als Glückserinnerung an die leuchtenden Lichtfarben.

Ich begann mein Leben als Wiederholung des Traumes zu akzeptieren, ja zu lieben. Freude am Licht, an der Natur, Faszination durch die Aufgabe und Anstrengung und Erschrecken über den schweren Weg gehörten zur innersten Substanz meines Lebens.

Der Traum nahm in meinem Tagesbewußtsein eine ähnliche Stellung ein wie der vierte Vers des 23. Psalmes: «Und ob ich schon wanderte im finstern Tal, ich fürchte kein Unglück, denn du bist bei mir, dein Stecken und Stab, der tröstet mich.» Der Traum wurde sozusagen zur bildhaften und individuellen Interpretation des Psalmwortes.

In der Erinnerung erscheint mir heute der Traum wie eine geduldig wiederholte und liebevolle Lektion, die so lange im Raum der Nacht präsent war, bis die Botschaft im Tagesbewußtsein Gestalt gewonnen hatte.

Als dieser Prozeß abgeschlossen war, wurde der Traum seltener und verschwand. Aber er war mir allgegenwärtig im bewußten Alltag.

Heute, als 70jähriger, denke ich noch häufiger als

früher an die Geschichte des Traumes. Jetzt erscheint mir der Traum wie eine Deutung meines ganzen Lebens. Die Faszination meines innersten Kernes durch das strahlende Licht ist das Leben. Der Spaß am ununterbrochenen, anstrengenden Wandern, das sich gegen das Ende als das eigentlich Lebensrettende erweist, zieht sich durch das ganze Leben. Solange ich mich in Bewegung befinde, kann die Bedrohung nicht Angst gebären. Der Weg, auf dem ich mich befinde, hält nur im Wandern. Wenn ich hingegen stehenbleibe, rutscht der Untergrund.

Ohne diesen Traum hätte mein Leben wohl einen ganz anderen Verlauf genommen. Er erscheint mir heute wie eine gestaltende Vision meines Lebens.

Von einem anderen sehr schwierigen Leben, in welchem trotz allen Wirrnissen eine innere Führung wahrgenommen wurde, erzählt *A. Jaffé* im Bericht eines Mannes, der in ganz jungen Jahren, zur Zeit der großen Inflation, aus Deutschland in die Schweiz kam: Hier erlitt ich in jeder Beziehung Schiffbruch und fand mich in einer so verzweifelten Lage, daß ich keinen anderen Ausweg mehr sah als den des Freitodes.

Als ich eines Nachts, mit meinem Vorhaben beschäftigt, still und allein auf einer Bank saß, zerriß plötzlich die Dunkelheit, und ich sah ein helles, strahlendes Licht und aus diesem hervorgehend eine wunderbare Frauengestalt, den rechten Arm abwehrend gegen mich ausgestreckt. Ihre Stimme sprach: «Halt! -- das darfst du nicht tun, deine

*Zeit ist noch nicht gekommen.» 30 Jahre ist es nun her,
aber mir ist noch immer, als sei es gestern gewesen.*

Dieses Erlebnis war wohl das erste, aber es blieb
nicht das einzige. Wie ein roter Faden ziehen sich
Seltsamkeiten durch mein Leben bis zum heutigen
Tag, und obwohl ich (damals) am Beginn eines uner-
hört schweren Leidensweges stand, der über schwere Krankheiten, Not und Schande, Gefängnis und
Konzentrationslager, Verurteilung zum Tode, Flucht
in die Heimat führte, spürte ich immer und immer
wieder jene geheimnisvolle Führung und Hilfe, die
mich bis zu dieser Stunde leitete und, ich weiß es,
auch fernerhin leiten wird zu einem mir noch unbekannten Ziel.

Das weitere Schicksal dieses Mannes ist uns nicht bekannt, ebensowenig wie die familiäre Vorgeschichte
und die Erlebnisse in der Kindheit. Trotz seinem
schweren Schicksal hat er immer wieder die Existenz
einer inneren Führung erahnt. Eine solche Sicherheit
ist für den Menschen von entscheidender Bedeutung. Im Rahmen seines eigenen Daseins erfährt er
etwas von der Transzendenz des Bewußtseins und
des Lebens, eine Erfahrung, die auch der Mystiker
durch Teilnahme an einer heiligen Handlung und in
der *Kontemplation,* der inneren Besinnung, macht. In
diesem Sinne kann ein äußerlich scheinbar so sinnlos
ablaufendes Schicksal trotzdem eine tiefe Bedeutung
haben. Auch im Alter, nach vielen Berichten sogar
noch in der Todesstunde, kann sich eine grundlegende Wandlung vollziehen. Deshalb ist es nicht mög-

lich, ein Leben von außen her zu beurteilen oder zu bewerten, zumal wir die Gesamtzusammenhänge und das Ziel eines solchen Lebens nicht kennen.

Bernhard Nauer erlebte als Fortsetzung von Traum 16 folgendes:

Traum 17

Ich befinde mich auf einer Wanderung entlang eines schäumenden Bergbaches. Obwohl der Weg schmal und schwierig zu begehen ist, komme ich gut durch und beabsichtige nun, über einen Bergzug ins nächste Tal zu wechseln. An der Wegkreuzung treffe ich einen gleichaltrigen ortskundigen Bekannten, der mich sicher dorthin geleitet. Er geht mir mit ruhigem, sicherem Schritt voraus.

Darauf erfolgt ein Szenenwechsel: Ich sitze zusammen mit einem früheren Vorgesetzten, einem geschätzten Professor, und dessen netter Frau im gleichen Bahnabteil. Wir unterhalten uns angeregt und gehen nachher gemeinsam in den Speisewagen.

Kommentar:

Gemäß diesem Traum, auf den wir nicht im einzelnen eingehen, hatte Bernhard Nauer bei der Interpretation des eindrücklichen Traums 16 die für ihn richtige Entscheidung getroffen. Es hatte sich nicht um die Ankündigung eines äußeren Ereignisses gehandelt und schon gar nicht um eine zeitlich definierte Aussage, sondern es wurde auf den inneren Wandlungsprozeß hingearbeitet. Der Traum weist auf Neues hin: übersteigen eines Berges und wech-

seln – unter kundiger Begleitung – in eine neue Tal-
schaft, gemeinsame Fahrt mit einem früheren Lehrer
und dessen Frau.

Im nächsten Traum tritt Bernhard erneut mit seinem
Begleiter aus den vorherigen Träumen in Kontakt,
und dieser weist ihn auf unerwartete Möglichkeiten
hin:

Traum 18

*Morgens, noch im Halbschlaf, sehe ich folgendes: Mein
Begleiter der früheren Träume ist auf dem Weg zur Arbeit
und überholt mich. Beim Vorbeigehen fragt er kamerad-
schaftlich, ob ich einverstanden wäre, mich später einmal
an der Unterweisung anderer Leute zu beteiligen. Ich bin
überrascht, daß er nicht mehr als mein Betreuer erscheint,
sondern mich zur aktiven Mitarbeit in der Führung anderer auffordert.*

Kommentar des Träumers:

Es ist mir schon im Traum klar, daß er mit «später»
die Zeit nach dem Tode meint. Ob Symbolik oder
objektive Wirklichkeit, mir gibt dieser Traum Gewißheit, und ich bin jetzt sehr zuversichtlich. Seither
fühle ich eine große innere Ruhe.

Kommentar:

Auch dieser Traum zeigt altersbedingt vorwiegend
einen transzendentalen Inhalt. Allerdings wurden
weniger eindrückliche Alltagsträume in der Zwischenzeit nicht angeführt, wodurch ein einseitiges,
unvollständiges Gesamtbild entstehen mag. Das
«Später» im Traum ist mit einiger Sicherheit nur zu

deuten, wenn dieser eine Traum in die Folge weiterer Traummitteilungen eingereiht werden kann. Auffallend ist jedoch, welche nachhaltige Wirkung der kurze Traum auf Bernhard Nauer ausübte.

Im nächsten Traum geht es wieder um die persönliche Entwicklung:

Traum 19

Ich gehe zu meiner Frau und handle mit ihr einen neuen Ehevertrag aus. Wir wählen mutig und unter Hintanstellung der Folgen, nämlich daß wir beide gerade nachher getötet werden könnten, einen heroischen Vertragstext. Unsere Hochzeitsfeier mit einer großen Zahl von Gästen ist in Vorbereitung. Überall in unserem Hause finden wir Freunde, Bekannte und auch viele Unbekannte. In einem Nebenzimmer will ich mich umziehen. Eine große schwarze Katze, das Weibliche auf der Instinktstufe, legt sich einschmeichelnd neben mich. Ich empfinde es als sehr schön. Ich ziehe meine alten Kleider, an welchen noch Praxisstaub haftet (verstaubte alte Arbeitsallüren), und meine alten Schuhe (Bild eines veralteten Standpunkts) aus. Ein älterer Kollege erscheint und sagt, wir hätten einen gefährlichen neuen Ehevertrag abgeschlossen, der zum Tode von uns beiden führen könnte. Meine Frau, ich und unsere vielen Gäste sind aber voller Optimismus. Dann suche ich mit meiner Frau einen stillen, einfachen Raum, um den Vertragsinhalt nochmals zu überdenken. Wir sind beide einverstanden und leisten uns ein Taxi, um sicher zu unserem Heim zu gelangen.

Kommentar des Träumers:

Das ist eine andere Verbindung mit meiner Anima in

einer neuen, gewagten Form. Die Stimme eines Ewiggestrigen weist auf große Schwierigkeiten hin. Meine Frau und ich wenden uns aber entschlossen dem Neuen zu, und wir erhalten Unterstützung von den vielen Anwesenden.

Kommentar:
Bei realistischer Überlegung ist dieser Traum eine obstruse Phantasie: Wie sollte ein Mann nach 30 Jahren Ehe ohne vorherige Trennung und Scheidung mit seiner Frau einen gefährlichen neuen Ehevertrag ausarbeiten und sie auf einem großangelegten Hochzeitsfest nochmals heiraten? Vom psychischen Standpunkt her aber ist das ein klassisches Geschehen, nämlich der lebenslange Prozeß der Auseinandersetzung mit der ergänzenden, gegengeschlechtlichen Teilfigur, für den Mann also mit seiner Anima.
In der Traumserie Bernhard Nauers trat erstmals in Traum 2 eine weibliche Figur auf, die sich, nachdem er durch den Notausgang die Kapelle verlassen hatte, spielerisch mit ihm in einem Sandhaufen vergnügte. In Traum 5 und 11 ging der Wandlungsprozeß weiter. In der Höhlenvision machte ihn eine verstorbene Unbekannte auf den wichtigsten Aspekt des Daseins, eine bedingungslose Liebeshaltung, aufmerksam. Besonders im langen, gekürzt wiedergegebenen Traum 12 wird das gleiche Problem in etwas konkreterer Form angegangen. Nachdem die Bedeutung des Fraulichen in verschiedenen Ausdeutungen abgewandelt war, wird nun in diesem Traum bereits auf die Partnerbeziehung hingewiesen. Weil

es aber in ganz neuer Form geschehen soll, stellt es sich vorerst als potentiell gefährlich dar.

Goethe hat die Bedeutung der Frau als Seelenführerin des Mannes dichterisch ausgedrückt: «Alles Vergängliche ist nur ein Gleichnis, das Unzulängliche hier wird es Ereignis, das Unbegreifliche hier ist es getan, das Ewig-Weibliche zieht uns hinan.»

Beim Hochzeitsfest in diesem Traumdrama wird besonders auf die große Zahl verwandter, bekannter und unbekannter Gäste hingewiesen; es wird also im weiteren die Beziehungsfähigkeit und Gefühlsoffenheit der fraulichen Art angesprochen. Nach uralter Prägung sind die echten Beziehungsmöglichkeiten aber zahlenmäßig begrenzt. Die Verhaltensforschung zeigt, daß in unserem Kulturkreis bei einer Gruppenzahl von 100 bis 200 Personen oft plötzliche Abwehrmechanismen auftreten und die Zuneigung in Beziehungslosigkeit, Formalismus und Aggression umschlagen kann.

Im Gegensatz zu diesen auf Jahrtausende zurückgehenden Gruppenmechanismen können beim einzelnen Menschen durch Kontaktnahme mit dem Unbewußten -- in Riten, Gebräuchen, Verarbeitung der Traummeldungen -- solche sonst kaum beherrschbaren Fehlreaktionen überwachsen werden. Imperative Aufforderungen aber nützen gar nichts. Je mehr einzelne Menschen lernen, auf die innere Führung durch das Unbewußte zu horchen, desto seltener werden unkontrollierbare Ausbrüche in Großgruppen, ja selbst in ganzen Nationen.

Nach diesem Traum erwähnte Bernhard beiläufig, daß es ihm schon seit längerer Zeit Spaß mache, mit verschiedensten Leuten in direkten Kontakt zu treten. In unüblicher Weise manifestierte sich diesmal zuerst die neue Verhaltensart, und erst nachträglich erfolgte die Traummeldung.

Daß Bernhard Nauer quasi noch in seinem 69. Altersjahr «eine neue Ehe» eingehen muß, zeigt, wie die Auseinandersetzung und die Integrierung des Weiblichen eine lebenslange Aufgabe bedeutet.

Als Gegenstück dazu sei der Bericht einer 84jährigen Frau erwähnt. Sie erzählte, wie sie auch in ihrem Alter immer wieder von Begegnungen mit verschiedenen Männertypen träumte. Dabei war sie als einziges Mädchen zusammen mit sechs Brüdern aufgewachsen, hatte während 40 Jahren eine gute Ehe geführt und zwei Buben und zwei Mädchen erzogen. Sie erwähnte besonders einen Traum, den sie als Achtjährige hatte und den sie immer noch nicht verstehen konnte:

Sie spaziert auf dem gewohnten Weg neben dem nahegelegenen Fluß. Da kommt plötzlich ein Mann, ganz in Weiß, vom Wasser her links den Hang herauf und nähert sich ihr. Es wird ihr unheimlich, und sie rennt zu ihren Eltern nach Hause!

Kommentar:
Eine märchenhafte Männergestalt erschien, und die Träumerin erschrak vor diesem unbekannten Wesen. Zwar hatte sie ihren Vater und ihre sechs Brüder er-

lebt. Nun aber begegnete sie dem noch unbekannten Männlichen in sich selber. Es stieg links vom Wasser her auf, also aus dem Unbewußten. Das war die Begegnung vom Männlichen in ihr selber, was durch die verschiedenen Ereignisse im Alltagsleben angeregt, aber nicht ersetzt werden kann.

Wenn alle weiblichen und männlichen Anlagen in einem Individuum aufgebaut sind, so kommen wir schließlich zum überirdischen Bild des Engels, der im Mythos als erhabenes Wesen mit gleichzeitig vollkommenen männlichen und weiblichen Eigenschaften gesehen wird.

In diesem Traum wird vom Bild des fraulichen Prinzips besonders die Beziehungsfähigkeit zum Partner und zu einer namenlosen Großgruppe angesprochen.

Im nächsten Traum wird auf eine amüsante Art ein anderer Aspekt des Natürlich-Weiblichen hervorgehoben.

Traum 20

Ich befinde mich in einem Restaurant. Eine Serviertochter bringt mir einen Apfelauflauf, für den ich nicht bezahlen muß. Er ist jedoch zu dünn, und die Serviertochter stellt eine Tüte mit Zusatzsubstanz hin, welche ich noch selber beifügen könne. Eine andere schenkt mir aus einer rundlichen Flasche Cognac in mein Glas ein. Irgendwo hat dieses Glas einen Sprung, und der Cognac fließt ungehindert in meinen darunterstehenden Suppenteller. Die Serviertochter läßt das einfach so geschehen. Ich bin über diese Disziplinlosigkeit aufgebracht und will es dem Chef de Service melden. Statt des verantwortlichen Leiters erscheinen kleine weiße Männchen, die zusammen angeregt über soziale Beziehungen diskutieren.

Kommentar des Träumers:

Im vorherigen Traum ging ich mit meiner Frau eine für mich fast gefährliche neue Beziehung ein. Jetzt wird mir von zwei Frauen (!) Nahrung und konzentriertes geistiges Getränk in ganz legerer Art serviert, wahrscheinlich bedeutet das eine Kompensation zu meiner anscheinend zu disziplinierten Arbeitsauffassung. Es ist etwas Neues und deshalb noch nicht perfekt, doch fließt ja der kostbare Cognac in meinen währschaften Suppenteller. Als ich mich ernsthaft beschweren will, erscheinen kluge Zwerge, die in ihrer Altersweisheit eine andere Einstellung gewonnen haben, es nicht tragisch nehmen und sich über mitmenschliche Beziehungen unterhalten – ein ausgezeichneter Fingerzeig für mich.

Traum 21

Ein verstorbener Freund steht unvermittelt vor mir. Ich weiß, daß er vom Jenseits in unsere Welt kommt und meinen Beistand braucht, um einen irdischen Körper anzunehmen. Das eine Augenlid und der eine Mundwinkel müssen noch normale Form annehmen, und ich bin ihm gefühlsmäßig behilflich dabei. Er liegt dann als großer Körper vor mir. Dieser Körper ist ein Zwischenstadium von männlich/weiblich: große, kräftige Glieder, kein sichtbares Genitale, die Haut weich und weißrosa. Ich trage Sorge, daß es ihm gut geht. Er liegt vor mir, den Oberkör-

per etwas aufgerichtet, sinnend in sich ruhend, und ich merke, daß er mir eigentlich diese Haltung empfehlen will. Er bedeutet mir mit Nachdruck, daß ich mich nun endlich zu einer beschaulicheren Einstellung im Leben umstellen müsse. Ich bin ihm für seine Mitteilung dankbar. Wir befinden uns vor einem breiten Fenster, und mit Begeisterung weise ich ihn auf die großartige Aussicht, die wir von hier aus genießen. Wir sind auf einem hohen Berg und sehen über mehrere Täler hinaus. Mein Freund aber zeigt an alldem kein Interesse mehr und fröstelt. Offenbar strengt ihn der jetzige Zustand in der körperlichen Welt sehr an. Ich gebe ihm eine Bettdecke, damit er sich erwärmen kann. Er zieht diese bis über den Kopf hinauf, und ich sehe nur noch die große weiße Decke: Er ist verschwunden.

Kommentar des Träumers:

Es ist der gleiche nette frühere Studienkollege wie in Traum 14, welcher in der Zwischenzeit verstorben ist. Ich habe eindeutig das Gefühl, er wolle nun in erster Linie darauf hinweisen, daß das Leben ausgewogen sein müsse und man sich nicht zu einer Hetze verführen lassen sollte. Um mir diese Botschaft zu überbringen, ist er mir eigens erschienen und hat dazu die ganze Anstrengung einer Verkörperlichung auf sich genommen. Nur diese Mitteilung wollte er mir machen, dann verschwand er.

Dieser Traum ist etwas Merkwürdiges. Ich halte nichts von Okkultismus, und doch träume ich hier von der Rückkehr eines Toten in seinen Körper. In der Höhlenvision war mir die verstorbene Frau in ihrer vollen Gestalt erschienen. Hier sehe ich, wie dieser Mann stufenweise seinen Körper aufbaut, und ich kann ihm dabei helfen. Unverkennbar ist er mein früherer Kollege. Sein nackter Körper ist groß und kräftig, doch ist er weder männlich noch weiblich, besitzt keine Genitalien und hat eine auffallend weiche, rosige Haut. Darauf erfolgt nicht, wie üblich in einem Traum, eine weitere Wandlung, sondern er löst sich in nichts auf.

Kommentar:
Ob es sich hier um eine Meldung vom Unbewußten in Form eines Traumes handelt oder ob vielleicht noch etwas Okkultes hineinspielt, wollen wir nicht entscheiden. Objektivierende wissenschaftliche Untersuchungen über okkulte Erscheinungen sind erst im Anlaufen. Sollten sich positive Resultate ergeben, wäre dies ein Beispiel für Materialisationsvorgänge und anderseits für die Schwierigkeit der Kommunikation zwischen der irdischen Welt und einer postmortalen Existenzform.

Traum 22
In unserer Familie ist jemand gestorben. Ich sehe meine 80jährige Großtante in der Stube sterbend auf dem Boden liegen. Es ist ein natürliches Erlöschen eines langen Lebens, ein ruhiges Hinübergehen, denke ich und frage mich, warum so viele ältere Verwandte geschäftig und laut klagend herumrennen?

Kommentar des Träumers:
Meine Großtante lebte als Unverheiratete in der Fa-

milie ihrer Schwester. Diese ledig gebliebene, etwas beziehungsarme weibliche Nebenfigur stirbt nun ab. Ich finde das natürlich und verstehe nicht, warum die andern (alte Familienmeinungen) darüber lamentieren.

Kommentar:

Einige Zeit nach diesem kurzen Traum erzählte mir Bernhard Nauer, daß er viel früheren Ballast abwerfen konnte. Damit wurden die Beziehungen zu seiner größer gewordenen Familie herzlicher. Seine in der Frauenlinie bereits auf zwei Generationen zurückgehende Begrenzung der Beziehungsmöglichkeiten war jetzt gestorben, auch wenn in der Familie die Vertreter des Altgewohnten darüber jammerten.

Einige Monate nach diesem Traum hatte Bernhard folgendes Erlebnis:

Wie ich abends allein in der Stube bin und gerade den Fernsehapparat einschalten will, realisiere ich plötzlich, ohne vorherigen Alkohol- oder Drogenkonsum, wie ich alle Dinge um mich, Möbel, Pflanzen usw., in einer noch nie erlebten Klarheit und Schönheit wahrnehme. Ich gehe von einem Zimmer ins andere, schaue in den Garten hinaus, und überall erfahre ich dasselbe. Wenn ich an eine Person aus unserer Familie oder unserem Freundeskreis denke, empfinde ich ein Gefühl von Liebe und großer Verbundenheit. Die Stimmung ist zu wertvoll, als daß ich klärend eingreifen möchte, und so lege ich mich schlafen.

Kommentar des Träumers:

Für mein Empfinden dauerte der Zustand ein bis zwei Stunden, in Wirklichkeit waren es etwa 20 Minuten. Dieses Erlebnis erinnert mich an die seinerzeitige Vision in der Höhle, als die «Verstorbene» auf die Existenz einer umfassenden Liebe im «Diesseits und Jenseits» hingewiesen hatte. Eine Vorstufe davon hatte ich jetzt in meinem eigenen häuslichen Milieu erfahren.

Bis dahin hatte das Unbewußte in meinen Traumbildern immer wieder auf Wandlung und Wachstum der Persönlichkeit hingewirkt. Beim jetzigen Erlebnis geht es nicht direkt um meine eigene Entwicklung, sondern um ein neues Erkennen der Dinge und Personen. Nach bisherigem Muster der tiefenpsychologischen Verarbeitung ist es mir nicht möglich, das weiter zu interpretieren. Ein späterer Traum oder eine neue solche Episode könnten vielleicht Klarheit schaffen.

Kommentar:

Was Bernhard Nauer beschreibt, ist ein sogenanntes Transparenz-Erlebnis, bei welchem die Umgebung in einer noch nie erfahrenen Intensität wahrgenommen wird. Im Unterschied dazu wird in einer Vision das Umfeld in gewohnter Weise registriert, aber zentral von einem eindrücklicheren Geschehen überlagert. Die Entwicklung Bernhards setzt sich nun im überpersönlichen Bereich fort, mit einem neuen Einblick in die Struktur der Dinge und der menschlichen Beziehungen.

Traum 23

Ich führe eine fröhliche Reisegruppe von Männern und

Frauen verschiedenen Alters und einigen Kindern zu einem Zollamt und einem neuen Land, welches sich nach links in unbekannte Ferne erstreckt. Zweien der Reisenden schenke ich einen Pullover, bedaure aber später, daß ich den schöneren nicht wieder zurückerhalte. Dann befinde ich mich selber jenseits der Grenze, auch in diesem unbekannten Land. Ich finde mich nicht zurecht, bin nervös und mache merkwürdig unkontrollierte Bewegungen. In meiner Verwirrung kann ich vorläufig weder mir noch den anderen behilflich sein.

Kommentar des Träumers:

In Traum 18 hat mich mein Begleiter von früher angefragt, ob ich bei der Betreuung anderer mithelfen würde. Jetzt bin ich im Begriff, anderen beizustehen und ihnen etwas Gefühlswärme mitzugeben; allerdings geschieht dies in noch sehr begrenztem Umfang. Hier, wie damals, geht es nun nicht um meine Person, um das Einfügen neuer Erlebnis- und Reaktionsweisen, sondern um den Einsatz für mich ganz unbekannter Leute. Diese sehe ich nicht nur andeutungsweise, sondern in allen Einzelheiten, wie in einem Film. Ich empfinde zu keiner dieser Personen eine nähere Beziehung und kann sie nicht als innere Teilfiguren von mir sehen.

Entgegen den bisherigen Träumen vollzieht sich die Handlung von rechts nach links. Nach früheren Ausführungen würde das unbekannte Land in der Vergangenheit resp. im Bereich des Ursprünglichen, Unbewußten liegen. Im Traum ist es ein grenzenloser, unstrukturierter, heller Raum, also wohl Symbol für Raum- und Zeitlosigkeit. Das sind Charakteristiken, die wir der «Jenseitigkeit» zuschreiben. Hier fühle ich mich unvorbereitet, unangepaßt, hilflos und kann auch den andern in keiner Weise mehr beistehen. Auffallend ist, wie diese Leute frohgemut in der Richtung nach links fortschreiten.

Im zweiten Teil des Traumes ist ebenfalls nicht der Umbauprozeß in mir selbst betroffen, sondern meine Reaktion auf eine fremde Umgebung. Mein Eindruck ist daher, daß es sich um eine objektstufige Mitteilung handelt.

Diesen Traum möchte ich mit seinen transzendentalen Zügen in Beziehung bringen zu der Mitteilung in der Höhlenvision (Vision 2) und zum Klarsichterlebnis (s. S. 171). Er stellt für mich eine bedeutsame Erweiterung meiner Weltsicht dar.

Der Traum ist für mich ein faszinierendes Erlebnis und stärkt mein Selbstwertgefühl. Natürlich ist er nicht mein persönliches Verdienst. Ich will mich aber davon stimulieren lassen, um für neue weiterführende Träume offen zu sein.

Kommentar:
Ob man nun die Folgerungen des Träumers akzeptieren will oder nicht, es ist empirisches Material eines nüchtern denkenden Gewährsmannes und muß zur Kenntnis genommen werden.

Ergänzung von Bernhard Nauer:
Es ist auch ein subjektstufiger Aspekt zu berücksichtigen. Es treten zahlreiche Menschen auf. In Traum

19 waren ebenfalls sehr viele Leute zu meiner zweiten Hochzeit eingeladen. In persönlicher Sicht geht es möglicherweise darum, von der echten Zweierbeziehung zu einer vorbehaltlosen Offenheit auch gegenüber den vielen andern zu gelangen. Das könnte eine der Voraussetzungen sein, um sich im ursprünglichen und im kommenden Bereich des Daseins zurechtzufinden. Bis ein solch großer Schritt getan werden kann, dürfte längere Zeit verstreichen, und negative Aggressionen dürften kaum zu vermeiden sein. Statt diese abzublocken, ist es nach meiner Erfahrung klüger, solche Energien unauffällig und unschädlich in Nebenschlüsse – schimpfen und schmunzeln, mit Genuss, aber für sich allein – ablaufen zu lassen.

Nach diesem großen Traum wandten sich die nachfolgenden Mitteilungen wieder dem persönlichen Aufbau zu. In immer neuen Variationen befaßten sie sich mit dem Symbol der Anima und weiteren Schattenfiguren.

Zwei davon werden in gekürzter Form angeführt:

Traum 24
In meinem Haus ist ein neuer Kellerraum angebaut worden. Es sind Mauern aus dickem Eisenbeton. Darauf ist noch kein neuer Hausteil zu sehen. In diesem Kellerraum liege ich schlummernd und sinnend in einem Doppelbett. Neben dem Bett sehe ich am Boden eine Schublade mit schönem, altem Besteck.

Kommentar des Träumers:
Im Bereich des unbewußten Teiles (Keller) meiner Persönlichkeit ist ein neuer, stabil konstruierter Raum eingebaut. Auf einem Doppelbett (Animabeziehung) liege ich schlafend und sinnend (Vergleich mit einem Tempelschlaf?). Schönes, altes Besteck liegt bereit, um in gewohnter Weise zur Nahrungsaufnahme zu dienen.

Traum 25

Auf einem bei uns vorbeifließenden Fluß bin ich mit vielen anderen Leuten auf einem Schiff. Ich sehe mich unter charmanten Damen und Herren, die mir gut bekannt sind. Irgend etwas am Motor funktioniert nicht, und der Kapitän fährt wieder zum Ausgangspunkt zurück. Ich bin enttäuscht, verabrede mich aber beim Hinausgehen zu einem gemeinsamen Essen mit einigen andern.

Kommentar des Träumers:
Auf einem Flußschiff, also auf dem Strom des Lebens, kommt es zu zwanglosen, vielseitigen Begegnungen. Unerwartet stockt diese Fahrt, und wir gelangen zum Ausgangspunkt zurück. Ich kann schließlich noch mit ein paar anderen in Beziehung bleiben.

Im vorherigen Traum 24 ist vom tieferen Unbewußten her etwas Neues im Aufbau, und die Instrumente dafür liegen bereit. Es gelingt diesmal aber noch nicht, in zwanglose Beziehungen zu den vielen andern, wohl auch zu den verschiedensten anderen Figuren in mir selber, zu kommen. In Traum 19 mit den zahlreichen Hochzeitsgästen war erstmals dieses Problem aufgegriffen worden. In der Zwischenzeit ist nun ein kleiner Rückfall eingetreten, aber wenigstens ist jetzt alles im Fluß, und über kurz oder lang wird es sich weiterentwickeln.

Kommentar:
Bernhard Nauer wuchs zusammen mit einer viel älteren Schwester auf. Er erlebte sich also als Einzelkind mit den daraus resultierenden Einschränkungen von ungezwungenen Beziehungen. Es ist interessant, wie das Unbewußte immer wieder auf noch ungelöste Teilprobleme zurückkommt und nicht etwa nur die große Linie verfolgt, wie das vielleicht nach dem auf Transzendenz hinweisenden Traum 23 erwartet werden konnte.

In der Zwischenzeit erinnerte sich Bernhard Nauer nur undeutlich an Traumbruchstücke. Kürzlich, in den Ferien (im flachen Ausland), hatte er folgenden

Traum 26
Wahrscheinlich mit meiner Frau zusammen bin ich auf einer Wanderung in einem langen, gewundenen, nach Süden verlaufenden Bergtal. Der Weg führt leicht nach oben, dann wieder eben fort, mal leicht nach links, dann wieder geradeaus. Wenn wir nicht wissen, wo wir am besten durchkommen, zeigt uns ein ortskundiger älterer Mann zweimal den besten Weg. Während der übrigen Zeit ist er kaum zu sehen. Eine Fernsicht haben wir nicht, und wohin es eigentlich geht, ist unklar, aber das Weiterwandern

im gleichen Schritt tut gut. Nach dem Erwachen ist mir,
als ob ich die Wanderung noch fortsetzen würde.

Kommentar des Träumers:

Ähnlich wie im früheren Traum 17 bin ich auf einer Wanderung. Diesmal gilt es aber nicht einen Bergrücken zu überschreiten, sondern es geht im Tal unten ruhig weiter. Meine Frau und ich schreiten zufrieden voran. Auch hier hilft bei Unsicherheiten ein ortskundiger Führer. In der Zwischenzeit ist er nur undeutlich zu sehen, wie das im ersten mitgeteilten Traum 1 bei der nur andeutungsweise wahrnehmbaren Figur links hinter der Bühne der Fall war.

Dieser Traum scheint mir eine Beziehung zu haben zu dem unbekannten Grenzland in Traum 24. Ich kam dort zum Schluß, daß eine vorbehaltlose Offenheit in der Beziehung zu allen Menschen eine Vorbedingung sei, um sich im neuen Land zurechtzufinden. Daß eine solche Aufgabe außerordentlich viel beinhaltet und große Energiereserven verlangt, war mir bewußt. Wie das zu verwirklichen sei, war mir aber völlig unklar. Jetzt wird dieser Weg als eine lange Wanderung in einem nach Süden gerichteten, zeitweise nach links (!) führenden Tal aufgezeigt. Auch wenn auf diesem langen Marsch das Ende des Weges nicht in Sicht ist, lassen sich bei stetem Weiterschreiten am besten neue Reserven schaffen. Auf jeden Fall ist es ein abwechslungsreiches Wegstück, und bei Schwierigkeiten meldet sich immer wieder ein erfahrener Leiter. Dies ist eine Antwort auf die von mir in Traum 24 angestellten Überlegungen, wie es weitergehen könnte. Beim Erwachen war ich zuversichtlich. Wenn später wieder kritischere Phasen kommen, was zweifelsohne der Fall sein wird, will ich mich nach Möglichkeit daran erinnern.

Am Schluß dieser Traumserie bemerkte Bernhard Nauer, daß ihm die Verarbeitung seiner Träume außerordentlich viel gebracht hatte: «Ich wurde auf manches mir vorher völlig Unbekannte aufmerksam und konnte stets auf die Anregungen meines inneren Führers horchen. Soweit ich es begriff, habe ich mich nach diesem gerichtet. Seinerzeit, in einem der ersten Träume, in Traum 4, war aufgezeigt worden, wie eine Gruppe von Leuten mit einem kompetenten Leiter zwar müheloser und rascher aufwärts kommt, daß ich aber meinen persönlichen Weg zu beschreiten hätte.

Die beiden wichtigsten Lebensinhalte, die sich für mich aus den vielen Traummeldungen ergeben haben, lassen sich meines Erachtens auf zwei Funktionen zurückführen, nämlich auf Erkennen und auf Lieben:

• Erkennen, damit man die vom Unbewußten aufsteigenden, zuerst bedrohlich erscheinenden Mächte in ihrer Bedeutung erfaßt und zu ihrem Kern vordringen kann.

• Lieben, um mit Wärme und Geduld sich und anderen zu begegnen.

Abschied vom Vater --
Hinwendung zur eigenen Person

Die 57jährige Yvonne Funk, ledig, Ärztin, deren Vater kürzlich mit 92 Jahren im Altersheim gestorben war, erlebte eine eindrückliche Folge von Visionen und Träumen. Bei ihr traten zu Beginn Bilder transzendentalen Inhalts auf, erst anschließend solche der persönlichen Entwicklung.

Vision 1
Einige Monate vor dem Tod meines Vaters sehe ich morgens nach dem Aufstehen vor meinem Schlafzimmerfenster zweimal meine längst verstorbene Großmutter väterlicherseits. Ich habe das bestimmte Gefühl, daß sie auf ihren Sohn wartet.

Vision 2
Wenige Wochen später sehe ich morgens, noch im Halbschlaf, den vor etwa fünfzehn Jahren verstorbenen Hausarzt und Freund meines Vaters sehr freudig zu meinem Fenster hereinschauen und habe den Eindruck, er sei zufrieden, daß mein Vater endlich komme. Einige Stunden danach erhielt ich die Nachricht, mein Vater sei in dieser Nacht gestorben.

Kommentar:
Berichte über solche Erscheinungen, in denen verstorbene Angehörige oder Freunde den Tod eines Menschen ankündigen oder dem Sterbenden zu Hilfe kommen, sind keineswegs selten, wie dies unter dem Kapitel «Wahrträume» gezeigt wurde.

Nach dem Leichenmahl mit Verwandten und Freunden und nach einem kurzen Mittagsschlaf hatte Frau Funk im Wachzustand folgenden
Traum 1:
Mein Vater, jetzt in seinen besten Jahren, geht mit zwei Freunden oder Mitarbeitern, von denen ich jeden nur zur Hälfte sehe, froh und zügig eine Straße hinauf.

Kommentar:
Der mit 92 Jahren verstorbene Mann erscheint seiner Tochter wieder wie in seinen besten Jahren und in Begleitung von zwei früheren Mitarbeitern. Das Unbewußte besitzt große regenerierende Kräfte und drängt auf Wiederherstellung intakter Verhältnisse und entsprechender Aktivitäten. Die Nebenfiguren sind erst zur Hälfte aufgebaut.

Vision 3
Zwei Monate später sah ich gerade nach dem Erwachen meinen etwa 80jährigen Vater in einer mit einer niedrigen Mauer umzäunten hellgrünen Wiese sinnend auf und ab spazieren. Er überlegte sich, wo er nun sei, und war erstaunt, wie schön es hier sei. Er sah mich fragend an, was das bedeute.

Kommentar von Yvonne:
Das ganze Bild sehe ich plastisch und konkret, wie in einer Reportage. Leider kann ich meinem Vater keine Antwort geben, was das zu bedeuten hat.
Kommentar:
Psychologisch stellt der Mann, besonders der Vater

als erste im Leben auftretende männliche Figur, für die Frau den Animus dar, ihre innere ergänzende, gegengeschlechtliche Seite. Das bedeutet, positiv genommen: Sinn für Ordnung, logisches Denken, Zielstrebigkeit. Die grüne Wiese ist Ausdruck für natürliches Wachstum und Zukunft. Sie ist hier noch von einer niedrigen Mauer umgeben und beschränkt die besinnliche Wanderung vorläufig auf einen abgegrenzten Bezirk. Diese Szene hat, auch nach späterer Rückfrage bei Yvonne Funk, keinen Bezug zu früheren ihr bekannten Erlebnissen des Vaters. Auch persönliche Beziehungsmöglichkeiten waren nicht zu eruieren. Deshalb stellt sich die Frage, ob es sich um eine objektstufige Mitteilung über eine in Bildern ausgedrückte postmortale Entwicklung handelt. Gewisse Hinweise ergeben sich später aus dem Gesamtverlauf der Träume.

Etwa ein Jahr später hatte Yvonne Funk folgenden eindrücklichen
Traum 2
Ich sehe meinen Vater als einen uralten Mann, vielleicht zweihundert Jahre alt. Im Gesicht gleicht er meinem seit langem verstorbenen Großvater, aber am leicht nach vorne gebeugten Rücken erkenne ich meinen Vater. Er trägt ein langes, helles Gewand. Er ist über viele grüne Hügel gewandert und scheint jetzt etwa in Spanien zu sein. Von dort blickt er weit in die Ferne nach Osten, vielleicht nach Jerusalem. Dann sieht er kurz zu mir zurück, ist aber beschäftigt mit dem Blick in die ferne Zukunft. Ich denke noch im Traum, ich dürfe ihn jetzt nicht mehr stören.

Kommentar:

Nicht mehr in einer umgrenzten Wiese, sondern über weite grüne Hügel nach Süden hat die Wanderung geführt. Der Vater ist bereits ein Glied seiner Ahnenreihe. Er blickt gegen Sonnenaufgang, dem Licht, der Erkenntnis entgegen. In diesem Stadium wendet er sich von irdischen Beziehungen weg.

Dieser Mann hatte sich selbst als überzeugten Agnostiker, als Leugner einer rationalen Erkenntnis des Übersinnlichen, bezeichnet. Er hatte sich im Leben nur auf die Sinneswahrnehmungen und auf das logisch kausale Denken verlassen und demzufolge auch keine das Leben überdauernde Existenzmöglichkeit in Betracht gezogen. Im großen Gegensatz

dazu hält er nun im vorliegenden Traumbild Aus-
schau nach neuen geistigen Erkenntnissen.

Etwa sechs Monate später erlebte Yvonne Funk im
Halbschlaf folgendes:

Traum 3
Ich befinde mich unvermittelt in einem kleinen, kir-
chenähnlichen Raum. Vorne sind drei gewölbte Fenster,
links an der Wand ein modernes grünrotes Bild, darunter
ein Tisch mit zwei siebenarmigen Leuchtern. Vom sehr
hellen Licht der Fenster her schwebt ein etwa 35jähriger,
freundlich lächelnder Mann herab. Deutlich höre ich, wie

er sagt: «Dank seinem guten Lehrer ist er bei uns aufge-
nommen.» Für mich war klar, daß er damit meinen Vater
meinte.

Kommentar:

Dieser Raum mit den drei Bogenfenstern erinnert die
Träumerin an eine Kapelle. Darin befindet sich jedoch ein jüdisches, alttestamentliches Symbol in
Form der zwei siebenarmigen Leuchter, und an der
Wand hängt ein ungegenständliches modernes Bild
in den Komplementärfarben Rot/Grün, einem Ge-
gensatzpaar. In einem hellen Lichtstrahl schwebt ein
Bote herab mit einer überraschenden Mitteilung, den
verstorbenen Vater betreffend. Wie Yvonne Funk
nachträglich ergänzte, war ihr klar, daß mit dem guten Lehrer Jesus von Nazareth gemeint war. Der Vater würde sich also jetzt in einem Kreis nicht mehr
skeptisch, sondern positiv eingestellter Menschen
befinden. In einem Raum, der symbolmäßig drei Gei-
stesepochen umfaßt, Judentum, Christentum und
neueste Zeit, erfolgt demnach eine Mitteilung, welche die persönlichen Belange der Träumerin über-
steigt und ihr wie eine Berichterstattung vorkommt.

Traum 4

Drei Monate später hörte Yvonne Funk im Traum, wie je-
mand aus dunkler Tiefe und mit eindrücklicher Stimme
ihren Nachnamen nannte. Von unten links heraufkom-
mend und nach oben rechts verschwindend, war in
weißen, großen Buchstaben auf dunklem Grund ihr Name
geschrieben.

Kommentar:

Lapidar und eindrücklich wird die Träumerin aufgerufen, sich auf ihre eigene Identität zu besinnen. Die Meldung kommt aus der Tiefe des Unbewußten und fließt nach rechts Richtung Bewußtsein und Zukunft.

Einen Monat danach

Traum 5

Ich stehe vor einer schwarzen Gruft, die eine Trennung darstellt. Hinter dem Graben befinden sich an einer Wand hellgraue, nicht beschriftete Grabplatten. Von links oben her werden weitere Platten eingeschoben. Die eine davon zeigt ein Relief mit einer flachen, unpersönlichen Figur ohne Inschrift. Diese ist für meinen verstorbenen Vater bestimmt. Durch einen unüberwindbaren Graben bin ich davon getrennt.

Kommentar:

Der Körper ihres Vaters, bereits namenlos, wird hier neben vielen andern ebenso namenlosen Körpern beigesetzt. Die Träumerin ist durch eine nicht überschreitbare Kluft davon getrennt.

Zehn Tage später hatte Yvonne Funk den folgenden

Traum 6

Ich bringe meinen sehr gebrechlichen Vater zu einer Physiotherapeutin. Im Vorzimmer wartet ein zirka neunjähriger Knabe auf die Behandlung. Meinem Vater geht es nicht gut. Er ist klein geworden und zusammengekauert, in einer durchsichtigen Hülle eingepackt wie ein rosaroter Embryo in der Eihülle. Schließlich kommt er nochmals zur Massage, und danach verläßt er als strammer Mann den Behandlungsraum. Ich betrachte meinen Vater von oben

nach unten und von unten nach oben. Er ist wieder leben-
dig und frisch. Nur seine Beine sind noch wie aus rotem
Plastik. Der neunjährige Knabe ist auch dabei. Wir gehen
zuversichtlich nach Hause.

Kommentar:

Nachdem im vorherigen Traum die sterbliche Hülle
des Vaters bei den andern namenlosen Toten eingereiht wurde, erscheint das neue Vaterbild zuerst im
ursprünglichen embryonalen Stadium und nach der
Knetmassage als neu erstandener, noch nicht ganz
ausgebildeter Mann zusammen mit einer bereits
neunjährigen Nebenfigur.

Vision 4

Etwas später sieht Yvonne Funk morgens beim Erwachen
das Gesicht ihres verstorbenen Onkels väterlicherseits
groß und natürlich. Sie hat den Eindruck, er erwarte von
ihr Hilfe.

Kommentar:

Dieser Onkel litt sehr unter dem patriarchalen, autoritären Wesen seines Vaters. So wurden etwa die drei
Buben am Samstag für ihre während der Woche be-
gangenen Fehler systematisch durchgeprügelt. Dieser Onkel war sehr scheu und in der Schule wenig
erfolgreich, bis zum Alter von zwanzig Jahren war er
Bettnässer. Er wanderte früh nach den USA aus, be-
wies dort als Geschäftsmann seine Fähigkeiten und
wurde reich. Erst mit zweiundsechzig Jahren heirate-
te er. Zur Familie war er nett, Armen gegenüber hingegen vollständig verschlossen.

Nach den schwierigen Erlebnissen mit seinem Vater konnte dieser Mann nur die eine Seite seiner Persönlichkeit entwickeln. Yvonne Funk hatte jetzt den Eindruck, ihrem gemütsmäßig zu kurz gekommenen Verwandten im nachhinein noch beistehen zu müssen. Sie zog diesen Schluß, weil sie vor mehreren Jahren etwas Ähnliches erlebt hatte: Im Halbschlaf sah sie das Gesicht einer Patientin, die unerwartet Selbstmord begangen hatte. Diese Frau sagte zu ihr in Mundart: «Danke, ich lasse danken.» Ihr Gesicht kam ganz nahe zu ihr, als ob sie von ihr Kraft schöpfen möchte.

Zusammenfassender Kommentar:
Nachdem der Vater von Yvonne Funk, symbolisch gesprochen, seinen Weg nach dem Tod fortgesetzt hatte, war es ihr möglich, sich auf ihre eigene Entwicklung zu konzentrieren. In Wort und Bild wurde sie zur Findung ihrer eigenen Identität aufgerufen. Zuerst waren die sterblichen Teile ihres Vaters bei vielen andern Toten eingereiht worden. Danach erlebte sie die Erschaffung eines ganz neuen Vaterbildes, das sie von oben nach unten staunend betrachten mußte. Nach dieser neuen Erkenntnis erhielt sie die Aufgabe, ihrem gemütsmäßig zu kurz gekommenen Onkel beizustehen. Auch nach dem Tode scheint somit eine starke Tendenz zur Fortsetzung einer ganzheitlichen Entwicklung zu bestehen. Auffallend ist, daß die Lebenden dabei behilflich sein können.
Die Auseinandersetzung mit den männlichen Vor-

fahren von Yvonne Funk war damit abgeschlossen. Es folgten zuerst zwei urtümliche Traumbilder und danach weitere Aufforderungen zur Fortführung des Individuationsprozesses.

Traum 7

Ich sehe zwei schwarz maskierte Gestalten mit kleinen, schmalen Schlitzen für die Augen. Sie kommen aus dem Wald und über den Friedhofweg. Zuerst etwas zögernd, dann spielerisch und lustig. Sie kommen mir wie kecke, gutmütige Teufelchen vor.

Kommentar:

Aus dem Wald, dem Symbol des vegetativen Unbewußten, herkommend und neben der Ruhestätte der Verstorbenen vorbeigehend, traten zwei neue Gestalten auf. Sie waren ganz schwarz, und man wußte noch nicht, was in ihnen steckte. Sie benahmen sich wie lustige, etwas aufmüpfige Kobolde und sahen recht gut durch ihre Augenschlitze, welche Richtung sie einschlagen wollten.

Traum 8

Ich sehe mich selber als eine hellgelbe Scheibe in der Luft schweben (in der Form eines großen roten Blutkörperchens in der Atmosphäre), und ich spüre, wie die Scheibe ruckweise absackt. Ich habe den Eindruck, daß ich mich in tiefere körperliche Sphären, auf die Erde, herunterlasse. Das alles sehe ich aus einer gewissen Distanz, wie wenn ich gleichzeitig von außen beobachten würde.

Kommentar:

Insgesamt ist das ein überraschendes Bild. Der Kreis, der Ring, der Diskus stellen ein abgerundetes Ganzes dar. Sie sind Symbole für etwas in sich Vollendetes. Dieses Gebilde ist hell leuchtend und kommt von oben, von einer geistigen Dimension her. Es läßt sich auf die Erde nieder, tritt in Verbindung mit dem Körperlichen, wird also zum in sich vollendeten geistigen Inhalt. Yvonne Funk betont bei der Besprechung: «Das bin ich», also verwirklicht sich ihre Seele in der körperlichen Welt. Sie sieht diesen Vorgang gleichzeitig auch unabhängig, sozusagen als außenstehende Beobachterin, sachbezogen, also vorwiegend objektstufig.

Ähnliche Darstellungen des Unbewußten sind nicht selten. In unserm Traummaterial findet sich etwas Entsprechendes in Traum 15 von Bernhard Nauer, nur in umgekehrter Reihenfolge. Bei Yvonne Funk verbindet sich der Geist mit dem Körperlichen, bei Bernhard Nauer ist der Körper regungslos und schrumpft zusammen. Der Geist aber strebt nach seiner eigenen Fortentwicklung. Das sind bedeutsame Aspekte innerer Informationen. Wegen der Spärlichkeit des Materials kommt ihm jedoch keine wissenschaftliche Beweiskraft zu. *C. G. Jung* hat, mit 80jähriger Lebenserfahrung, zum gleichen Thema folgendes geschrieben: «Ich habe gute Gründe, anzunehmen, daß die Dinge mit dem Tod nicht zu Ende sind. Es scheint, als sei das Leben ein Zwischenspiel in einer langen Geschichte. Sie bestand schon, bevor ich war, und wird höchstwahrscheinlich weitergehen, wenn das bewußte Intervall in einer dreidimensionalen, der irdischen Existenz zu Ende ist.»

In Traum 7 zeigten sich zwei lustige schwarze Gestalten, Sinnbilder für eine Fülle noch verbleibender Möglichkeiten. Im Traum 8 ist das vollendet Geistige mit der Erde in Verbindung getreten, und nun, im nächsten Traum, manifestieren sich ursprüngliche, erdnahe Instinktwesen:

Traum 9
Jemand zeigt mir eine blaue Schlange. Ich sehe, daß sie zwei Junge hat, zwei kleine, weiße Schlangen. Ich erkläre einer Kollegin, wie die Schlangen wachsen. Diese Schlangen hier bewegen sich noch wenig.

Kommentar:
Das Schlangensymbol hat sehr gegensätzliche Bedeutungen. Als kaltblütiges Tier, mit relativ einfachem Körperbau, weist die Schlange auf eine instinktive, relativ niedrige Stufe hin. Sie besitzt große Kraft zum plötzlichen Vorschnellen. Wegen ihrer fehlenden Menschenähnlichkeit gilt sie symbolisch auch als Erscheinungsbild des Teuflischen oder des unfaßbaren Göttlichen, Heilenden. Sie ist ebenso ein sexuelles Symbol (vergl. S. 29).
Die Schlange, von der die Frau träumte, ist blau gefärbt. Blau weist auf eine intellektuelle Einstellung, im Fall der Ärztin auf eine akademische Grundhaltung, hin. Der urtümliche Instinkt ist nur mäßig lebendig, vermehrt sich aber bereits. Es ist günstig,

wenn zusätzlich zum Geistigen auch die Instinktstufe mit einbezogen und nicht etwa abgespalten wird, denn sonst könnte sich diese, wie oben mehrmals erwähnt, unkontrolliert zu etwas Negativem, Teuflischem entwickeln.

Gleich anschließend träumte sie:
Traum 10
Zusammen mit einer Kollegin gehe ich an einen Fluß. Das Wasser ist kalt, aber wir wollen trotzdem schwimmen. Später lege ich mich aus lauter Freude flach auf den Boden und werde ein Stück Natur.

Kommentar:
Zusammen mit einer Nebenfigur geht Yvonne Funk an einen Fluß – im übertragenen Sinne dorthin, wo das Urelement in Bewegung ist – und taucht aktiv in die Fluten. Aus lauter Freude legt sie sich nach diesem Erlebnis flach auf den Erdboden, d. h. auf die Erde als Muttersubstanz des biologischen Lebens.

Traum 11
Ich reise mit einer Begleiterin zu einer Prüfung. Andere Leute sind noch da und haben Hunger. Ich verteile ihnen deshalb von meinem Proviant, kleine Brötchen und ähnliches. Ein Mann im Halbdunkel steht vor einem Karteikasten und pickt mit einem Instrument kleine Dinge zwischen anderen Objekten heraus.

Kommentar:
Yvonne Funk hat bereits so viel Substanz aufge-

tankt, daß sie andere Nebenfiguren stärken kann. Erstmals tritt ein Mann auf, für die Frau das Symbol des gegengeschlechtlichen inneren Begleiters. Wenn etwas Neues erscheint, steht es vorerst noch im Halbdunkel, noch nicht im Licht des vollen Erkennens. Was der Mann aus dem wohlgeordneten Kasten heraussucht, ist unklar, aber es tut sich etwas.

Vision 7

Morgens beim Aufwachen, noch im Bett liegend, höre ich, wie jemand spricht: «Um die Menschen zu heilen, schickt er (Gott) schwarze Menschen über die Erde.» Dann sehe ich, wie von oben links her scharenweise schwarze Menschengestalten über die ganze Welt ausschwärmen. An mir gehen sie flugs vorbei.

Kommentar von Yvonne Funk:

Diese Schwarzen sind nicht mehr kecke, harmlose Kobolde wie im Traum 7, die spielerischen Teilfiguren entsprachen. Vielmehr sind es bösartige, zerstörerische Typen, Rowdys, Intriganten, kleine Hitlers, Saddams. Wahrscheinlich werden sie geschickt, damit wir uns Rechenschaft geben über das eigentliche Böse.

Gemeinsamer Kommentar:

Die Gestalten erschienen von links oben, vom übergeordneten Unbewußten herkommend, und bewegten sich nach rechts unten, in zukunftsorientierte, irdische Richtung. Sie waren dunkel, noch undifferenziert Böses in sich bergend. Wahrscheinlich werden sie uns geschickt, damit wir durch Gegenüberstellung von Gut und Böse das Wesen des Dunklen und die Grundbedeutung des Guten erfassen. Erst durch Konfrontation von Gegensätzen gelangen wir zum bewußten Erkennen.

Da Yvonne Funk in ihrem Leben diese Stufe offenbar schon erreicht hatte und das Dunkle einigermaßen erkennen und integrieren konnte, war es ihr möglich, die Szene als objektstufige Mitteilung aus Distanz wie ein Schauspiel zu betrachten.

Traum 12

Ich bin beim Langlaufen. Soldaten kümmern sich um den Unterhalt der Loipe und halten Ordnung. Dann fahre ich zusammen mit meinen drei Cousins in einem Auto. Alle sind nett, nur der jüngste im Wagen benimmt sich allen gegenüber rüpelhaft.

Kommentar:

Yvonne Funk ist bereits persönlich auf dem Weg, noch in winterlich kalter Umgebung, aber sie kommt gut voran. Im Verlaufe dieses Traumdramas erscheinen zuerst Soldaten, kollektive männliche Figuren, und sorgen für Ordnung und zügiges Weiterkommen. Mit dem Auto, der modernen Energiemaschine, geht es rascher voran, und zwar zusammen mit drei männlichen Gestalten aus ihrer Familie, von denen jedoch eine gegen alle andern revoltiert. Sie distanziert sich vom kollektiven Verhaltensmuster, von festgefahrenen Meinungen der größeren, anonymen Gruppe und ebenso von der alten Familientradition.

Traum 13

Einem jüngeren Mann soll ich ein Zeugnis ausstellen, damit er heiraten kann. Zuerst muß ich meinen Arbeitstisch in Ordnung bringen. Eine Kollegin hilft mir dabei. Dann reinige ich meine Schuhe. Die alten Schuhe sind mir zu klein geworden, was ich auch meiner Kollegin erkläre.

Kommentar:

Hier ist es nicht die große Gruppe der Männergestalten, sondern eine jüngere Einzelfigur von Yvonne Funk, welche heiraten will – im symbolischen Sinn sich mit dem Gegensätzlichen verbinden –, die Träumerin muß als Ärztin bezeugen, daß sie die dazu nötige Reife besitzt. Ordnung und Überblick werden geschaffen. Darauf reinigt Yvonne Funk ihre Schuhe, die jetzt zu klein sind, ihr bisheriger «Standpunkt» ist für sie heute zu eng und zu einseitig.

Traum 14

Ich besichtige mein eigenes Haus. In den Boden ist eine alte Münze von etwa zwölf Zentimetern Durchmesser zementiert. Auf einem Tisch befinden sich ein Brötchen und ein Kelch mit Wein. In einem andern Zimmer sitzt ein alter, urwüchsiger Mann, von dem ich mich verabschieden will. Ich umarme ihn.

Kommentar:

In das Fundament dieses Hauses, Symbol für die Gesamtpersönlichkeit, wurde eine große alte Münze eingelassen, das wertvolle Kulturgut früherer Zeiten. Auch für den jetzigen Aufbau von Yvonne Funk ist gesorgt mit Brötchen und Wein. Vom alten archaischen Männerbild verabschiedet sie sich herzlich.

Traum 15

Eine fürchterliche riesige Schlange mit teilweise menschlichem Kopf und Körper, ohne Arme, aber mit zwei Beinen, fliegt durch die Luft und fällt direkt beim Schlafzimmerfenster meines Elternhauses herunter. Das Haus ist für sie geschlossen.

Kommentar:

Für Yvonne Funk stellt die Schlange in dieser Art den Inbegriff des Bösen dar. Verglichen mit den harmlosen Schlangen in Traum 9, ist diese von oben her erscheinende Schlange von bedrohlicher Größe und Gestalt.

Das alles ist aber im Rahmen der ganzen Traumserie zu deuten: Seit dem ersten Schlangentraum waren unterschiedliche männliche Gestalten neu ins Blickfeld getreten und wieder verschwunden. Das eigene Haus wurde vom Fundament her neu bestellt. Nun tritt ein urwüchsiger, noch ungestalteter männlicher Instinkt auf, das Geschlecht wird aufgrund nachfolgender Träume bestätigt, und zwar gerade vor dem früheren Schlafzimmerfenster, hinter dem sich nachts das schöpferische Wirken des Unbewußten einstellt.

Allerdings wäre auch eine andere Deutung möglich. Bei Yvonne Funk, einer stark beanspruchten, unverheirateten Ärztin, meldete sich kompensatorisch ihre bisher zu kurz gekommene Erotik und Sexualität, direkt vor dem Schlafzimmer ihrer Jugend, um auf den großen Nachholbedarf aufmerksam zu machen.

Eine solche Auslegung kann unter Umständen richtig sein. In Anbetracht des bisherigen Verlaufes und unter Berücksichtigung auch der nachfolgenden Traumstufen ist diese Bewertung jedoch zu ausschließlich und würde nur die eine Komponente berücksichtigen.

Zusammenfassend ergibt sich folgendes: Das alte Vaterbild war in der steinernen Gruft begraben worden, und danach vollzog sich ein vielschichtiger, konsequent fortschreitender Wandlungsprozeß. Da war zuerst ein menschliches Embryo, dann der neunjährige Knabe, es folgten die noch unfertige Vatergestalt, ein Konzentrat geistiger Inhalte, das sich auf die Erde senkte, tierische Vorstufen, die Begegnung mit mannigfaltigen menschlichen Teilfiguren und jetzt das urtümliche, halb tierische, halb menschliche Wesen.

Im nächsten Traum setzt sich die Reihe fort.

Traum 16

Es meldet sich ein schwarzer, angriffiger Hund. Zuerst will ich ihn erschlagen. Dann aber strecke ich ihm meine Hand zum Riechen hin.

Kommentar:

Eine neue männliche Schattenfigur auf differenzierterer Instinktstufe tritt in Erscheinung und wird nach kurzem Zögern angenommen.

Traum 17

Ich sehe mehrere große Hunde in einer Höhle. Einer davon kommt zu mir, ohne gefährlich zu werden, und geht wieder in die Höhle zurück. Oben, unter den Wolken, kreist ein mächtiger brauner Adler.

Kommentar:

In den beiden letzten Träumen treten mehrere kräftige Teilfiguren der menschlichen Instinktstufe auf: der Hund als bildhafte Verkörperung des Spürsinns und des Zupackens, der Adler als Symbol des Gedankenfluges und des größeren Überblicks.

Der letzte hier verarbeitete Traum von Yvonne Funk:

Traum 18

Auf einer Wanderung ist mein Rock zerfetzt. Ein netter, etwa 60jähriger Mann bringt mir ein kariertes Kleid mit kurzen Hosen, das ich anstelle meines zerrissenen Rockes anziehe. Er zeigt mir zwei lustige Männer, die Schauspieler sind. Der eine ist ein Schwarzer.

Kommentar:

Ihr altes Gewand, in dem sie früher als Frau in der Welt auftrat, ist zerrissen, und eine ältere, erfahrene Männergestalt überreicht ihr eine modernere Bekleidung. Die Gestalt stellt ihr zwei neue, unbeschwerte Männerbilder vor, das eine davon ist schwarz, also noch sehr unbewußt, naturnah.

Es bleibt nun abzuwarten, welche neuen Seiten des Lebens sie ihr vorspielen werden.

Die Träume und Visionen nach dem Tod des Vaters von Yvonne Funk erstreckten sich über eine Periode von anderthalb Jahren. Die anschließende Traumserie ihres persönlichen Wandlungsprozesses dauerte bis zum letzten besprochenen Traum rund zweieinhalb Jahre.

Beide großen Folgen von Träumen und Visionen wurden in Zusammenarbeit mit einem Analytiker behandelt. Im Falle von Bernhard Nauer ergab es sich nach einiger Zeit, daß er seine Träume selber verarbeiten konnte, und es fanden nur noch gelegentliche Besprechungen statt. Bei Yvonne Funk erfolgten die Zusammenkünfte viertel- bis halbjährlich.

Auch ohne einen psychologisch versierten Leiter wäre der Individuationsprozeß unter dem Drängen des Unbewußten weitergegangen, mal rascher, mal langsamer, eventuell mit Umwegen oder Rückschlägen. Wenn man eindrückliche Träume als Gesamtbild auf sich wirken läßt, über sie meditiert oder sie gestaltend mit Malen oder Schreiben verarbeitet, so wirkt das auf den Prozeß sehr förderlich. Nur sollten Träume nicht verstandesmäßig zerlegt werden, sonst wird der Vorgang gestoppt.

Die Entwicklung zu vermehrtem Bewußtsein führt allerdings auch zu mehr Risiko und größerer Verantwortung. Deshalb scheuen viele davor zurück.

Künstlerisch begabte Leute finden oft ihren ganz persönlichen Weg, mit emporsteigendem unbewußtem Material umzugehen. Der folgende Bericht einer

50jährigen Frau ist ein Beispiel dafür: Die Frau weilte auf der Insel Kos in den Ferien und besuchte dort das Asklepeion, eine dem griechischen Heilgott gewidmete Stätte, und die Ruinen der altchristlichen Basilika des heiligen Stefan. «Es waren weihevolle Orte von einer für mich überirdischen Schönheit.»

Vision

Ich stehe am Meer mit dem Gefühl: «Dies ist meine Heimat, und hierher möchte ich zum Sterben zurückkehren.» Dann wende ich mich landeinwärts zurück und sehe ein Bild des Grauens: Aus halbfertigen Hotelbauten mit offenen Löchern wie Geisterhöhlen fliegen Schwärme von riesigen Heuschrecken und verdunkeln die ganze Gegend. In meiner Angst umarme ich eine der Tempelsäulen, deren Stein sich lebendig und deren Oberfläche sich wie seidig anfühlt. Ein wunderbares Glücksgefühl durchströmt mich. Da rufe ich hinaus zu den Geistern des Meeres um Hilfe. Das Meer antwortet mir: «Wir holen alle jene, die zerstören, was zu eurer Freude geschaffen wurde.» Darauf versinkt die ganze Insel im Meer. Ich bin erschüttert, aber gerettet.

Noch am gleichen Tag schrieb sie das folgende Gedicht:

«Alles fließt, weich, stetig fließe ich mit, zum Meer,
um endlich auszuruhen vom Kampfe.
Die Geister warten, stark und zärtlich mich umfangend,
und alles fließt, zum Meer.»

Von Zeit zu Zeit erlebte diese Frau unvermittelt während des Tages eine Vision. Sie verstand den Sinn der Bilder zwar nicht, fühlte sich aber danach jeweils sehr zufrieden. Träume nahm sie selten wahr, und dann nur unbedeutende.

Es ist kein Zufall, daß eine solch eindrückliche Vision gerade an diesen Orten stattfand. Hier finden sich Reste der früheren Kulte, d. h. die Manifestationen des damaligen Archetyps des Heilens und des harmonischen Ausgleichs. Sogar Ruinen üben auf uns noch ihre Wirkung aus. Das gilt für antike, vorchristliche und christliche Kultstätten.

In diese Harmonie brechen unvermittelt primitive, zerstörerische Mächte ein, gegen welche sich die Frau durch Abstützung auf die alten Heilkräfte wehrt. Dann sucht sie Hilfe bei den Geistern des Meeres, beim kollektiven Unbewußten. Doch dieses zeigt nicht mehr die lebensschaffende, sondern die verschlingende Seite. Bei zu idealem Erleben brechen plötzlich Gegensatzkräfte durch, die alles wieder radikal vernichten. So wurde der heilige Stefan trotz oder gerade wegen seines vorbildlichen Lebens gesteinigt. In der persönlichen Entwicklung kann eine zu große Einseitigkeit, auch wenn sie gut gemeint ist, im Extremfall sogar zum Abgleiten in eine Geisteskrankheit führen, falls die eigenen dunklen Seiten nicht erkannt und integriert werden.

Nach ihrem Gedicht fühlte sich die Frau «erlöst, für eine Ewigkeit», wie sie sagte. Sie befindet sich in der zweiten Lebenshälfte, in einer Periode, in der der

Wunsch nach neuen Lebenszielen auftaucht. Das Bild des Zurückfließens des Lebens ins Meer der Geborgenheit, nicht des Verschlingens, kann die Vorbereitung eines neuen Lebenskonzepts darstellen.

Persönliches, Überpersönliches, Transzendentales

Die geschilderten Bilder in Träumen und Visionen sind empirisches Material, Beobachtungsgut. Das überpersönliche Unbewußte ist raum- und zeitlos und zeigt daher auch transzendentale Eigenschaften. Die Frage, ob alle diese Berichte Reaktionen des Unbewußten und dessen Projektionen sind oder ob es sich teilweise um Meldungen über ein unbekanntes jenseitiges Geschehen handeln könnte, ist nicht einfach zu beantworten.

Yvonne Funk lebt in einem praktizierenden katholischen Milieu und damit in einer spezifisch katholischen Vorstellungswelt. Sie ist ausgeglichen und bodenständig. Man könnte nun einwenden, daß ihre Träume Wunschgedanken entsprechen, die sich zu ihrer Beruhigung einstellen. Die in der Traumfolge auftretenden Bilder sind aber ganz anders geartet und entsprechen keineswegs der christlichen Vorstellungswelt, in welcher die Träumerin aufgewachsen ist und durch welche sie geprägt wurde.

Der zuerst zitierte Bernhard Nauer ist der Typ eines naturwissenschaftlich-nüchternen Beobachters. Auch in dem vielen zusätzlichen Traummaterial, das sich während der letzten dreissig Jahre angesammelt hat und das in diesem Bericht nicht angeführt ist, finden sich keinerlei Anhaltspunkte für Wunschphantasien.

Wie bei der Deutung von Visionen haben wir uns auch bei der Beurteilung der Gesamtabläufe von Träumen die Frage zu stellen, ob es sich um ein subjektiv oder objektiv gültiges Geschehen handelt. Bei einer subjektiven Traummitteilung betrifft das Bild primär oder ausschließlich den betreffenden Träumer. Bei einer Traummitteilung im objektiven Sinn bezieht sich die Darstellung auf außerhalb des Träumers sich befindende Dinge und Personen.

In der Darstellung von Yvonne Funk tritt der Vater in seiner persönlichen Eigenart in Erscheinung, und es wird im weiteren ausschließlich über seine Erlebnisse berichtet. Nur zuweilen stellt der Vater seinerseits eine Art Rückfrage an seine Tochter, die sich selber als Beobachterin außerhalb der Handlung empfindet. Danach, im Gegensatz zu den anschließenden persönlichen Träumen, würde es sich also nicht um die Darstellung eines projizierten inneren Vaterbildes von Yvonne Funk handeln, sondern um Mitteilungen über eine postmortale Existenz.

Dasselbe geschieht in den Träumen und Visionen von Bernhard Nauer. Er ist der distanzierte Beobachter eines neuen, sich konsequent fortsetzenden Prozesses. Erst in den späteren Träumen ist er als Hauptperson einbezogen.

Als vorwiegend objektstufig aufzufassende Erlebnisse können die nächsten Berichte angesehen werden.

Ein Bekannter teilte folgendes Erlebnis mit: Eine Frau aus einer befreundeten Familie war nach sechs Monaten Spitalaufenthalt an Gebärmutterkrebs gestorben. Drei Tage nach ihrem Tod sah er sie plötzlich rechts neben sich in der Stube. Sie deutete ihm, sie habe es sehr schön und er solle auch zu ihr kommen. Instinktiv entgegnete er, er gehöre zu seiner Familie, und überhaupt begehe er keinen Selbstmord. Er hatte die Frau nur bis zu den Oberschenkeln gesehen. Sie zeigte keine Krankheitserscheinungen mehr, sondern sah gesund und unternehmungslustig aus. Eine solche Vision könnte auch als Ersatzerlebnis, nach abruptem Gefühlsabbruch oder wenn der Träumer früheren Verhältnissen nachtrauert, gesehen werden. Das trifft in diesem Falle nicht zu, denn der Mann hielt aus persönlichem Empfinden, nicht nur aus Gründen der Korrektheit, deutlich Distanz.

In einem weiteren persönlichen Bericht geht es um einen 75jährigen Mann, der an der Alzheimerschen Krankheit gelitten hatte und seit zehn Jahren voll invalid war. Wenige Tage nach seinem Tode hörte seine Frau im Traum, daß ihr Mann einen neuen Namen bekommen habe, wohlauf und aktiv sei. Der neue Name verweist auf einen neuen Persönlichkeitsstatus (vgl. Traum 4, S. 185). Ähnlich wie bei Bernhard Nauer und Yvonne Funk zeigten auch diese Verstorbenen wieder ein intaktes Körperbild.
Über analoge Beobachtungen referierte *J. Tauber*[*]: «Ein betagter Krebspatient döste den ganzen Tag

[*]J. Tauber, Außersinnliche Wahrnehmungen, S. 1014

teilnahmslos im Bett. Nach einigen Wochen machte mir seine Frau Vorwürfe, daß ich diesem Elend zuschauen könne, statt ihrem Mann durch eine Spritze den Tod zu erleichtern. Der Patient war wirklich nur noch Haut und Knochen, und die Frau hatte meine eigenen Gedanken ausgesprochen. Da sagte ich zu ihr: ‹Wir wollen ihn einmal selber fragen, ob er wirklich so zu bedauern sei.› Ich weckte ihn und fragte, wo er jetzt gerade in Gedanken gewesen sei. Da ging ein Leuchten über sein Gesicht, und zu unserm grenzenlosen Erstaunen erzählte er: ‹Weit über dem Meer, in einem fernen Land mit sanften grünen Hügeln und wolkenlosem blauem Himmel. Im saftigen Gras saß ein Hirte, und ringsum weidete eine große Herde Schafe. Der Hirte spielte auf einer Flöte eine wunderschöne Melodie. Dann sprach er mich in einer fremden Sprache an; dennoch verstand ich jedes Wort. Ich dürfe zu ihm kommen und ihm helfen, seine Schafe zu hüten.› Die Frau des Patienten und ich schauten uns nur stumm an, denn wir hatten die Antwort auf unsere Frage bekommen. Nach wenigen Tagen schlummerte der Patient sanft hinüber, mit der Möglichkeit zur Ausübung des Hirtenamtes auf neuen grünen Gefilden jenseits des großen Wassers, in einer jenseitigen Welt.

Im zweiten Fall ging es um einen 65jährigen Arzt, der an Prostatakrebs starb. Er sagte als letztes Wort zu seiner Tochter: ‹Petri Fischzug›. Darüber war die Tochter höchst erstaunt, denn ihr Vater war im Leben kein Kirchgänger gewesen und hatte sehr selten ein Wort über Religion verloren. Was hat denn der

Fischzug mit dem Tod zu tun? Beim biblischen Petrus gab die Begegnung mit dem Vorbild des Jesus von Nazareth der inhaltlos und durch den Formalismus zur leeren Routine gewordenen Religion und seinem Leben plötzlich neuen Inhalt. Dies geht aus dem Gleichnis der leeren und dann zum Zerreißen vollen Netze hervor. Die letzten Gedanken des sterbenden Arztes kreisen um diese Problematik. Es scheint auch, daß ihm in der Todesstunde dieses neue Erfahrungsgebiet direkt zugänglich wurde, als die äußere Erfahrungswelt für ihn verblaßte.»

Auch die Berichte von Menschen, die für klinisch tot angesehen wurden, dann aber wiederbelebt werden konnten*, zeigen vorwiegend die oben erwähnten Charakteristiken von objektstufigen Mitteilungen. Sie sehen vor sich ein Tor, einen Tunnel oder eine Brücke und dahinter eine Lichtgestalt und können sich entscheiden, ob sie dorthin gehen oder wieder ins Leben zurückkehren wollen.

Diese verschiedenen Berichte sprechen also dafür, daß unser innerer Regisseur seine Führung nicht nur während unseres Lebens, sondern wirkungsvoll und in gleicher Art auch darüber hinaus ausübt.

*R. Moody, Leben nach dem Tod

Die Weiterentwicklung des Erkennens

Die Kenntnis des Unbewußten und die Entschlüsselung seiner Traumbotschaften führt zwangsläufig zu einem neuen Weltbild. Ein Rückblick auf die Geschichte unserer Geistesentwicklung macht dies klar. Wir Menschen von heute stellen nur eines der Glieder im unendlichen Evolutionsstrom des körperlichen und seelischen Lebens dar.

Unsere nächsten tierischen Vorfahren, die Primaten oder Menschenaffen, besitzen nach Verhaltensbeobachtungen bereits ein gewisses Eigenbewußtsein. Ein Schimpanse kann sich beispielsweise in einem Spiegel als Individuum erkennen. Er attackiert nicht unüberlegt sein eigenes Bild im Spiegel oder sucht nicht auf der Rückseite des Spiegels nach dem vermeintlichen Artgenossen, wie beispielsweise noch ein Hund reagiert. Der erste eigentliche Menschentyp, der Homo erectus, der aufrecht gehende Mensch, lebte vor zwei Millionen Jahren. Sein Knochensystem können wir untersuchen, sein Verhalten aber ist für uns nicht rekonstruierbar. Wie seine letzten, bereits aufrecht gehenden Vorfahren in der Tierreihe dürfte auch er ein gewisses Ich-Bewußtsein gehabt haben. Das Hirnvolumen hatte sich seit jenen Vorstufen von 400 auf 800 cm^3 erhöht.

Das Erleben von Träumen reicht in der Entwicklungslinie noch viel weiter zurück. Bereits bei den höheren Stufen der Säugetiere wurde das in Feldbeobachtungen und durch elektrische Hirnkurven (EEG) nachgewiesen.

Die Fähigkeit, zwischen der vom Ich-Bewußtsein wahrgenommenen äußeren Welt und den vom Unbewußten aufsteigenden inneren Bildern in der Form von Träumen zu unterscheiden, bedeutet eine weitere Stufe des Erkennens. Dies wurde jedoch erst zu einem viel späteren Zeitpunkt möglich. Wenn noch kein Unterschied zwischen den äußeren und inneren Informationen gemacht werden kann, wird das als *archaische* Erlebensart bezeichnet.* Nach dem oben Gesagten geht diese in den allerersten Stadien vermutlich auf den Homo erectus in die Zeit vor zwei Millionen Jahren zurück und dauerte mit örtlichen Schwankungen (z. B. in Griechenland) bis zum auslaufenden Mittelalter. Die Menschen identifizierten ihre inneren Bilder mit der äußeren Welt und lebten in einer Art Allverbundenheit mit der sie umgebenden Natur. Die Dinge um sie waren beseelt, und damit die richtige Ordnung eingehalten war, mußten verschiedenste Riten (Fruchtbarkeitsriten, Vorbereitungen zur Jagd, Abwehr von bösen Geistern, Opferhandlungen, Heilzeremonien) vollzogen werden. Archaische Teilreaktionen spielen sich z. T. noch heute in uns ab und gehören zu einem ganzheitlich ausgeglichenen Leben, in welchem unsere lange tierisch-menschliche Vorgeschichte natürlich integriert ist.

*W. Obrist, Die Mutation des Bewußtseins, S. 220

In der *positivistischen Ära,* die sich mit der Renaissance ankündigte und die um 1700, in der Zeit der Aufklärung, zur vollen Auswirkung gelangte, wurden allein die durch Sinneswahrnehmung feststellbaren Fakten und nur die hieraus abgeleiteten Erkenntnisse und Theorien berücksichtigt. An die Stelle des akausalen Denkens – Änderungen in dieser Welt sind durch außernatürliche und immaterielle Mächte bewirkt – trat der neue Begriff der Kausalität: Gleiche Ursachen haben gleiche Wirkungen. Auch hier kam es immer wieder zu Durchmischungen und Überschichtungen mit der archaischen Wahrnehmungsart.

In der *tiefenpsychologischen Forschung,* beginnend ab etwa 1900, versucht man nun zu genaueren Kenntnissen der inneren Programmierung vorzustoßen, um damit den Sinn und das Ziel des je einzelnen Lebens wahrzunehmen und vielleicht eine mögliche postmortale Existenzform zu erkennen.*

Traumverarbeitung in der Psychotherapie

Im folgenden Beispiel werden die psychotherapeutischen Möglichkeiten der Traumverarbeitung dargestellt.
Es handelt sich um den 38jährigen Pius Kaiser, Zahntechniker von Beruf, früher Maler, der eine schwieri-

*C. G. Jung, Gesammelte Werke, Bd. 5, 9

ge Kindheit und Jugendzeit erlebt hatte, viele belastende Erlebnisse nicht überwinden konnte und sie unverarbeitet ins Unbewußte abschieben mußte. Er litt unter verschiedenen körperlichen Beschwerden, seit sechzehn Jahren unter Depressionen und seit drei Jahren unter Phobien, krankhaften Ängsten. Die Depressionen reagierten nur mäßig auf antidepressive Medikamente. Entspannungs- und Schlafmittel unterdrücken den REM-Schlaf und damit das Traumleben weitgehend. Die eigentliche Verarbeitung der anstehenden Probleme wird dadurch verunmöglicht. Die meisten der heutigen Medikamente führen zu keiner nennenswerten Behinderung des REM-Schlafes mehr.

Seine Phobie, die Platzangst, war äußerst hinderlich. Er konnte nur mit Schwierigkeiten durch die Straßen zu seinem Arbeitsplatz gelangen. Zur Mittagsverpflegung wagte er nicht, in ein Restaurant einzutreten. Nur beim Vorbeigehen an einem Kiosk war es ihm möglich, sich etwas Eßbares zu beschaffen. Durch Verarbeitung seiner Träume, zusammen mit seinem Therapeuten, konnten die Blockierungen gelöst, die regulierenden Kräfte des Unbewußten mobilisiert und der Selbstheilungsprozeß in Gang gesetzt werden. Die Depressionen, die zwanghaften Angstzustände und die körperlichen Begleiterscheinungen verschwanden innert einem halben Jahr. Wie kam das zustande?

Traum 1

Als Hobbymaler hat Pius Kaiser seine Träume male-
risch dargestellt. Zu diesem Traum erklärt er:

*Ich sehe von oben herab auf die Baumkronen eines Waldes.
Alles ist verschneit. Ein breiter Weg mit Fußspuren führt
hindurch. Ich schreite darüber hinweg, und es macht mir
Freude, die Spuren zu zerstören. Bei der Abzweigung entschließe ich mich, nach rechts zu gehen, und ich bin froh,
hier allein weiterzuschreiten.*

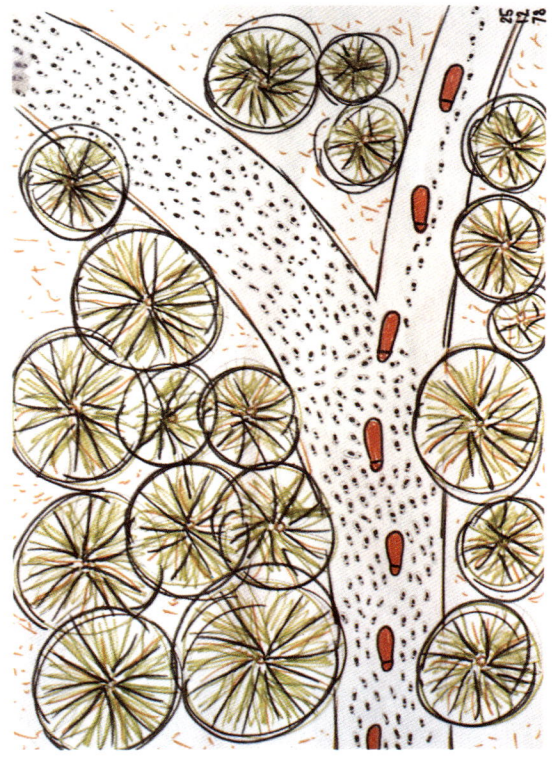

Kommentar:

Dieses Traumbild könnte vieles bedeuten. Wir mußten gemeinsam mit dem Träumer die für ihn richtige Aussage erarbeiten. Es war sicher nicht nur eine Reportage, denn er hatte kein solches Erlebnis, und zudem sah er ja von oben auf die Baumkronen und den Weg hinunter. Es war deshalb wichtig, die Symbolaussage dieses Traumbildes zu erkennen. Der Wald als Bild eines natürlichen, nicht in allem übersehbaren vegetativen und animalischen Wachstums kann als ein Symbol für den Bereich des Unbewußten angesehen werden, als ein ebenfalls nicht überblickbares, vielschichtiges Geschehen im Träumer selbst. In diesem Bereich entschied er sich, nun seinen eigenen Weg nach rechts, nicht nach links in Richtung der vielen andern Fußspuren, zu gehen. Rechts stellt in der tiefenpsychologischen Praxis die Zukunft, den Weg zum bewußten Erkennen dar, während links die Vergangenheit oder das Unbewußte bedeutet. Seine Fußstapfen zeichnete er rot. Das Ganze spielte sich allerdings noch in winterlich kalter Umgebung ab, in übertragenem Sinn also in einem eingefrorenen, gefühlsarmen inneren Milieu.

Aufgrund dieses ersten Traumbildes, in welchem sich der Mann entschied, seinen Weg nach rechts in die Zukunft zu wählen, konnte gesagt werden, daß der Patient große Chancen hat, seine Depressionen und Platzängste zu überwinden. In seinem damaligen Zustand bedeutete das für ihn eine Erleichterung. Ohne die Information vom Unbewußten her wäre im damaligen Zustand eine solche Aussage nicht möglich gewesen.

Traum 2
Dieser zeigt bildhaft bereits eine Weiterentwicklung:
Ich sehe mich nun in meiner ganzen Persönlichkeit auf einem Waldweg. Ich betrachte die vielen Bäume und habe Freude daran.

Kommentar:
Der Träumer blickt nicht mehr unpersönlich von oben auf das Geschehen herab, sondern geht nun selber auf dem Waldweg und stellt sich in einer warmen, roten Farbe dar. Rot kann Ausdruck für Energie, Gefühlswärme oder, wenn als schreiend

oder düster rot empfunden, auch für Aggression sein. Die Farbe der Fußstapfen im vorigen Traum und hier in der Darstellung seiner Person ist kräftig rot, also Zeichen für Energie. Er schreitet allein vorwärts, in seinem unbewußten Bereich, und fühlt sich gut dabei, trotz der damals noch weiterbestehenden Depression und Platzangst. Eine vom Unbewußten her in den Träumen gemeldete neue Verhaltensart braucht Zeit, bis sie sich im Tagesgeschehen manifestiert. Dann aber steht sie als selbstverständliche neue Verhaltensweise zur Verfügung, ohne daß der Betreffende weiß, wie es geschah.
Dieser zweite Traum bestätigte damit die anhand des ersten Traumes gestellte Prognose.

Traum 3
Ich sehe den Schädel meines Vaters. In seinem Gehirn sind meine Mutter und wir drei Kinder eingesperrt.

Zu seinem Traum sagte der Patient:
«Mein Vater, dieser böse Kerl, will uns alle mit seiner Autorität unterjochen. Meine Mutter und mich habe ich in Rot gemalt, wir beide sind warmherzig. Meinen Bruder, der ebenso hart ist wie mein Vater, mußte ich gleich schwarz malen. Meine Mutter konnte das Leben so nicht mehr ertragen und beging Selbstmord.»

Kommentar:
Nachdem Pius Kaiser den Kopf seines Vaters so dargestellt hatte – er hätte ihn eigentlich noch schreck-

licher zeichnen wollen –, fühlte er sich beruhigt. Die Zähne malte er prononciert rot, um so richtig das Zubeißen, die Aggressivität des Vaters, zum Ausdruck zu bringen, wie er beifügte. Er war von seinem Vater nämlich gezwungen worden, sich ebenfalls als Maler auszubilden und sogar die Lehre in dessen Werkstätte zu absolvieren. Dabei wurde es ihm nicht erlaubt zu tapezieren, er durfte nur malen.

Nach dem Tod des Vaters wechselte er sofort den Beruf und wurde Zahntechniker. Ohne sich dessen bewußt zu sein, wählte er nun ausgerechnet einen Beruf, in welchem er die früher gegen ihn gerichtete

Aggression in einer gewissen Form selber praktizieren konnte. Das ist ein Beispiel für die Einwirkung regulierender Kräfte aus dem Unbewußten. Allerdings waren sie noch nicht genügend stark, denn erst 15 Jahre nach dem Tode des Vaters konnte durch die zusätzliche Psychotherapie der Selbstheilungsprozeß auf verschiedenen Ebenen in Gang gesetzt werden. Durch eine eingehende Beschäftigung mit den Träumen erfolgte eine Rückwirkung auf die Vorgänge im Unbewußten, und es wurde ein neuer Impuls zur Weiterentwicklung gesetzt.

Dieser dritte Traum gibt eine prägnante Darstellung seines Problems, indem er die im Gehirn des autoritären Vaters eingesperrte Familie zeigt. Nach diesem drastischen Bild träumte der Patient in der folgenden Nacht:

Traum 4
Mein Vater sitzt auf der Motorhaube meines Wagens und drückt diese kaltlächelnd zusammen. Ich werde wütend und schlage auf ihn ein. Mein Vater ist ganz überrascht, daß ich erstmals so etwas wage.

Kommentar:
Das Auto, eine Energiemaschine, können wir als Ausdruck für die eigene Kraft des Mannes auffassen, welche von seinem Vater zusammengestaucht wurde. In seinem Traumerleben wagt er nun, sich gegen seinen Vater zu erheben, der ja schon vor 15 Jahren gestorben war.

Dieses Traumbild stellt die Situation dramatisch und überspitzt dar, weil das betreffende Problem sehr gefühlsbeladen ist. Der Träumer soll aufmerken und einen neuen Weg suchen. Das ist als Tatsache anzuerkennen. Eine moralische Wertung erfolgt nicht und ist auch bei der Ausdeutung in der Psychotherapie fehl am Platz.

Traum 5
Um auf die gegenüberliegende rechte Seite zu gelangen, habe ich einen hohen Hügel ins Tal hinunterzuschaufeln.

Kommentar:
Der Träumer und das Auffüllmaterial sind rot gezeichnet. Das deutet darauf hin, daß er sich mit Energie und Gefühl den Weg bereitet, um nach rechts, eben in eine neue Zukunft, zu gelangen, sozusagen um den durch die kalte Autorität des Vaters geschaffenen Graben zu überwinden.

Es folgten mehrere Träume, die sich auf andere Themen bezogen oder nur Reaktionen zu Erlebnissen des Vortages waren. Später sah Pius Kaiser morgens beim Erwachen im Halbschlaf folgendes:

Traumbild
Er sagte dazu: «Das bin ich, ich kann mich jetzt nach allen Richtungen entfalten und meine Gefühle wirken lassen.»

Kommentar:
Wie diese in warmem Rot auf grünem Hintergrund gemalten Pfeile nach allen Richtungen ausstrahlen, so kann Pius Kaiser sich jetzt frei bewegen und frei entfalten.

Nach reiflichem Nachdenken malte er am nächsten Tag ein weiteres Bild:

Kommentar:

Er wollte damit zeigen, wie er sich nicht nur allein, sondern zusammen mit seiner Frau entfalten konnte. Mit der zweiten Figur meinte er seine Frau und die geistigen Kräfte, die aus ihr strömten. Er betonte mit Nachdruck, daß das Mittelstück, das die beiden Kreise verband, besonders wichtig gewesen wäre. Die Beziehung zwischen ihm und seiner Frau wäre das Ausschlaggebende.

Wiederum waren die Kreise in Rot, der Hintergrund in Grün. Grün bedeutet neues Wachstum und Reifen. Zum erstenmal in diesem Individuationsprozeß wird nun auf die Beziehung zwischen Mann und Frau, zwischen männlicher und fraulicher Art, Animus und Anima, hingewiesen.

Die Zeichnung mit den beiden Kreisen und den ausstrahlenden Pfeilen kann als ein *Mandala* aufgefaßt werden. Das ist ein archetypisches Bild, das in seiner ausgewogenen, symmetrischen Form über die aktuelle Situation hinaus auf eine allgemeingültige Tendenz hinweist, nämlich auf die Entwicklung zu einer ausgewogenen Persönlichkeit. Nach diesen Symbolen wurde es dem Patienten möglich, in eine neue Beziehung zu seiner Frau zu treten. Ihre Liebesbeziehung, so sagte er, hätte sich bisher eigentlich über die Verhätschelung ihres Hundes und gar nicht direkt zwischen ihnen beiden abgespielt. Sie ließen den Hund, den sie seit zwölf Jahren besaßen, einschläfern, und es entstand eine neues, echtes Verhältnis zwischen ihnen.

Traum 6
Pius Kaiser sieht durch das Fenster seiner Wohnung hinaus ins Grüne. Der linke Fensterflügel ist ganz, der rechte teilweise geöffnet.

Darüber dachte der Träumer lange nach, fand aber keine Erklärung.

Kommentar:
Pius Kaiser ist nun nicht mehr isoliert in seiner Wohnung, in sich selber eingeschlossen, sondern schaut ins Grüne, das bedeutet, in eine neue, hoffnungsvolle Zukunft. Der linke Fensterflügel steht weit offen, er hat eine gute Beziehung zu den Vorgängen in seinem Unbewußten; der rechte ist erst

halb geöffnet: Die bewußte Verarbeitung seiner Probleme muß noch weitergehen. Ohne daß der Mann sich klar war, was in ihm vorging, gab das Unbewußte bildhaft eine deutliche Standortmeldung.

Mehrere Wochen später brachte er folgendes Gemälde, das er nach langem In-sich-Hineinhören gemalt hatte. Er sagte dazu: «Es sind goldene Weizenfelder und viele grüne Obstbäume. Über die Position und Farbe des Bauernhauses mußte ich lange nachdenken, bis ich es in der Mitte oben ins Bild setzen konn-

te. Aber jetzt habe ich meinen Frieden gefunden, und mein Inneres ist jetzt voller Farben.»

Kommentar:
Gegenüber dem ersten Traum, in dem er auf einen verschneiten Waldpfad hinuntersah und außer den schwach gelb gefärbten Baumkronen und seinen eigenen, rot gesetzten Fußspuren das ganze Bild nur in Weiß und Schwarz gezeichnet war, besteht nun hier eine Fülle von Farben mit kräftigen roten, orangen, grün-gelben und blauen Tönen als Ausdruck für warme Gefühle und neue Kräfte. Die Abgrenzungen in dieser Naturdarstellung sind allerdings sehr geradlinig und geometrisch. Wenn sich vom Unbewußten her etwas grundlegend Neues meldet, erscheint das in seiner ersten Ausprägung oft noch nicht voll

ausgestaltet. Dies gilt auch für die Darstellung seiner neuen Entfaltungsmöglichkeiten auf S. 218 und 219 in Form von abstrakten Kreisen und Pfeilen.

Das Haus, ein Zimmer, unsere vier Wände sind unser Heim, d. h. ein Ort, wo wir uns geborgen und gegen außen abgegrenzt fühlen. Im übertragenen Sinn sind das Symbole für unsere Persönlichkeit, unserer gegen die andern abgegrenzten Person. Pius Kaiser wußte nichts von solchen Sinnzusammenhängen, aber er überlegte reiflich, wohin er «sein» Haus hinsetzen sollte, bis er sich entschied, es in die Mitte des Bildes, noch am oberen Bildrand, aber nicht übersehbar und in kräftig roter Farbe zu malen. Er gestaltete also die Bilder nach seinem Empfinden, er hörte auf die ihm verschlüsselt gegebenen Meldungen des Unbewußten, stellte das symbolhaft als eigene Komposition dar und empfand dabei große Genugtuung. Die Sonne als Symbol des aktiven Ich hat er wie selbstverständlich in die rechte, zukunftsgerichtete Bildseite gezeichnet.

Pius Kaiser wechselte später seinen Wohnort. Dort setzte er die Bilderreihe fort und berichtete etwa ein Jahr später, daß Depressionen und Platzangst verschwunden seien und es ihm gut gehe. Die Fehlentwicklung zur Neurose war damit gestoppt.

Die persönliche Entfaltung im Sinne eines lebenslänglichen Wandlungsprozesses geht weiter. Neue Teilfiguren der Persönlichkeit, die bisher in andern

Träumen erst als Schattenfiguren auftreten, melden sich und werden stufenweise in die Gesamtpersönlichkeit eingefügt. Einen wichtigen solchen Inhalt stellt, wie bereits erwähnt, der gegengeschlechtliche Teil, für den Mann die Anima, dar. Als erstes Symbol des Weiblichen hatte Pius Kaiser, abgesehen vom Bild seiner im Kopf des Vaters eingeschlossene Mutter, einen abstrakten, roten Kreis mit ausstrahlenden Pfeilen gemalt. Im letzten Bild können die gelben Getreidefelder und die vielen grünen Obstbäume als Ausdruck des sich noch auf vegetativer Stufe befindenden Weiblichen angesehen werden.

Als wir 15 Jahre später wieder Kontakt hatten, teilte mir Pius Kaiser mit, es gehe ihm sehr gut. Er habe in der Zwischenzeit nochmals den Beruf gewechselt und sich zusammen mit seiner Frau zum Heilpädagogen umschulen lassen. Seine Frau und er betreuten nun gemeinsam körperlich und geistig behinderte Kinder, was ihnen tiefe Befriedigung bringe. Mit dem ersten Berufswechsel vom Maler zum Zahntechniker hatte er seine Aggression, seine eigenen Energien, zum Einsatz gebracht (vgl. Traum 3). In seinem neuen, dritten Beruf kann er nun das tun, was seiner Mutter, seiner ersten weiblichen Leitfigur, unter der autoritären Fuchtel ihres Mannes nicht vergönnt gewesen war: seine Beziehungs- und pädagogischen Fähigkeiten entfalten. Im Rückblick auf den früheren Zustand ist das eine erstaunliche Entwicklung. Sie entspricht seinen ersten Träumen und Symboldarstellungen.

Nicht immer wird ein Entwicklungsrückstand mit solch ausgeprägten Begleiterscheinungen in kurzer Zeit aufgeholt und langfristig so erfolgreich kompensiert. Begünstigend wirkte, daß Pius Kaiser eine gute Reflexionsfähigkeit besaß, daß er aufsteigende Meldungen und Bilder kreativ darstellen konnte und vieles selbständig weiterverfolgte.

Das Verarbeiten von Träumen und Visionen gibt uns die Möglichkeit, die unbewußten Vorgänge in uns zu erforschen, diagnostische und prognostische Aussagen zu machen und auf manifeste Störungen therapeutisch korrigierend einzuwirken.

Träume in verschiedenen Lebensabschnitten

Felix Wirz/Konrad Wolff

Vermischt mit den ausführlicheren Traumberichten und Kommentaren, führen wir kürzere Einzelberichte an, welche anläßlich telefonischer Beratungen erfolgten. Dabei konnte aus Zeitgründen jeweils nur auf die wichtigsten Fragen eingegangen werden. Es sind Anregungen, aber keineswegs endgültige Verarbeitungen. Auch diese einzelnen kurzen Träume zeigen, wie vielfältig und wichtig schon solche Meldungen sind. Vielleicht regen sie den Leser durch ihren Symbolgehalt zu einer Beschäftigung mit seinen eigenen Träumen an.

Kindheitsträume

Ruth Keller, Mitte dreissig, berichtet: «Im Vorschulalter und in den unteren Klassen hatte ich immer wieder den praktisch gleichen Traum.»

Traum 1
Ich war auf der Flucht und zog mühsam die volle Schublade einer Kommode an einer Schnur hinter mir her. Auch gefühlsmäßig litt ich wie ein Flüchtling. Ich vollzog das schreckliche Gefühl, auf der Flucht zu sein, richtig nach. Wahrscheinlich kam das von den Meldungen und Nach-

richten im Rundfunk und von älteren Leuten, die einander vom Krieg erzälten. Manchmal träumte ich sogar, ich säße mit dem russischen Staatschef Chruschtschow zusammen, und wir berieten über den Kauf von Bombenflugzeugen. Dies, obwohl mir Krieg und Gewalt völlig zuwider waren und immer noch sind.

Kommentar:

Die Träumerin floh vor den Mühen und Schrecken der Erwachsenenwelt. Diese drangen in einem Alter, da das Kind noch keine Strategien entwickeln konnte, um damit umzugehen, aus der kollektiven Stimmung des kalten Krieges brutal und ungefiltert auf sie ein. Auffallend ist der Realismus der Traumsituation: Die Grenze zwischen den im Wachen entstandenen Ängsten und der Traumwelt war gewaltsam durchbrochen worden, so gewaltsam, daß keine Umwandlung in eine traum- und kindgerechtere Sprache stattfinden konnte. Der Schutz des Elternhauses, der weiteren Gemeinschaft, der Tradition war offenbar zu schwach ausgeprägt und konnte dem Druck nicht standhalten. Der Alarm der Angst war so übermächtig, daß der Träumerin zeitweise sogar die bloße Möglichkeit einer friedlichen Welt aus dem Gesichtsfeld entschwand und sie mit mächtigsten Repräsentanten der Bedrohung an einem Tisch saß. Diese Episode könnte man als einen Versuch zur Überwindung der Angst ansehen – man beginnt zu verhandeln –, wenn es sich nicht eben wiederum um die Beschaffung von Waffen handeln würde.

Traum 2

Ich war etwas größer (4.– 6. Klasse). Vor einem Haus, an dem ich vorbeigehen mußte, hockten immer viele schwarze «Wolf-Drachen» auf dem Zaun. Alle zeigten ein riesiges weißes Gebiß mit spitzen Zähnen. Der mit der großen knallroten Zunge mußte wohl der «Leitwolf-Drache» oder Teufel gewesen sein. Aber ich konnte tatsächlich ganz langsam an ihnen vorbeigehen, ohne daß sie mir etwas zuleide taten, obwohl sie sehr gefährlich und böse aussahen, bedrohlich knirschten und heulten. Ich hatte eine Riesenangst, und es kostete mich jede dieser Traumnächte viel Energie. Doch mit der Zeit war mir während des Träumens bewußt, daß ich träumte und daß mir diese bösen «Drachen-Hunde» nichts zuleide taten, und ich konnte den Traum verscheuchen.

Kommentar der Träumerin:

Nach jedem dieser Träume erwachte ich und konnte bis frühmorgens nicht wieder einschlafen. Meistens mußte ich mir dann Wärmflaschen machen, weil ich die ganze Nacht über fror.

Kommentar:

Zu jener Zeit war der Weg wieder frei geworden für eine kindgemäßere Traumsprache. Dadurch, daß sie sich in der Schule mit einem weiteren Lebenskreis, auch mit der Erwachsenenwelt, näher vertraut machen konnte, verlor diese und damit auch das große Weltgeschehen etwas von seiner unmittelbaren Bedrohlichkeit. Die Träumerin konnte gewissermaßen aufatmen und gewann die innere Freiheit, mit der Bedrohung schöpferisch umzugehen, indem sie sie zu symbolischen Fabelwesen gestaltete. Und noch einen Befreiungsschritt vermochte sie zu vollziehen: Sie entwickelte eine Technik, die ihr erlaubte, sich mit ihrem bewußten und frei entscheidenden Ich ins Traumgeschehen einzuschalten und es zu manipulieren. Man nennt dies die Technik des *luziden* Träumens. Es wäre aber verkehrt, hier nur die Bedrohung von außen zu sehen.

Dem heranwachsenden Kind stehen noch andere Gefahren bevor: die Überwältigung durch die erwachende Triebwelt mit ihren Ungewißheiten und ihrer Orientierungslosigkeit, die Sanktionen, die die Moral gewissermaßen über einen verhängt, die Ansprüche, die das Leben in der Gesellschaft und die der Mensch selbst an sich stellt, die mannigfachen Bewährungsproben. Der Drache symbolisiert das Böse, mit dem das Kind sich in den ersten Träumen auseinandergesetzt hat, aber auch die Triebgewalten, mit denen es sich jetzt mehr und mehr konfrontiert sehen wird. Der Drache symbolisiert aber auch den Hüter der verborgenen Schätze, des Goldenen Vlieses, des Gartens der *Hesperiden,* der weiblichen Sagengestalten aus der griechischen Mythologie. Es ist der Schatz des erfüllten Lebens, der nur errungen werden kann, wenn der Drache überwunden und die Drachenkraft vom Menschen in sich aufgenommen, wenn er also verinnerlicht worden ist. Da die Symbolik des Drachens mit jener der Schlange verwandt ist, winken dann Verwandlung, Neugeburt, Unsterblichkeit und Fruchtbarkeit.* Doch sind es ja in unserem Falle nicht

* Chevalier/Gherbrant, Symboles, Bd. 2, S. 211 f., Bd 4, S. 181 f.

nur Drachen, sondern auch Wölfe, in einem gewissen Sinne gesteigerte, potenzierte Drachen. In ihnen steckt die triebhafte Wildheit und Ausschweifung, welcher der Mensch dann unterliegen muß, wenn er die Triebe nicht in die Ganzheit seiner Person einzugliedern versteht, wenn sie sich also selbständig gebärden.

Traum 3

In den folgenden Jahren träumte ich etwas völlig Unverständliches. Ich stellte mich selbst danach total in Frage und meinte, ich sei wahrscheinlich ein durch und durch schlechter Mensch. Denn ich schnitt im Traum einer früheren Schulkollegin, die ich immer sehr geachtet hatte, Arme und Beine ab. Und sie war irgendwie nicht einmal böse auf mich. Dies war ein schrecklicher Traum, den ich in größeren Abständen immer wieder hatte. Doch mit der Zeit konnte ich auch diesen Traum verscheuchen, weil mir während seiner Dauer bewußt wurde, dass ich träumte.

Kommentar:

Ruth Keller schnitt ihrer Freundin die Gliedmaßen ab: Sie machte sie damit also zur Schlange und trat damit wieder in den Symbolkreis des Drachens ein: Verwandlung und Neugeburt. Sie schaffte sich also *selber* ein Schlangen-Drachen-Symbol, nachdem dieses früher bedrohlich von *außen* an sie herangetreten war. An die Stelle der Bedrohung trat nun ein eigenes, vermeintlich schuldhaftes Verhalten. Das mußte aber offenbar sein, denn sie träumte es wiederholt, d. h. der Traum entsprang einer inneren Gesetzmäßigkeit. Die nachfolgende Selbstverurteilung ist eine aus dem moralischen Bewußtsein hervorgehende Stellungnahme. Am Grunde dieser Verurteilung liegt wohl die tiefverwurzelte Vorstellung von zwei Welten, einer lichten, moralisch einwandfreien, und einer grausamen, dunklen, sowie der Anspruch, einseitig der lichten anzugehören.

Träume können sich ähnlich von der Kindheit an durch weite Strecken des Lebens hinziehen.

Traum einer Frau:
Seit ich Kind war, habe ich immer wieder Träume, die mit der Luft zusammenhängen. Ich schwebe an einem Trapez, kann mich kaum mehr halten, falle fast hinunter; oder ich bin in einem Flugzeug, das ganz haarscharf über Klippen fliegt. Es sind nie kleine Flugzeuge. Ich habe auch schon im Traum einen Absturz erlebt, wobei ich jedoch nie verletzt worden bin. Ich habe auch schon zugesehen, wie Ballone explodiert sind. Ich habe aber nicht etwa Angst vor dem Fliegen.
F. W.: Wie alt sind Sie?
Träumerin: Fünfundvierzig. Letzthin erschien mir etwas Ähnliches im Traum. Ich hing irgendwie an einem Felsen, war nahe daran, abzustürzen. Ich fand einen Halt und kam hoch. In diesem Augenblick läutete das Telephon.
F. W.: Sie sind also nie verunglückt. Doch zeigt es vielleicht, dass Sie in manchen Dingen ein wenig «schwebend» sind. Als junger Mensch hat man eine ungebändigte Vitalität, man kann über alles hinweg-

fliegen, und es geht immer gut. Und dann, in einem gewissen Alter, kommt eine Umbruchphase. Man kann nicht nur fliegen wollen, sondern man muß sich auch Rechenschaft geben, was auf dem Boden vor sich geht. Bei Ihnen scheint mir das ausgesprochen so zu sein, auch Ihrem jetzigen Alter entsprechend. In einem kürzlichen Traum hingen Sie ja an einem Felsen, also bereits an der gewachsenen Erde. Sie schweben nicht mehr in der Luft. Dies deutet auf Veränderungen hin. Ich würde Ihnen empfehlen, diese Träume aufzuschreiben; das erleichtert das Auftauchen neuer Bilder. Man kann zwar nichts erzwingen, aber es werden bestimmt weitere Symbole erscheinen.

Träumerin: Mich interessiert die Symbolik in bezug auf mein ganzes Leben, weil ich schon als Kind oft in luftiger Höhe war, auf einem Balkon, und mich fragte, wie weit ich wohl hinausspringen könnte. Es beschäftigt mich, weil es immer dasselbe war. Beispielsweise war ich nie am Ertrinken, sondern ich hing immer in der Luft und war im Begriffe, hinunterzufallen, fiel aber nicht. Ich stand aber auch am Ufer eines Gewässers und sah, daß ein Ballon explodierte, da war ich also nicht in der Luft.

F. W.: Sehen Sie, es ist bereits weitergegangen. Sie selber standen auf festem Boden und schauten nur zu, was oben in der Luft passierte. Achten Sie auf weitere Träume!

Kinder haben, da sie vollständig auf die Liebe der Erwachsenen angewiesen sind und da sie auch mit ihrer lebhaften Einbildungskraft dem, was aus ihrem Unbewußten aufsteigt, weitgehend ausgeliefert sind, naturgemäß viele Angstträume. Ein achtjähriges Mädchen träumte in kurzen Abständen dreimal den gleichen Traum und fürchtete sich in der Folge, ihn noch öfter zu träumen, da er bei ihm Beklemmung hinterließ.

Traum

Ich befand mich am Ende eines langen Flures, von dem rechts und links Türen weggingen. Am anderen Ende war ebenfalls eine Türe. Wie alle andern war auch sie geschlossen. Langsam bewegte sich dann aber ihre Klinke nach unten, ebenfalls sehr langsam öffnete sich die Türe gegen außen, und ein großer Bärenkopf schob sich in die Öffnung. Der Bär schaute mich einfach nur an. Ich empfand große Angst, obwohl ich ja nur seinen Kopf sehen konnte. Ich erwachte jedesmal, ohne zu erfahren, wie der Traum weiterging.

Kommentar:

Das Thema ist diesmal Einsamkeit und Verlorenheit, Gefühle, die oft die Pubertät begleiten. Und merkwürdigerweise verlief ihr späteres Leben genau so, wie es dieser Kindertraum schon im voraus skizziert hatte – nach dem Leitmotiv der Fremdheit und der Vereinsamung.

Sie schrieb später, als ältere Frau: «Seit vielen Monaten bin ich nun nicht mehr zu Hause und lebe allein. Ich leide unter der Tatsache, meinen Mann, der eine Freundin hat, das Haus und die bereits erwachsenen

Kinder, die sich sehr von mir zurückgezogen haben, verloren zu haben.»

Kommentar:

So gesehen stellte der Traum vorausblickend ihren Lebensweg dar: einen öden, monotonen langen Gang mit Türen, die ihr aber verschlossen waren oder durch die sie sich nicht hineintraute. Und aus der letzten Türe, die sie aber auch nicht selber öffnete, schaute unerforschlich wie das Schicksal ein gewaltiger Bär, an sich ein gemütliches Tier, an das man sich kuscheln könnte (Plüsch-, Teddybär!). Die Träumerin war ja zu jener Zeit noch ein Kind. Sogar noch aus dieser Türe – man denke an ihre Ehe – blickte die Fremdheit. Doch war das nicht das letzte Wort. In einem neueren Traum fiel eine Amsel wie reglos, ein Bild ihrer selbst, aus ihren Jeans. In deren Bauch steckte eine lange Nadel, der Schmerz des Verlassenwerdens hatte sie durchbohrt. In den Krallen hielt der Vogel die Überreste eines Nestes, ihr zerstörtes und verlorenes Heim und Familienleben. So schonungslose Darstellungen einer Situation kommen auch in Träumen nur vor, wenn jemand von Grund auf ehrlich mit sich selber ist. Später aber kam die Wende: Sie zog die Nadel vorsichtig aus dem Vogelkörper, die Amsel erwachte langsam wieder zum Leben, sie wärmte sich an ihren Händen, und später flog sie davon.

Solche Kinderträume, die bereits das Leitthema und den Verlauf des ganzen späteren Lebens oft sehr genau vorausnehmen, sind keine Seltenheit.

Kinder träumen oft von Tieren. Tiere sind ja Wesen, die noch ganz dem Kollektiv verhaftet sind, ohne individuelle Differenzierung das Leben ihrer Gattung, ihres Rudels, Schwarms mitleben und in ihm aufgehen. Sie sind untereinander verbunden durch ihre Instinkte. So wenig sie sich aus dieser Verhaftung lösen können, so wenig können sie ihre Gebundenheit an ihre Herkunft, ihre Vorfahren abstreifen. Sie verhalten sich aus Instinkt genau gleich, was allerdings gewisse Lernprozesse nicht ausschließt. Deshalb ist jedes einzelne Tiersymbol wie ein unmittelbarer Durchblick in urferne Vergangenheiten, und der Traum macht sich dies zunutze. Jedes heutige wildlebende Tier könnte gleichsam schon vor Jahrtausenden gelebt haben. Deshalb verehren Naturvölker ihre Tiertotems, und deshalb haben ägyptische Götter Tierköpfe. So ist auch das Kind, wie der Primitive und der Mensch der früheren Hochkulturen, den Ursprüngen, die es in sich selber trägt, noch nahe. Es spielt mit Plüschtieren, hat vielleicht ein imaginäres Tier als Begleiter und freut sich am Fuchs, am Vogel im Märchen. Es braucht diese Verbundenheit und fühlt sich in ihr aufgehoben.

Doch nicht immer kann das so bleiben. Das kritische Urteil erwacht. Dann wandeln sich die Tiere ins Bedrohliche, so wie die Götter in der Antike zu Dämonen wurden, als mit dem Einbruch des Christentums ein neues Bewußtsein aufkam. Es treten Angstträume auf als Ausdruck einer Veränderung des Bewußtseins. Jetzt entsteht Einsamkeit. Der Reichtum der

Naturwesen, in dem das Kind seine Heimat hatte, geht verloren.

In diesem Fall waren es die Ängste der Verlassenheit, die zu Träumen Anlaß gaben. Doch auch durch die dauernde Unterdrückung natürlicher Impulse kann die innere Lebendigkeit sich in Angst umwandeln:

Träumerin: Es gibt zwei Träume in meinem Leben, die ich nicht mehr vergesse. Den ersten hatte ich geträumt, als ich so zehn oder elf Jahre alt war. Wir hatten ein Mäuerchen vor dem Hof, etwa eineinhalb Meter hoch. Von da sind wir stets mit Vergnügen hinuntergesprungen. Die Mutter sah es nicht gerne, sie fand, es sei gefährlich. Da träumte ich, ich stände auf diesem Mäuerchen und bereitete mich darauf vor, hinunterzuspringen. Es zog mich dann hinunter, ich fiel mit großem Getöse und erwachte mit einem Schrei. In der folgenden Nacht träumte ich das gleiche wieder und in der darauffolgenden Nacht nochmals. Und dies immer kurz nachdem ich am Einschlafen war. Ich begann mich vor dem Schlafengehen zu fürchten. Ich wollte es meiner Mutter erzählen, aber sie sagte, ich solle nicht so dummes Zeug reden, und so behielt ich es für mich.

K. W.: Wie alt sind Sie jetzt?

Träumerin: Fünfzig.

K. W.: Und wann und wie lange haben Sie das geträumt?

Träumerin: Es wiederholte sich etwa ein halbes Jahr lang. Ich wurde dann mit dem Traum vertraut. Ich wußte, daß er kam, und schlief dann wieder weiter. Der Traum selber interessierte mich eigentlich gar nicht mehr. Nach diesem halben Jahr hörte es von einem Tag auf den andern auf, der Traum ist nie mehr gekommen. Eigenartig ist: Wenn ich heute etwas im Zusammenhang mit Träumen höre, dann ist er plötzlich wieder so klar präsent, wie wenn ich ihn eben geträumt hätte. Mich interessiert nun, warum dieser Traum wie ein roter Faden durch mein Leben geht. So lange Zeit, vierzig Jahre lang.

K. W.: Damals muß eine entscheidende Umstellung in Ihnen vorgegangen sein. Es muß mit Ihrer Mutter zu tun haben.

Träumerin: Meine Mutter ist schon vor sehr langer Zeit gestorben.

K. W.: Das wohl, aber damals hatte sie Ihnen verboten, hinunterzuspringen, und wollte erst noch nicht auf den Traum hören, der ihr ja hätte zeigen können, daß Gefahr im Anzug war und daß diese Gefahr mit ihrer einengenden und ängstlichen Haltung zu tun hatte. Sie hätte darauf vielleicht umlernen müssen, und das ist immer mühsam. Sie versuchten dann, ihrem Verbot zuwiderzuhandeln.

Träumerin: Ja schon, wir taten es aber weniger oft, nur noch von Zeit zu Zeit, um zu sehen, ob es noch ginge. Aber nachdem ich es zum erstenmal geträumt hatte, sah ich diese Mauer immer mit ein wenig Ehrfurcht an und stieg nie mehr hinauf.

K. W.: In dem Moment ist ein lebenswichtiges, ein vitales, auch ein rein biologisches, körperliches Bedürfnis in Ihnen geknickt worden. Sind Sie vielleicht jemand, der im Grunde sehr mutig ist, zu mutig, vielleicht sogar tollkühn?

Träumerin: Weniger. Ich bin eher besonnen, Jungfrau, es wird alles durchgeplant. Es hat mich einfach interessiert, ob es da irgendeinen Erfahrungswert gibt. Die Erinnerung an den Traum plagt oder beunruhigt mich nicht.

K. W.: Es ist kein seltener Traum.

Träumerin: Nein, aber daß er sich über so lange Zeit hinzog. Man hat ja verschiedene Träume im Leben, und die sind mehr oder weniger belanglos. Aber wenn jemand einen Traum erwähnt, sehe ich immer diese ganze Phase, die ich damals als Kind erlebte, vor mir.

K. W.: Eine entscheidende Phase! Denn damals haben Sie etwas verloren, ihr natürliches Selbstvertrauen, und sind ängstlich geworden. Und deshalb müssen Sie alles planen, denn das gibt Sicherheit. So kann nichts Unvorhergesehenes mehr eintreten, dem man nicht gewachsen ist und das Angst machen kann. Es sind Barrieren, Sicherheitsabschrankungen gegen die Angst. Vielleicht haben Sie damals wirklich etwas gewagt, vielleicht auch im übertragenen Sinn, Mutsprünge, die Sie dann später, dank Ihrer Besonnenheit, nicht mehr wagten. Und es ist auch möglich, daß Sie damals etwas verloren haben, das vielleicht wertvoll wäre für Sie, so eine Art Abenteuerlust. Aber das könnten Sie in veränderter Form wieder zurückgewinnen.

Träumerin: Ja, das bringt mir jetzt sehr viel. Vielleicht ist es genau das.

Eine weitere entscheidende Phase in der Entwicklung des jungen Menschen ist die Pubertät, und gerade in dieser Zeit wird er oft allein gelassen. Er sucht aber auch selbst die Einsamkeit. Die ganze Welt kommt ihm wie eine unheimliche und doch verlockende Requisitenkammer vor, in der ihm alle Wesen wie entstellt oder verstellt erscheinen. Er kennt sich nicht mehr aus in seiner Welt.

Eine heute neunundzwanzigjährige Frau erzählt: «Als ich zwölf, dreizehn Jahre alt war, hatte ich mehrmals einen Traum, den ich jetzt schon lange nicht mehr gehabt habe.»

Ich sah zwei Elefanten, einen rosaroten und einen hellblauen, wie in einem Comic. Aber sie waren winzig klein, so daß man sie fast nicht mehr sehen konnte. Dann blähten sie sich auf und wurden so groß, daß man sie nur noch als Farbfläche sah. Dann wurden sie wieder klein, dann wieder groß und dann wieder klein. Das ist etwas, dessen Bedeutung ich nie begriffen habe.

K. W.: War das mit Gefühlen verbunden?

Träumerin: Ja, mit Beengung. Ich wurde dann selber ganz klein, bin sozusagen zusammengezogen worden und geschrumpft. Ich hatte große Schwierigkeiten, sozial und mit der Umwelt. Ich war ein wenig Außenseiterin und einsam.

K. W.: Infolgedessen haben Sie sich eben auch zusammengeschrumpft gefühlt. Die Träume stammen aus der Pubertät, zu der auch Einsamkeit, Weltschmerz, Verlorenheit, Verzweiflung gehören. Hellblau sind die Schleifen oder Bänder, die man einem männlichen Neugeborenen anzieht, rosa die der Mädchen. Dieselben Farben werden auf Geburtsanzeigen verwendet. Hier wird also das Thema des Geschlechtsunterschiedes angeschnitten, welches bekanntlich in der Pubertät akut wird; auch das Thema des Kinderkriegens ist angesprochen. Das An- und Abschwellen der Elefanten bezieht sich ebenfalls auf die Sexualität. Es ist wie ein riesiges Fragezeichen zum Thema Mann und Frau. Es ist alles drin, in dieser Symbolik, auch die Entfremdung von der Welt und dem Leben und das «Sich-wie-nichts-Fühlen». Es hängt sicher auch mit Ihrer Isoliertheit zusammen. Sie sind in diesen Träumen ja auch allein, allein mit etwas konfrontiert, das unbegreiflich ist, mit einer fremden Welt. In der Wirklichkeit gibt es keine farbigen Elefanten, die anschwellen und wieder zusammenfallen. Das ist fremd, aber symbolisch begreiflich, wenn man an Erektionen denkt und was damit zusammenhängt.

Es gibt auch noch einen ganz anderen Umgang mit der in der Pubertät einsetzenden *Ent*fremdung von den Ursprüngen und der *Ver*fremdung der Naturgeschöpfe, einen selbstbewußteren, keckeren, einen humorvolleren und abenteuerlustigeren Umgang, als wir ihn bisher kennengelernt haben.

Eine 13jährige Hauptschülerin träumte:
Ich und eine Mitschülerin gingen ins Meer tauchen. (Sie suchen das Abenteuer und begeben sich in Gefahr.)

241

Da sahen wir eine Blechtonne und schlüpften hinein. Es war wie ein unterirdischer Gang. Als wir in einem Raum anlangten, sahen wir lauter grüne Männchen. Der große Schreck, es waren unsere Mitschüler mit dem Lehrer! Sie mixten gerade ein grünes Mittel. Als sie uns sahen, fingen sie uns ein und fesselten uns. Sie wollten uns auch eine Spritze geben, damit wir ebenfalls grün würden. Da man dann nicht mehr auf die Welt zurück konnte, weigerten wir uns. Weil ihnen das Mittel ausgegangen war, mußten sie neues holen. Ein Mädchen befreite uns, während die andern fort waren, und beschrieb uns den Weg hinaus. Es sagte uns, der Ausgang sei dort, wo es nicht mehr nach Gas rieche. Gerade als wir wegrennen wollten, kamen sie zurück mit der Spritze in der Hand. Wir rannten los, der Oberboß (unser Lehrer) mit allen hinterher. Wir fanden den Ausgang und rannten. Plötzlich standen wir beim Einkaufszentrum Löwen. Die grünen Männchen waren weg.

Kommentar:

Ihre Schulklasse mitsamt dem Lehrer kommt dem Mädchen kurios verändert vor. Grün bedeutet, wenn es an Menschen erscheint, eine Verfremdung. Die Menschen tun so, als ob sie Pflanzen wären, als ob sie am geheimen Leben der Pflanzen teilhätten. Heil-, Gift- und Rauschpflanzen besitzen ja magische Qualitäten und können einen verzaubern. Auch die Pubertät, die bei der Träumerin eben angefangen hat, ist so eine Magie. Aber es scheint, daß sie vorläufig dank ihrer Lustigkeit, ihrem Humor und ihrer Respektlosigkeit ganz gut damit zurechtkommt.

Träume in besonderen Situationen

Streß

Hier handelt es sich um Krisen und Belastungen, die sich in Träumen spiegeln und wo Träume Stärkung und eine neue Sichtweise bringen können.
Maria Tanner hatte nach einer kritischen Situation mehrere Träume:

Traum 1

Ich bin am Meer, gehe auf leicht gepreßtem, feinem Sand. Das Meer ist sehr unruhig, große Wellen, ein einmaliges Schauspiel. Ich kämpfe mich durch den Wind. Jemand von meiner Familie ist auch dabei. Wir beschließen, nach Hause zu gehen. Ich sehe mich in einem einfachen Steinhaus. Ein Orkan bricht los, erschüttert die Mauern, das Wasser peitscht an die Wände, das ganze Haus erzittert. Trotzdem habe ich keine Angst, ich fühle mich sicher. Plötzlich ist es windstill. Das Haus hat keinen größeren Schaden davongetragen.

Kommentar:

Die Träumerin und ihre Familie hatten im vergangenen Jahr viele Erschütterungen durchzumachen. Das Haus – sie und ihre Familie – hatte aber trotz diesen Stürmen keinen größeren Schaden genommen.

Traum 2

Ich stehe vor einer breiten, hohen Steinwand, Es sind große, aufeinandergeschichtete Blöcke. Ich beginne, dar-

überzuklettern, aber ich muß mich sehr anstrengen. Rechts sehe ich einen grünbewachsenen Hang. Ich entschließe mich, dorthin zu gehen, komme ohne besondere Anstrengung hinauf und kann oben auf einer breiten Naturstraße weitergehen. Die Straße scheint ein gutes Fundament zu haben.

Kommentar:
Statt hartnäckig den Aufstieg über eine aufgeschichtete Steinwand zu erzwingen, kommt die Träumerin auf einem gewachsenen grünen Boden ebensogut aufwärts. Oben ist eine Straße mit gutem Fundament – also die besten Voraussetzungen, um weiterzuschreiten.

Traum 3
Ich bin in einem Haus und habe zwei Mädchen zu betreuen. Ein kleiner, fremdartig asiatisch aussehender Mann sucht die Aufmerksamkeit der Mädchen auf sich zu lenken. Es ist Mittag. Ich lege die Mädchen schlafen, wage aber nicht, sie allein zu lassen, und ruhe mich im gleichen Zimmer aus. Der Asiate ist plötzlich wieder da und legt sich ins zweite Bett. Ich bin auf der Hut und beobachte ihn.

Kommentar:
Nach den beiden vorherigen Träumen, nach dem glücklichen Überwinden der familiären Schwierigkeiten, steht nun wieder genügend Energie zur Verfügung zur persönlichen Weiterentwicklung. Zusammen mit den noch jugendlichen Teilfiguren in

ihr geht es um weitere Stufen der Assimilierung der gegengeschlechtlichen Teile in ihr selber. Wie mehrmals festgestellt, tritt das Neue zuerst als fremdartig dunkel und potentiell gefährlich auf.

Traum 4

Ich sitze am Tisch, trinke einen Tee und warte auf den einfahrenden Zug, denn ich weiß, daß Besuch kommen wird. Drei Männer steigen aus und nähern sich mir. Sie sprechen italienisch, einer der Männer ist noch sehr jung. Sie haben hübsche Gesichter und dunkle Haare. Ich kenne sie nicht, sie sind mir aber verwandt, und ich bitte sie, sich mir vorzustellen, denn in ihrer Gegenwart fühle ich mich besser als im vorherigen Traum mit dem unbekannten Fremden.

Kommentar:

Der Prozeß der Assimilation geht im positiven Sinne weiter. Maria Tanner ist jetzt gefühlsmäßig offen und erlebt das Neue bereits als attraktiv.

Traum 5

Ich bin Gast in einem schönen Hotel, es ist eine Frau bei mir. Wir sitzen an einem gedeckten Tisch, und ich lasse mich von einem flotten Kellner bedienen. Nach dem Essen findet eine Abendveranstaltung statt, und ich freue mich, hier zu sein.

Kommentar:

Statt im einfachen Steinhaus, das von einem Sturm

umbraust wird, ist sie nun Gast in einem schönen Hotel. Anstelle der zwei jungen Mädchen sitzt eine gleichalterige Frau neben ihr. Der suspekte dunkle Asiate ist einem flotten Kellner gewichen. Sie ist nicht mehr allein, sondern sie fühlt sich glücklich an einer großen Veranstaltung.

Traum 6
Wir kommen von einer längeren Reise und sind auf der Heimfahrt. Ich sehe durchs Fenster, vorläufig ist mir die Umgebung nur teilweise bekannt. Ich möchte mich früh genug von der übrigen Reisegesellschaft verabschieden, um meinen eigenen Weg zu gehen. Ich nehme meine große Reisetasche. Alles ist darin übersichtlich geordnet.

Kommentar:
Maria Tanner kehrt zu ihrem eigenen Heim, zu sich selber zurück; in ihrer Reisetasche, in dem, was sie an Persönlichem mit sich trägt, ist jetzt alles gut geordnet.

Eine andere Träumerin, Rosemarie Mahler, 20jährig, hatte eben den schriftlichen Teil einer Abschlußprüfung hinter sich und stand nun vor der mündlichen Prüfung. Sie war äußerst nervös. In einer der letzten Unterrichtsstunden fühlte sie sich so gespannt und eingesperrt, daß sie das Zimmer plötzlich verlassen mußte. Sie machte sich nun Sorgen, das könnte wieder geschehen, und wenn es während des mündlichen Examens passierte, so wäre ihr Berufsabschluß in Frage gestellt. Sie erzählte folgendes:

Traum 1:

Meine Freundin schenkt mir zum Geburtstag einen großen Regenwurm, der immer noch dicker und länger wird. Auf diesen sind teure Briefmarken, quasi als weiteres Geschenk, geklebt. Mich ekelt vor diesem Wurm. Trotzdem bewahre ich ihn in der Erde eines Blumentopfes auf, damit er nicht abstirbt und damit ich die Briefmarken noch benützen kann. Dann besuche ich einen netten ehemaligen Lehrer und seine Frau. Sie zeigen mir Geburtsanzeigen ihres Töchterchens. Ich bin etwas enttäuscht, denn diese sind sehr klischeehaft.

Kommentar:

Zum Geburtstag – wahrscheinlich auch zur Geburt von etwas Neuem in ihr drin – bekommt sie von einer aufgestellten, lustigen Freundin ein merkwürdiges Geschenk: einen Wurm, also ein primitives Tier, das in der Erde wühlt und zu deren Fruchtbarkeit beiträgt. Der Wurm wird immer größer, bedeutungsvoller, und Rosemarie Mahler behält ihn vorläufig trotz ihrem Widerwillen bei sich, besonders wegen der kostbaren Briefmarken; vielleicht um später eine wichtige Meldung von sich abzuschicken?

In welcher Richtung das gemeint ist, zeigt der letzte Teil des Traumes: Ihr geschätzter Lehrer und dessen Frau können als Vorbilder für eine geglückte Zweierbeziehung aufgefaßt werden. Die Anzeige des Neugeborenen allerdings ist klischeehaft, das heißt, der weitere Entwicklungsschritt ist noch nicht ausgearbeitet und deshalb erst schablonenhaft zu erkennen.

Der Traum sagt also nicht das geringste über die aktuelle Situation der Träumerin aus. Aber er weist auf die wichtigen Probleme in ihr selbst und eine neue Entwicklungsmöglichkeit hin, nämlich auf ein harmonisches Partnerverhältnis. Wenn so viel in der Tiefe der Persönlichkeit geschieht und sich noch Unbekanntes vorbereitet, ist es verständlich, daß für zusätzliche Prüfungsbelastungen nicht genügend Energiereserven zur Verfügung stehen und Ängste und Spannungen auftreten können. Rosemarie Mahler betonte, daß sie bisher in der Schule keinen Schwierigkeiten begegnet sei. Vor sechs Wochen aber habe sie ihr Freund verlassen, und seither fühle sie sich wie in einem Vakuum.

Die erste Beziehung mit einem Mann war abrupt abgebrochen worden. Nun wird ihr im Traum ein merkwürdiges Geschenk überreicht: Dieser übergroße, noch weiter wachsende Wurm kann als Symbol für männliche Sexualität in ihrer einfachsten Form angesehen werden. Er wirkt für sie abstoßend, und doch trägt er Kostbarkeiten auf sich. Aus innerem Gespür verwahrt ihn die Träumerin in der Erde, wo er sich vielleicht weiterentwickelt. Bereits in der nächsten Nacht folgt die Fortsetzung in

Traum 2:

Ich will mit meinem Vater im Auto zur mündlichen Prüfung fahren. Wir kennen den Weg nicht mehr, fahren zuerst in die falsche Richtung, und ich werde immer nervöser. Mit einer halben Stunde Verspätung erreichen wir schließlich die Schule.

Kommentar:

Mit ihrem Vater konnte sie alles besprechen und sich auf ihn verlassen. Es ist deshalb ein sehr gutes Zeichen, daß gerade er – als positiv männliches und partnerschaftliches Leitbild – sie auf dem Weg zurück zur Schule begleitet und daß sie trotz Schwierigkeiten schließlich das Ziel erreichen.

Man konnte Rosemarie beruhigen: Mit großer Wahrscheinlichkeit wird sie die jetzigen Schwierigkeiten überwinden. Diese sind durch das Zusammentreffen von Examensstreß und Verlusterlebnis bedingt. Sie erreicht aber im Traum wieder ihre Schule, und später kommt sie in Kontakt mit einem zufriedenen Paar. Etwas Bedrohliches oder Krankhaftes kann ausgeschlossen werden, und die Prognose ist gut. Diese Feststellung war für Rosemarie Mahler eine große Erleichterung und Beruhigung. Medikamente waren nicht mehr nötig.

Eine besorgte Mutter berichtet:

Wir haben zwei Söhne. Der ältere ist 19jährig und macht gerade das Abitur. Letzte Woche hat er meinem Mann erzählt, er träume ungefähr zweimal pro Woche vom Krieg. Er ist sonst eher fröhlich, aber auch nachdenklich und macht sich Gedanken über das Leben und setzt sich damit auseinander. Ich selber habe eigentlich keine Bedenken wegen dieser Träume, aber mein Mann hat gefunden, man sollte sich darum kümmern.

F. W.: Erzählt er Ihnen diese Träume?

Mutter des Träumers: Wir haben nicht viel darüber gesprochen. Er selber würde wohl schon mehr darüber erzählen. Schon früher hat er jeweils in der Nacht nach der Mutter gerufen, im Alter von etwa zehn Jahren. Was kann das jetzt bedeuten?

F. W.: Das Abitur ist selbstverständlich mit Streß verbunden, und es ist eine gewisse Kampfsituation darin enthalten; es geht ein wenig drunter und drüber, man muß sich einsetzen und vorwärtsmachen. Und dann kommen auch die Gedanken an das Nachher, was passiert nachher mit mir? Es ist eine Umbruchphase, einmal die intellektuelle und berufliche, dann die starke Entwicklung des Sexuellen, des Erotischen. Es kommt ein neuer Abschnitt, und das ist auch in Ordnung so. Wenn Ihr Sohn sonst ausgeglichen und fröhlich ist, brauchen Sie sich wegen dieser momentanen Krise keine schweren Gedanken zu machen.

Andere Schulträume lauten:

Ich habe einen Traum, der mich seit Jahren in vielen Variationen immer wieder verfolgt. Ich bin wieder in der Schulzeit. Ich sollte in die Schule gehen. Oft bin ich dann in meinem Zimmer und weiß, ich muß jetzt gehen. Manchmal habe ich das Gefühl, ich sei zu spät und müsse mich beeilen. Ich möchte meine Schulsachen zusammenpacken, Hefte, Bücher. Ich weiß nicht mehr, was für eine Stunde wir haben werden, welche Bücher ich brauche. Dann suche ich den Stundenplan, finde ihn auch nicht. Oder ich denke, jetzt gehe ich einfach, vielleicht finde ich am Anschlag etwas. So geht der Traum in unendlichen

Variationen. Ich frage mich schon, ob das mit der Lebensschule zu tun hat.

F. W.: Wie ging es in der Schule?

Träumer: In der Primarschule sehr gut, in der Sekundarschule ebenfalls, ich schaffte ohne weiteres den Übertritt in die Handelsschule. Dort hatte ich eher Schwierigkeiten, aber ich konnte den Abschluß machen.

F. W.: Und welche Schule betrifft es im Traum?

Träumer: Einfach Schule, Schule im allgemeinen. Und ich suche immer wieder, was ich mitnehmen muß an Sachen, aber die Lösung kommt nie. Irgendwie mache ich mich auf den Weg, und dann ist es plötzlich fertig.

F. W.: Haben Sie sonst noch Probleme?

Träumer: Irgendwie gibt es immer Probleme.

F. W.: Welcher Art sind die Probleme?

Träumer: Ja, was soll ich sagen – eine Zeitlang war es beruflich, dann Einsamkeit. Und auch mit einem Haus, bei dem ich nicht weiß, wie ich mich entscheiden soll, was ich dafür einsetzen kann.

F. W.: Sind Sie alleine?

Träumer: Ich bin ganz alleinstehend, ja. Und auch berufliche Probleme sind noch da.

F. W.: Es handelt sich also um die Schulzeit, eine Zeit, wo man vieles lernen und sich Neues aneignen konnte. Damals hatten Sie keine Schwierigkeiten und keine ungünstigen Erlebnisse. Sie müssen also nicht Ihr Schulwissen ergänzen und ausgleichen, sondern, wie Sie richtig sagen: Es geht um die Lebensschule.

Sie sind allein und fühlen sich zeitweise einsam. Es fehlen Ihnen die Beziehungen, persönliche Anregungen und auch die Möglichkeit, sich mit andern auseinanderzusetzen. Offenbar sollte dies nachgeholt werden. Sie sehen ja bereits am Anschlagbrett nach, was Neues angekündigt wird. Welche Anleitungen Sie brauchen, ist allerdings noch unklar.

Träumer: Eben, es muß nun etwas geschehen, aber wie?

F. W.: Ja, wie? – Sie besitzen ein Haus, dort gibt es Probleme. Gerade dies könnten Sie zum Anlaß nehmen, mit verschiedenen Leuten ins Gespräch zu kommen, zu hören und zu fühlen, was diese sagen, und vielleicht auch eine Vertrauensperson zu gewinnen, mit welcher Sie sich ungeniert aussprechen können. Möglicherweise weiß der andere gar nichts Neues dazu zu sagen, aber Sie haben Kontakt. Auch was das Hausproblem selber betrifft: Wenn Sie sich gegenüber einem andern formulieren müssen, wird Ihnen selber vieles klarer, und Sie sehen neue Perspektiven. Das wäre ein guter Anfang.

Das sind die klassischen Schul- und Examensträume. Eine Bedrohung, wie sie hier stattfindet, kann aber auch *personifiziert* auftreten:

Träumer:

Als ich noch klein war, hatte ich meistens einen Traum, wenn die Eltern nicht da waren und ich allein zu Hause war. Ich wollte im oberen Stock ins Bett gehen, aber ein Unsichtbarer hinderte mich daran. Ich mußte zuerst noch eine Kellertüre schließen. Aber ich konnte daran reißen, so fest ich wollte, er zog einfach dagegen. Dann rannte ich hinauf und wollte dort im Gang eine Tür zumachen, aber der Unsichtbare war schon wieder da. Auch als ich dann im Bett lag, merkte ich immer, daß er kam. Diesen Traum hatte ich schon lange nicht mehr, aber ich habe jetzt Träume, in denen ich bedroht werde, jedoch nicht von Unsichtbaren, sondern von realen Menschen, die ich kenne.

F. W.: Was sind das denn für Menschen?

Träumer: Aus dem Alltag. Einmal war es irgendwo in einem Restaurant. Ich saß am Tisch, und ein Mann kam auf mich los, so daß ich mich fürchten mußte.

F. W.: Wie alt sind Sie?

Träumer: Achtzehn Jahre. Ich besuche eine Handelsschule.

F. W.: Wie geht es dort?

Träumer: Es geht ganz gut.

F. W.: Wie fühlen Sie sich allgemein, nervös oder angespannt?

Träumer: Ja, es ist natürlich schon ein Druck vorhanden. Seit diesem Sommer wohne ich allein in einem Studio. Meine ältere Schwester wohnt schon lange nicht mehr daheim. Meine Eltern wohnen im gleichen Quartier.

F. W.: Wie ist das Verhältnis zu den Eltern? Können Sie persönliche Dinge mit ihnen besprechen?

Träumer: Eigentlich weniger.

F. W.: Eben. Der unsichtbare Mann kam aus dem Keller herauf, also aus den tieferen Schichten Ihrer Person, mit welchen Sie sich bisher zu wenig auseinandersetzen konnten. Das ist eine noch unbekannte Seite in Ihrem Inneren. Alle Gestalten, die im Traum erscheinen, sind immer auch Teile von uns selber. Man weiß noch nicht, was für eine Seite er darstellt, und solange das unbekannt ist, wirkt er eben bedrohlich.

Träumer:

In einem kürzlich erlebten Traum lag ich wieder in einem Restaurant am Boden. Ich war unter die Bank gesunken, und der mir bekannte Mann stand direkt über mir. Ich habe ihn gebeten, mir nichts anzutun.

F. W.: Sie sollten ihn in diesem Moment fragen, wer er sei und was er wolle. Nach dem Aufwachen könnten Sie in der Phantasie ein Gespräch mit ihm führen, z. B. Fragen an ihn richten und seine Antworten aufschreiben. Dann merken Sie, was für ein Typ das wirklich ist resp. welche von Ihren Seiten er personifiziert. In späteren Träumen wird er mit Sicherheit nicht mehr bedrohlich erscheinen, sondern als etwas Neues, das Sie für sich akzeptieren können.

Träumer: Also müßte ich einfach versuchen, diesen Teil kennenzulernen.

F. W.: Ja, das kann sehr interessant werden. Ich wünsche Ihnen viel Glück dazu.

In den nun folgenden Fällen geht es um die Symbolik des *Raums,* um Desorientierung und Eingeschlossensein.

Träumer: Ich habe ein ganz eigenartiges Problem im Zusammenhang mit Träumen. Ich schlafe relativ gut, brauche keine Schlafmittel und träume nachts plötzlich, daß ich in einem Haus bin, aus dem ich den Ausweg nicht mehr finde. Dann träume ich sehr ausführlich, ich sehe irgendwo eine Straße. Ich finde aber diese Straße nicht. Ich komme nicht in mein Geschäft, das drei Kilometer von mir entfernt liegt. Ich finde nichts. Und plötzlich erwache ich und merke, daß ich ja daheim im Bett bin.

K. W.: Und dieser Traum wiederholt sich?

Träumer: Ja, ich habe ihn sehr oft.

K. W.: Also eine Phase der Verwirrung, der Desorientierung, und dann zeigt sich, daß die ganze Aufregung umsonst war. Und alles löst sich in Wohlgefallen auf.

Träumer: Richtig, so ist es. Ich schwitze ein wenig dabei.

K. W.: Ja, es ist Angst dabei. Und alles, was Ihnen sonst wohlbekannt ist, z. B. der Weg ins Geschäft, ist Ihnen plötzlich unbekannt.

Träumer: Total. Und ich finde den Weg nicht. Ich habe dann Angst, zu spät zu kommen. Speziell habe ich das, wenn ich von irgendeiner Reise nach Hause komme. Ich war jetzt eine Woche in Ungarn. Und dort hatte ich schwere Träume in dieser Richtung. Ich bin sehbehindert, das muß ich vielleicht noch sagen. Aber ich bewege mich überall frei. Ich bin nicht blind.

K. W.: Waren Sie allein in Ungarn?

Träumer: Nein, meine Tochter hat mich begleitet. Ich habe das Gefühl, daß das ganze Problem damit zusammenhängt, daß ich Betablocker nehmen muß, Blutdruckmittel.

K. W.: Warum ändern Sie das nicht, es gibt ja verschiedene Blutdruckmittel?

Träumer: Ich habe es schon geändert, einige Male. Jetzt bin ich z. B. bei einem Arzt, der befürwortet die Naturmedizin. Das Mittel, das er mir verschrieben hat, beginnt Allergien zu erzeugen, z. B. Schuppen der Haut. Wissen Sie, dieser Traum ist sehr anstrengend.

K. W.: Sie meinen, der Traum hänge damit zusammen, daß Sie Betablocker nehmen?

Träumer: Ich glaube ja.

K. W.: Das halte ich auch für möglich. Speziell mit Betablockern. Sie kennen ja deren Mechanismus. Diese Mittel haben zudem die fatale Eigenschaft, einen von den eigenen Gefühlen abzuschirmen und auch von der Mitwelt, von den Mitmenschen. Am deutlichsten sieht man das bei Musikern, die diese Mittel nehmen, weil sie Lampenfieber haben. Sie sagen, sie hätten dann gar keinen richtigen Kontakt mehr mit dem Publikum. Da sei wie eine Glaswand dazwischen, sie kämen nicht mehr an die Leute heran. Sie könnten innerlich nicht mehr mitschwingen. Ich nehme an, daß diese Träume eben dies besagen. Sie haben ein Stück Gefühlskontakt zu Ihren Mitmenschen verloren durch diese Medikamente. Da ist eine Blockade dazwischen. Es ist nicht mehr so natürlich, und die Gefühlsströme fließen nicht mehr so leicht hin und her. Der Traum sagt auch, daß Sie deswegen desorientiert sind: Sie wissen nicht mehr so recht, wie Sie gefühlsmäßig zu den andern stehen oder die andern zu Ihnen.

Träumer: Ja, das stimmt, ich habe diese Probleme. Aber warum streitet ein Arzt das denn ab? Und er ist nicht der erste.

K. W.: Wissen Sie, das sind halt Somatiker, also rein auf das Körperliche eingestellte Leute, die zwar sehr tüchtig sein können, aber diese Zusammenhänge entgehen dem normalen Mediziner. Lassen Sie sich nur ja nicht unsicher machen durch die Skepsis der Mediziner. Vertrauen Sie ruhig auf das, was Sie an sich selber beobachten.

Träumer: Ich habe noch ein Problem anderer Art, das hängt auch mit dem Schlaf zusammen. Wie mir mein Zahnarzt gesagt hat, ist das einmalig, aber er glaubt auch nicht an die Theorie, die ich habe. Ich behaupte, daß auch das von diesen Medikamenten kommt. Ich habe mir in der Nacht durch Aneinanderreiben die unteren Vorderzähne abgeschabt, etwa drei bis vier Millimeter. Ich komme jetzt mit dem oberen Zahn nicht mehr weiter hinunter, weil ich zwei Zähne aus Kunststoff habe, und die kann ich nicht abschaben. Aber es ist dennoch ungeheuerlich. Meine Frau, die neben mir liegt, hat nie etwas gehört. Man müßte doch hören, daß ich nachts mit den Zähnen arbeite. Oder ist das unhörbar?

K. W.: Ja, das kann schon unhörbar sein. Aber auf jeden Fall ist es eine Tatsache. Und was glaubt man Ihnen nicht?

Träumer: Daß es von diesem Blutdruckmittel kommt. Und nun habe ich im deutschen Radio einen Vortrag gehört, in dem ein Facharzt über dieses Thema gesprochen hat. Und der hat beides zugegeben: daß es den Menschen psychisch verändert und daß es auch zu unruhigen nächtlichen Szenen kommt.

K. W.: Ja. Ich nehme an, daß Sie durch diese Mittel einfach gefühlsmäßig ein wenig amputiert sind. Und doch sind Sie natürlich auch ein Gefühlsmensch, und nachts müssen diese Gefühle irgendwo hinaus, und das äußert sich eben in diesem Schaben.

Träumer: Jetzt habe ich noch eine Frage. Mein Blutdruck ist natürlich ungeheuer, er geht bis 230. Und wenn er so hoch ist, dann merke ich, daß es rauscht. Ich *muß* diese Mittel nehmen. Ich kann nicht anders. Ich hatte auch schon eine Thrombose und war deswegen im Spital, und auch da wurde mir gesagt, ich müsse das Zeug nehmen. Ich bin dreiundsechzig und habe diese Beschwerden, seit ich fünfzig bin.

K. W.: Es gibt aber auch noch alternative Methoden.

Träumer: Ja, ich glaube auch, daß ich einmal diesen Weg einschlagen muß.

K. W.: Unbedingt. Auf die Dauer ist das keine Lösung.

Träumer: Und den Traum sehen Sie also auch in diesem Zusammenhang?

K. W.: Ja, das ist ganz klar.

Aber auch in einer ganz konkreten Verlegenheit kann ein Traum hilfreich sein:

Träumerin: Ich hatte einen schweren Traum und weiß nicht, wie ich mich da verhalten soll.

Ich habe meine 23jährige Tochter gesehen, die bei einer Freundin das kleine Kind hüten mußte. Ich sah deutlich meine Tochter dort im Bett liegen. Sie mußte also auf das dreijährige Kind aufpassen. Sie haben geschlafen, und dann ist der Mann der Freundin in das Bett gekrochen und hat meine Tochter erwürgt. Das belastet mich, und ich weiß nicht, wie ich es deuten soll. Ich stand dabei und sah es und hatte eigentlich keine Haßgefühle, ich hatte einfach eine Leere und sagte: «Nein, das kannst du nicht machen.» Ich konnte aber nicht eingreifen, ich mußte einfach zuschauen.

Ich habe es dann meiner Tochter erzählt und zu ihr gesagt: «Ich möchte nicht mehr, daß du dieses Kind hüten gehst.» Ich habe eben schon festgestellt, daß dieser Mann ein Auge auf meine Tochter geworfen hat.

K. W.: Vielleicht ist das schon eine Warnung. Ich würde darauf hören. Die im Traum geschilderte Gefahr – Erwürgen – besteht ja wohl kaum, aber das Risiko von anderweitigen unkontrollierten Triebhandlungen. Es reicht bereits, wenn er sie belästigt.

Träumerin: Ja, das hat er tatsächlich gemacht. Seine Frau hat dann mit ihm geredet, und ich weiß nicht, wie sie sich nachher verhalten haben, aber ich spüre, daß der Mann trotzdem ein Auge auf meine Tochter hat.

K. W.: Das Erwürgen im Traum signalisiert einfach eine Gefahr und ist nicht wörtlich zu nehmen. Der Traum braucht manchmal eine so krasse Sprache, weil wir sonst nicht auf ihn hören würden. Es ist ein Alarmzeichen.

Träumerin: Aber wie ernst müssen oder dürfen wir das jetzt nehmen?

K. W.: Ich würde schon zu verhindern suchen, daß Ihre Tochter über Nacht hingeht.

Träumerin: Es ist eben schwierig, wir müssen jetzt wohl nach Ausreden suchen, um zu erklären, daß unsere Tochter ganz einfach verhindert ist.

K. W.: Aber die Tochter weiß ja schließlich, daß der Mann ein Auge auf sie hat?

Träumerin: Richtig, aber ihre Freundin weiß nicht, warum wir immer Ausreden haben, und ein Mißtrauen wollen wir ja auch nicht säen. Unser Verhalten ist ein wenig schwierig.

K. W.: Wie wäre es mit einer offenen Aussprache mit allen Beteiligten? Auf jeden Fall werden Sie viel Klugheit und zugleich viel Festigkeit brauchen.

Herrschte in diesen Fällen zwar eine gewisse Rat- und Orientierungslosigkeit, doch ohne eine nennenswerte Einschränkung der Bewegungsfreiheit, so ist die Freiheit im nun folgenden Falle schon so drastisch beschnitten, daß wir von einer eigentlichen Platzangst sprechen müssen:

Träumerin: Ich bin fünfzig Jahre alt, verheiratet, habe einen Sohn und drei Enkelkinder. Seit über zwanzig Jahren leide ich an Platzangst. Während der ersten zehn Jahre hatte ich ein paarmal denselben Traum:

Ich bin wieder dort, wo ich aufgewachsen war. Ich weiß also, daß es mit der Kindheit zu tun hat. Ich schreibe seither alle Träume auf, und erstaunlicherweise schreibe ich sie auf englisch, möglicherweise weil das Jahr in England ein

Jahr der Freiheit und ein sehr glückliches war. Es hat mir viel bedeutet. Meine Träume handelten immer von Häusern. Dort mußte ich aufräumen oder etwas Neues wagen. Dann kamen auch Botschaften von Verstorbenen, vor allem von meinem schon lange verschiedenen Vater: Ich solle so sein, wie ich bin. Eigentlich durfte ich gerade das im Grunde nicht. Darin sehe ich einen Zusammenhang mit der Platzangst. Der eine Traum war etwas ganz Besonderes. Ich habe geträumt, ich sei im zoologischen Garten, wo ein Wärter mich herumführt und fragt: «Which animal do you like best?» Ich habe in diesem Traum eigenartigerweise geantwortet, ich liebe nicht die Tiere, ich liebe die Käfige. Ich weiß nicht, ob man da lachen oder weinen soll. In den Käfig könnte ich quasi hineingehen und wieder herauskommen. Das muß mit der Platzangst zu tun haben. Dann denke ich manchmal: Das paßt ja nicht zu mir, ich bin ja gar nicht so.

F. W.: Wie äußert sich denn Ihre Platzangst?
Träumerin: Ich bin seit zwanzig Jahren nicht mehr in der Stadt gewesen. Ich kann nicht mehr ins Tram einsteigen, seit zwei Jahren kann ich nicht mehr allein zu meinem Arbeitsort gehen.
F. W.: Weil Sie so Angst haben, wenn Sie unter Leuten sind?
Träumerin: Ja. Ich hatte auch Angst, in einen Laden zu gehen. Zuerst habe ich es gar nicht gemerkt, dann aber hatte ich von Mal zu Mal mehr Angst, einzutreten.
F. W.: Haben Sie schon etwas dagegen unternommen?

Träumerin: Ich war während vieler Jahre in psychiatrischer Behandlung.

F. W.: Wie war das Resultat?

Träumerin: Ich habe Medikamente bekommen, die nichts Grundlegendes änderten. Später habe ich mir mit Malen geholfen. Ich habe auch schon eine eigene Ausstellung bestritten mit Aquarellbildern. Ich wußte nie, was ich male, es sind immer lichte Figuren herausgekommen: Engel, alte Engel, besondere Figuren, die ich *bewußt* nicht malen könnte. Dafür bin ich sehr dankbar.

F. W.: Malen ist etwas sehr Gutes. Auf die Träume einzugehen und sie zu verarbeiten wäre in Ihrem Fall aber noch wichtiger, denn Sie sind durch Ihre Platzangst doch recht behindert.

Träumerin: Ja, das stimmt leider. Aber ich bin nicht vom Fach und weiß nicht genau wie, ich sehe nur bis zu einem bestimmten Punkt. Mit Ausnahme der ersten Jahre, als es Alpträume waren, ist das Träumen für mich ein beglückendes Gefühl, und ich meine zu wissen, was es bedeutet; oder muß ich in Gottes Namen Geduld haben, bis noch die letzte Türe aufgeht?

F. W.: Bei etwas, das so lange dauert, sollte man die Träume mit jemand Kompetentem besprechen und ganz konsequent durcharbeiten. Sie haben von Häusern geträumt, von Aufräumen, von Botschaften Ihres verstorbenen Vaters und anderer Verwandter. Die Störung geht also weit zurück. Von Generation zu Generation wurden falsche Prägungen weitergegeben, und das hat schlußendlich zu einer großen Behinderung geführt. Jetzt ist es an der Zeit, durchzugreifen. Es ist keine leichte Aufgabe, aber nach meiner Beurteilung haben Sie genügend Substanz, um das anzupacken.

Träumerin: Ich habe meine Träume über Jahre aufge-schrieben.

F. W.: Träume selber aufzuschreiben ist etwas Wich-tiges. Für Sie genügt es aber nicht. Sie müssen diese Botschaften verstehen lernen, erfahren, welche neu-en Wege Sie beschreiten müssen. Platzangst heißt: Viel Energie steht Ihnen zur Verfügung, doch kön-nen Sie diese nicht entsprechend anwenden, und deshalb wirkt sie sich zerstörerisch aus.

Träumerin: Wenn ich sage, ich habe die Käfige gern, und nicht die Tiere, so heißt das doch, ich habe mich nach den vielen Jahren damit abgefunden.

F. W.: Die Tiere stellen Ihre Instinkte dar, und diese sperren Sie in Käfige ein, also ist es klar, daß Sie in der Welt nicht mehr funktionieren, weder agieren noch richtig Freude erleben können.

Träumerin: Wie kommen Sie dazu, daß Tiere Instink-te ausdrücken? Es könnte ja auch sein, daß mit dem Tier eine ganz persönliche Erfahrung aus der Ver-gangenheit des Träumers verbunden ist.

F. W.: Natürlich könnte das sein. Daß Tiere Instinkte ausdrücken, ist eine allgemeine psychologische Tat-sache, die auf Erfahrung beruht, die man aber auch gut nachvollziehen kann; aber in jedem Einzelfall kann es wieder anders sein, und ein Hund, ein Adler kann jedesmal wieder eine andere spezifische Bedeu-tung haben. Es ist bloß eine allgemeine Aussage, die man aber je nach dem psychologischen Umfeld modifizieren muß. Tiere sind ja wirklich Instinkt- und Triebwesen, die sich ganz von ihren Instinkten leiten lassen. Und das, was wir als Oberbau haben, der Verstand, die Ratio, das Denken in Begriffen, ist beim Tier gar nicht vorhanden, es wird auch nicht gebraucht, weil es ja seinem Instinkt folgen kann. *Wir* haben auch unsere Instinkte, nur sind sie oft unterdrückt; aber in den Träumen kommen sie wieder zum Vorschein.

Träumerin: Ist es denn so, daß das Tier in erster Linie ein Symbol für die Instinkte ist, daß dies das Wesentliche ist und daß das Eigene des Träumers, das damit verbunden ist, seine eigenen Erlebnisse, erst sekundär und gleichsam zufälligerweise dazukommt? Was ist denn das Entscheidende?

F. W.: Ich möchte Ihnen mit einem Beispiel antworten. Gesetzt den Fall, es würde jemand von einem Pferd träumen, und der oder die Betreffende hat in der Kindheit einen Sturz vom Pferd erlebt und sich dabei eine schwere Verkrüppelung zugezogen. Dann hat das Pferd natürlich eine ganz andere Bedeutung, als wenn ein Turnierreiter, der von Sieg zu Sieg galoppiert, von einem oder gar von *seinem* Pferd träumt. Es ist Sache der Therapie, den Stellenwert, den der Sturz in der Biographie des Träumers hat, und damit auch die Bedeutung des Pferdes in diesem speziellen Fall zu bestimmen. Und deshalb ist es eben auch wichtig zu hören, was der Träumer selber zum Traum beibringt.

Träumerin: Also sollte ein Arzt in meinem Falle doch eingreifen können!

264

F. W.: Sie und der Arzt, *beide* müssen sich Rechenschaft geben. Sie sollten nicht – entschuldigen Sie bitte – viele Jahre lang Tabletten schlucken und in Ihrer Zwangsjacke weiter zuwarten. Wenn Sie eine Ihnen entsprechende Psychotherapie durchführen, wird Ihnen vieles klarer werden.

Träumerin: Ich werde das versuchen. Besten Dank.

Verlusterlebnisse

An dem Verlust eines Lebenspartners oder der Heimat oder der Gesundheit usw. hat das Unbewußte oft jahrelang und schwer zu schaffen. Dies spiegelt sich in den Träumen.

Der Traum von Elisabeth Bütler:
Ich befinde mich mit einer Anzahl anderer Leute auf einem Schiff. Wir treiben in rascher Fahrt an gefährlichen Klippen vorbei, aber dem unsichtbaren Steuermann gelingt es immer wieder, heil an der Gefahr vorbeizukommen. Auf einmal steuern wir eine schnurgerade Strecke entlang, beidseitig von sanften grünen Ufern begrenzt. Mir wird bei diesem Anblick leichter, und ich freue mich am Grün der Wiesen. Aber auf einmal ist wieder alles düster, und mit unheimlicher Geschwindigkeit treiben wir vorwärts. Jetzt bemerke ich erst, daß ich mich ganz allein auf dieser Fahrt befinde. Ein Gefühl von Einsamkeit und Furcht überkommt mich, und in meiner Not fange ich an zu beten. Danach brechen durch ein kleines Fenster wunderbarerweise Sonnenstrahlen in dieses Dunkel. Bald ist jedoch

*auch diese Freude vorbei, und ich befinde mich erneut in
undurchdringlicher Finsternis. Ich beginne abermals zu
beten und bekomme diesmal viele blühende Blumen, alle in
auffallend blauer Farbe, zu sehen. Diese Erscheinungen
wirken so tröstlich, daß ich in einen Zustand tiefsten Frie-
dens komme und dankbar all das Schöne in mir aufnehme.
– Ich erwache, aber der friedliche Gemütszustand ist jetzt
noch deutlicher da, wie überhaupt der Übergang vom
Traum zur Wirklichkeit ganz fließend ist. Noch im Traum
selber überlege ich: Nun träume ich einen jener seltenen
Träume, die zukunftsweisend sein können. Wenn ich auch
scheinbar von aller Welt verlassen bin, so ist da noch Gott,
an den ich mich jederzeit wenden kann. Das war eine
blitzartige Erkenntnis beim Hereinbrechen der Sonnenstrahlen nach meinem ersten Gebet. – Dann wachte ich
vollständig auf.*

Kommentar:
Elisabeth Bütler hatte diesen Traum vor fast 40 Jahren. «Aber», sagte sie, «er war derart eindrücklich,
daß ich ihn jederzeit wieder nachempfinden kann.
Ich war wie verwandelt und habe von diesem Zeitpunkt an eine andere Richtung in meinem Leben ein-
geschlagen.»
Die Träumerin mußte mehrere Jahre vor diesem
«großen Traum» eine schwere Enttäuschung erleben.
Im Traum wurde ihr nun in großartigen Bildern gezeigt, auf welche eigenen inneren Kräfte sie sich verlassen könne.
Die Fahrt auf einem Strom stellt symbolhaft den Verlauf unseres Lebens auf dem inneren Strom unseres

Unbewußten dar. Diese Stromfahrt erlebt Elisabeth Bütler einerseits mit einer Anzahl Leute – hilfreichen Menschen – oder Teilen in ihr selbst – anderseits mit farbigen, lebendigen Natureinwirkungen. Hier findet die Träumerin sich ganz alleine zurecht, auch wenn der Weg streckenweise in großer Dunkelheit liegt und sie im Moment nicht weitersieht, ganz so, wie sie es in der schwierigen Periode ihres Lebens durchgemacht hatte.

Als Elisabeth Bütler zu beten anfängt, also Kontakt mit einer höheren Macht aufnimmt, bricht überraschenderweise für einen kurzen Augenblick Licht in die Dunkelheit. Als sie ein zweites Mal betet, gewahrt sie eine Fülle leuchtend blauer Blumen, und sie erwacht in tiefem Frieden.

Wenn in kritischen Lebenssituationen eine übergeordnete Führung erahnt wird, so findet man in dieser oder jener Form seinen weiteren Weg. Auch durch Verarbeitung der Träume und besonders von Traumserien können wir die Absicht unseres inneren Leiters erkennen. Einen solchen eindrücklichen Traum braucht man als Laie nicht in den Einzelheiten zu verstehen, es genügt, darüber nachzudenken und ihn auf sich wirken zu lassen. Dann kommt der innere Prozeß in Gang und führt zur Heilung verletzten Lebens.

Im religiösen Sinn ist es die göttliche Macht, mit der Elisabeth Bütler schon im Traum Kontakt aufgenommen hat und welche ihr Einsichten und inneren Frieden gebracht hat.*

* «Zeitlupe» 2/1994

Die Ehe von Marianne Hasler war kurz vor der Auflösung, aber sie wollte sich dies noch nicht eingestehen und hoffte immer noch. Sie teilte uns folgenden Traum mit:

Ich stehe mit einem Kollegen meines Mannes unter der Stubentüre zu unserem Sitzplatz. Seltsam, das Zimmer ist vollkommen kahl, keine Vorhänge an den Fenstern, keine Möbel. Die roten Platten des Sitzplatzes fehlen, grauer Beton ist an ihrer Stelle. Statt unseres Gartens ist im Hintergrund nur grauer, schmuckloser Beton, abgeschlossen von Mauern, zu sehen. Plötzlich taucht mein Mann oben rechts von einem schmalen Weg her auf. Er geht auf die Treppe zu, faßt den Handlauf, taumelt und fällt die Treppe herunter vor unsere Füße – tot.

Da erwachte ich völlig verstört. Ich fürchtete, mein Mann würde in Wirklichkeit sterben. Ununterbrochen beschäftigte ich mich mit diesem Traum und begann ihn genau zu überdenken. Wie ich herausfand, sagte der Traum nicht, mein Mann würde sterben, sondern unsere Beziehung sei gestorben. Lange brauchte ich, um dies zu akzeptieren. Dann wich ein ungeheurer Druck von mir. Nie mehr habe ich seither solche Träume durchlebt. Ich bin überzeugt, daß dieser Traum mir meine Abnabelung erleichtert hat, und ich glaube seither an die Macht der Träume.

Der nächste Traum der 75jährigen Ruth Keller weist zuerst ebenfalls auf eine kritische Situation hin, die sie verunsicherte:

Traum 1:

Ich sehe einen klaffenden Riß in der Frontmauer meines Hauses. Ist das nun ein nicht reparierbarer Spalt in meiner Persönlichkeit, die auseinanderzubrechen droht?
Darauf befinde ich mich in Athen und sehe breite Zufahrtsstraßen zum antiken Zentrum. Dann bin ich in Kreta im Museum, dort wo ich immer wieder fasziniert bin von der Harmonie der alten Keramik und Mosaike.

Kommentar:

Ruth Keller mußte vor 38 Jahren eine sehr schwere Enttäuschung in ihrer Ehe durchmachen und lebt seither allein mit ihren drei Kindern. Sie hat sich eigenständig eine finanzielle Grundlage erschaffen und ihren Kindern zu einer soliden Ausbildung verholfen. Der Riß in der Hauswand weist wohl auf das früher Durchgemachte hin, das fast zu einem Auseinanderbrechen ihrer Persönlichkeit geführt hatte; unmittelbar anschließend erscheinen aber die Bilder antiker harmonischer Stätten, harmonischer Zentren in der Träumerin selber. Man soll sich deshalb nicht nur von einer Einzelheit des Traumes beeindrucken lassen, sondern muß in sich fortsetzende Wandlungen in der Bildfolge erkennen. Der Traum setzt sich dann fort:

Nun bin ich im Schwimmbad, zusammen mit dem Sportlehrer (einer ergänzenden männlichen Figur). Wir beide schwimmen friedlich im warmen Wasser und plaudern. Ich habe einen großen Ball und will ihn mit erhobenen Händen dem Lehrer zuwerfen, aber dieser bedeutet mir,

ihn über den Boden auf ihn zurollen zu lassen (nicht in den Lüften, sondern daß er auf dem Boden bleiben soll).
Ein paar Tage später folgt ein neuer
Traum 2
Ich schwimme in einem sehr breiten, ruhig dahinfließenden Strom, und mit Freude sehe ich, wie ich nach allen Seiten gleich gut schwimmen kann, also auch stromaufwärts und seitwärts, alles mit Leichtigkeit.

Kommentar der Träumerin:
Es ist also nicht nur ein ruhendes Wasser, sondern ich habe die Möglichkeit, mich in meinem Lebensstrom ganz frei nach allen Richtungen hin zu bewegen.

Kommentar:
Ähnlich wie im vorherigen Traum geht das Leben weiter, und vom Strom des Unbewußten her wird auf neue Möglichkeiten, neue Freiheiten hingewiesen. Während eines langen Lebens drängt die innere Führung immer wieder zur Weiterentwicklung. In keinem der Berichte, auch nicht in höherem Alter, wird je eine Resignation in Betracht gezogen. Auch wenn sich im Moment noch nichts konkretisieren läßt, geht der Reifungsprozeß weiter, und nach einiger Zeit werden sich, Offenheit vorausgesetzt, neue Perspektiven und Ideen auch im Tagesbewußtsein präsentieren.

Die folgende Träumerin hatte ihre bürgerliche Existenz verloren und neu aufbauen müssen. Demütigung, Enttäuschung, Trauer spielten hinein, aber vorerst nur unbewußt. Im Bewußtsein meinte sie, ihr Leben und auch ihren seelischen Haushalt voll im Griff zu haben. Die Träume aber sprechen eine andere Sprache. Die Träumerin kann das nicht verstehen und wundert sich über die ihr fremden Trauminhalte:

Träumerin: Ich bin seit einundzwanzig Jahren allein. Ich habe immer die gleichen zwei Träume, die ich mir nicht erklären kann, weil ich glaube, daß ich mein Leben gelebt und nichts verdrängt habe. Ich träume stets, daß ich immer aufräumen muß, und zwar in einer Riesenvilla, in der ich einmal gelebt habe. Da räume ich fortwährend auf und putze.

Ich will mich kurz fassen: Trotz vielem Geld wurde ich stets sehr kurz gehalten und habe mich dann nach 22jähriger Ehe abgelöst. Ich mußte auch dauernd um das Haushaltsgeld betteln, und das träume ich noch jetzt nach zwanzig Jahren immer wieder. Ich bettle stets auf den Knien um dieses Geld. Das ist schrecklich. Dabei lebe ich jetzt in guten Verhältnissen. Ich habe seit vierzehn Jahren ein wunderbares Fitness-Center aufgebaut. Ich habe das über den zweiten Bildungsweg gelernt, nach der Trennung. Meine Kinder sind heute natürlich ausgeflogen. Aber mich beschäftigt es doch hin und wieder: Warum träume ich stets das gleiche? Ich träume auch immer von meinen Kindern – ganz schöne Dinge. Ich träume schöne Dinge von meinen Kindern und häßliche

Dinge von meiner toten Mutter und von meinem toten Vater.

K. W.: Also, es stimmt eigentlich alles in Ihrem Leben, Sie haben sich gut eingerichtet. Und dann kommen diese Träume.

Träumerin: Ja, ich bin ein sehr korrekter Mensch, Sternzeichen Steinbock, Aszendent Jungfrau, also ein sehr ordentlicher Typ. Und es geht mir gut, ich bin auch eine aufgestellte Person, ich bin nicht introvertiert, und ich habe ein sehr schönes Geschäft, aber eben: diese Träume. Das ist etwas Eigenartiges. Warum verfolgt mich das immer noch? Ich habe auch keinen Kontakt mit meinem Exmann, gar nichts.

K. W.: Was müssen Sie denn aufräumen in Ihren Träumen?

Träumerin: Ich weiß es auch nicht, ich putze und wasche, und manchmal sind es winzig kleine Möbel, die ich umstellen muß. Ich bin immer am Putzen und komme zu keinem Ende. Sehr oft trete ich auch in Kot.

K. W.: Das muß mit früher zu tun haben, oder?

Träumerin: Ich weiß es auch nicht, ich habe eine schöne Jugend gehabt. Aber Sie haben schon recht: Ich hatte eine Mutter, die mich nicht sehr geliebt hat.

K. W.: Das ist natürlich schon eine Belastung. Und Kot und Schmutz sind ja auch gleichbedeutend mit Geld. Vermutlich ist in Ihrer Ehe auch moralisch einiges Schmutzige gelaufen.

Träumerin: Ja, die ganze Scheidung. Ich hatte eine siebenjährige Kampfscheidung, in der es um Millionen ging, und mein Mann hat mir einfach alles weggenommen. Ich habe mit nichts wieder angefangen. Heute habe ich im Prinzip genug, um zu leben, aber ich kann keine großen Sprünge machen. Ich würde jedoch sagen, der ganze Herzbereich, der ist vollkommen in Ordnung.

K. W.: Ich vermute, daß diese Träume am Werk sind, um so noch Überbleibsel von früher aufzuarbeiten. Wenn man solche Dinge erlebt hat wie Sie, gibt es bestimmt tiefe Verletzungen. Das hinterläßt immer Spuren, Wunden. Da wird so viel angestoßen im Innern, Selbstzweifel, Zorn und Mutlosigkeit, und dann wieder Rachegelüste. Es ist ein tiefer Widerspruch zwischen Ihrem aktiven und glücklichen äußeren Leben und Ihrem gedrückten und gequälten Innenleben. Vielleicht könnten Sie einmal mit gezielten Imaginationsübungen unter Anleitung, vielleicht auch mit Hilfe von Hypnose, *tatsächlich* aufräumen mit Ihrer Vergangenheit. Vielleicht könnten Sie sogar so weit kommen, daß Sie auch dieses Schwere als zu Ihnen gehörig und nicht mehr nur als ein von außen über Sie hereingebrochenes schlimmes Schicksal begreifen lernen. Sie vollziehen jetzt im Innern das Schicksal, das Sie früher außen hatten, und integrieren es damit in Ihr Selbst. Die Träume markieren diesen Prozeß. Und dann werden Sie eines Tages einsehen, daß all das, diese schmerzlichen Umwege, Ehe und Scheidung usw., nötig und sinnvoll waren, damit Sie die werden konnten, die Sie sind. Es ist dann ein Stück von Ihnen selbst geworden, das Sie bejahen können. Sie sind durch das ja auch stärker und unabhängiger geworden.

Träumerin: Ich möchte Sie noch etwas fragen. Von vorgestern auf gestern habe ich einen Traum gehabt, den ich noch nie geträumt habe. Dort, wo ich aufgewachsen bin, hatten wir ein Haus, und ein Stück oberhalb dieses Hauses war ein Weiher. Der Weiher hatte einen Kanal, welcher eine Fabrik betrieb, wie man es früher hatte, mit einer Schleuse.

Und an diesem Weiher bin ich im Traum gestanden, als Kind war ich oft dort, und es waren lauter Kühe darin. Zusammen mit einem Fremden, ich weiß nicht, wer es war, und meiner jüngeren Tochter habe ich diese Kühe herausgeholt. Die Tochter brachte sie in einen Schuppen, und wir haben sie eine nach der andern abgebürstet, damit sie wieder trocken wurden.

K. W.: Sie haben diese Kühe alle gerettet?

Träumerin: Ja, wir haben sie alle gerettet. Das Wasser ist immer höher gestiegen.

K. W.: Es war also eine wirkliche Gefahr für diese «dummen Kühe», die Sie selber waren. Sie drohten in der Sklaverei des Wohllebens und des Materialismus zu ertrinken. Jetzt sind aus den «dummen» Kühen zwar nicht «heilige», aber gute, nützliche, nährende Kühe geworden. Und was die anderen Träume betrifft: Es ist durchaus sinnvoll, daß Sie das träumen, denn damit arbeiten Sie jedesmal ein Stück Ihrer Geschichte auf. Die Träume lassen Ihnen keine Ruhe, bis Sie die Vergangenheit in sich aufgenommen und bejaht haben.

Es ging hier um die Verarbeitung der Vergangenheit und nur um die Träumerin selber. Wir stellen dem einen Traum gegenüber, der eine hohe aktuelle Wichtigkeit besitzt. Die Träumerin berichtete:

Vor zweieinhalb Monaten ist mein Vater, der Jäger war, gestorben. Danach hatte ich folgenden Traum:
Da war ein Wald, und mitten in diesem Wald stand ein Hirsch. Sein Geweih war nicht ausgewachsen. Es war auch kein junger Hirsch mehr, sondern nach meinem Gefühl war er von mittlerem Alter. Der Hirsch hat mich ganz merkwürdig angeschaut, zum Teil traurig, aber er hat mich richtig angeschaut. Und da war in mir ein Gefühl von Trost, Hoffnung und Liebe.

K. W.: Das war natürlich Ihr Vater in einer besonders kraftvollen Form. Und unsterblich, denn die Gattung Hirsch (nicht der einzelne) ist ja in gewisser Weise, wenigstens gemessen an der kurzen Zeitspanne der Geschichte der Menschheit, unsterblich. Deshalb hatten die Ägypter ihre Götter mit Tierköpfen dargestellt. Ihr Unbewußtes hatte daran gearbeitet, den Verlust Ihres Vaters zu überwinden. Es zeigt Ihnen den Vater mit einem Gefühlsausdruck, als ob er sagen würde: «Du mußt nicht traurig sein. Es ist etwas Natürliches. Ich bin jetzt einfach in einer anderen Lebensform, und auch in dieser Lebensform kann ich noch wachsen, ich bin erst halb ausgewachsen.»
Träumerin: Das tut mir jetzt gut.

Können Verstorbene einem wirklich im Traum erscheinen, oder sind das bloß psychische, wenn auch bedeutsame Spiegelungen?

Träumerin: Meine Pflegemutter war gestorben. Es läutete an der Türe, und eine Frau und ein Mann kamen herein. Sie trugen Masken, und als die Frau die Maske abnahm, sah ich, daß es meine Pflegemutter war. Sie lachte und war ganz entspannt. Und dann brach der Traum irgendwann ab. Ich habe aber schon mehrmals gehört resp. gelesen, daß es an der Türe läutet und der oder die Verstorbene hereinkommt.

F. W.: Wie lange nach dem Tod war das?

Träumerin: Noch in der gleichen Nacht. Jetzt ist es ein Jahr her, etwas mehr, aber diesen Traum habe ich nicht vergessen.

F. W.: Welches Gefühl hatten Sie dabei?

Träumerin: Kein sehr angenehmes. Genauer kann ich es nicht definieren. Einfach nicht sehr angenehm. Die Pflegemutter war sehr dominant. Als sie später schwer erkrankte, habe ich mich mit ihrer leiblichen Tochter, meiner Cousine, im Spital sehr um sie gekümmert. Ich habe sie oft besucht.

F. W.: Aber Sie haben sie doch als dominant empfunden?

Träumerin: Ja, sehr. Und es waren vielleicht auch Angstgefühle ihr gegenüber vorhanden, als ich ein Kind war.

F. W.: Man muß unterscheiden: Was ist subjektiv, persönlich, und was ist objektiv, gewissermaßen ein außen stattfindendes Ereignis? Das subjektive Erlebnis bei Ihnen ist nun, daß Ihre Pflegemutter sehr dominierend war und Sie das soundso oft erleben mußten. Und jetzt erscheint sie Ihnen im Traum wieder. Die andere Frage ist die nach der objektiven

Bedeutung. Ist es möglich, daß eine Verstorbene, obwohl sie körperlich gestorben ist, noch einmal erscheinen kann? Man muß da vielleicht etwas zurückhaltend sein, aber es gibt sehr viele diesbezügliche Meldungen. 1981 wurde auf Veranlassung von *C. G. Jung* von einer schweizerischen Zeitschrift eine Umfrage über solche Phänomene durchgeführt, und es kamen 1500 Fälle zusammen, die natürlich nicht alle schlüssig sein können. Es war aber wirklich überraschend, was da alles mitgeteilt wurde. Die Berichte wurden dann von *Aniela Jaffé** kritisch gesichtet und publiziert. In ihrem Buch sind viele solche Szenen beschrieben.

Die vorstehenden Berichte handeln von wirklichen Verlusten, der nun folgende von einem eingebildeten Verlust.

Träumerin: Ich träumte zweimal von meinem Sohn, er ist jetzt fünfzehn. Kurz vor der Geburt träumte ich, er sei von einem Auto überfahren worden. Aber es war nicht schlimm, er wurde untersucht. Er lachte ein bißchen blöd. Man sagte mir: «Sie müssen keine Angst haben, es wird schon gut werden.» Und jetzt, vor einem Jahr, träumte ich wieder, er stehe auf der anderen Straßenseite. Es wirbeln viele Blätter herum, und ich sage ihm, er solle die Straße nicht überqueren, ich komme herüber. Und dann kommt plötzlich ein Lastwagen und reißt ihn mit Wucht mit. Ich renne hinterdrein und will ihn erreichen, aber da sind schon die Ärzte, die sagen, er werde sicher überleben, es sei nicht schlimm.

*A. Jaffé, Geistererscheinungen und Vorzeichen, S. 36, 57, 71, 73

K. W.: Aber hoffentlich haben Sie jetzt keine Angst um Ihren Sohn?

Träumerin: Ich mache mir Sorgen. Ich habe das Gefühl, daß irgend etwas passiert.

K. W.: Das ist eben falsch. Das sind keine sogenannten prophetischen Träume. Diese Träume zeigen nicht etwas in der Zukunft an, sondern sie haben wahrscheinlich mit der Entwicklung Ihres Sohnes zu tun. Er wird ein anderer durch diese Umstellung in der Pubertät. Und dann entgleitet er Ihnen auch. Es gibt eine Entfernung. Und in der Traumsprache heißt das: Er verunfallt oder er stirbt. Der Tod im Traum ist ja oft ein Sterbe*erlebnis* des Träumers und nicht ein buchstäbliches Sterben, wie wenn sonst jemand stirbt. Sehen Sie, der Traum handelt primär gar nicht von einer Gefahr für Ihren Sohn, sondern von Ihrer eigenen übertriebenen Fürsorglichkeit, und die führt allerdings zu nichts Gutem. Das Beste, was Sie für Ihren Sohn tun können, ist, ihn in seiner eigenen Verantwortung leben zu lassen und ihm das auch zuzutrauen. Das ist das beste Stärkungsmittel für ihn. Es ist doch wohl ein wenig übertrieben, wenn Sie einem bald 15jährigen modernen Burschen sagen wollen, wie er sich im Straßenverkehr verhalten soll, finden Sie nicht?

Im nächsten Traum drängt sich eine *Umwandlung der Kräfte* auf, die aus Verlusten ein neues Leben werden läßt.

Ein 47jähriger Mann berichtet:

Ich habe große Träume, sehr schwere Träume, die

mir etwas sagen und mich zwingen, aufzuwachen und sie niederzuschreiben. Ich hatte eine ziemlich schwere Jugend. Was ich bei mir feststelle, ist Feuer, und zwar brennt einfach mein Elternhaus nieder. Immer wieder. Und das ist jedesmal ein totaler Schock. Es ist grauenhaft und prägt sich bei mir ins Alltagsleben ein. Wenn ich ein Feuerwehrauto sehe, habe ich sofort Angst, mein Haus sei abgebrannt. Das ist etwas Wahnsinniges, immer wieder, und diese Träume wiederholen sich ständig.

F. W.: Feuer bedeutet nicht nur Zerstörung. Feuer kann auch Wärme- und Energieentfaltung sein. Könnten Sie diese Träume einmal aufschreiben.

Träumer: Ich kann es versuchen.

F. W.: Vielleicht notieren Sie auch die Gefühle, die Sie dabei haben. Und dann sollten Sie nachher mit jemand Erfahrenem darüber sprechen. Es ist schade, wenn der Traum immer wieder so zerstörerisch abläuft. Die positive Wirkung des Energieprozesses, des Feuers, sollte man eigentlich verwenden. Es ist Ihr Elternhaus, das brennt. Also geht das Ganze auf Erlebnisse in der Kindheit und Jugend zurück. Die damals erwachenden Kräfte konnten nicht in positive Bahnen gelenkt werden. Vielleicht fehlte die Einsicht bei den Erwachsenen, und vieles wurde abgestoppt. Wenn Sie das heute revidieren können, melden sich die alten Kräfte in neuer Form, und Sie empfinden große Befriedigung.

Träumer: Gut, machen wir also weiter.

Selbstfindung

Eine Folge von 13 großen Träumen

Der Mensch ist so beschaffen, daß er über sich selbst, genauer: über sein individuelles So-Sein, hinausgreifen möchte. Das macht sein Wesen aus im Unterschied zum Tier- und Pflanzenreich, wo jede Art sich selbst genügt und das einzelne Individuum allein danach strebt, die in ihm angelegte Form möglichst rein zu verwirklichen. Der individuelle Mensch hingegen will über sich selbst hinauswachsen. Ihm kann es nicht genügen, allein seine körperlichen Bedürfnisse wie Essen, Trinken, Sex und Schlafen zu befriedigen, nur das Verlangen nach sportlicher Betätigung und umgekehrt nach Ruhe und Entspannung, nach Wärme oder Kühle usw. zu stillen. Das alles gehört in den Bereich unseres Wesens, den man das «Ego» nennt, das jedem vertraute gewöhnliche Ich, und kann infolgedessen «egoistisch» genannt werden – darauf abzielend, Bedürfnisse des Ego zu stillen, sofern man das Wort als sachliche Kennzeichnung und nicht moralisch nimmt. Dann aber, ebenso stark oder noch stärker, ist im Menschen der Drang, über sich hinauszuwachsen. Er möchte die Grenzen seines Ich, das man genauer auch das «kleine Ich» nennen könnte, überschreiten. Das geschieht in vier Richtungen.

- Da sind in einer *ersten* Richtung die Regungen der Sympathie wirksam, des Mitgefühls, der Solidarität, der Hilfsbereitschaft usw., also die *mitmensch-lichen* Gefühle, die *Scheler* die Sympathiegefühle nannte.

- In einer *zweiten* Richtung treffen wir auf übermenschliche und übersinnliche Wesen – auch das eine Grenzüberschreitung; das geschieht in den religiösen Praktiken, im Kult, in den Sakramenten, im Gebet und in der Meditation, oder auch im reinen, ungetrübten Denken: die *spirituelle* Möglichkeit.

- Ein *dritter* Weg ist gangbar in der Wertschätzung des Schönen, Sinnvollen, des Wunderbaren, des Erhabenen, des Lieblichen, des Ergreifenden in der Natur und in der Kunst, kurz all dessen, was Ehrfurcht oder Staunen in uns weckt: der *musische* Weg.

- Und *viertens* schließlich können wir eine Erweiterung unseres Wesens über die Grenzen des Ich hinaus auch durch Innenschau, durch Selbsterkenntnis finden. Auf diesem letzten, vierten Weg begegnen wir den Träumen.

- Der erste Weg ist derjenige der *Liebe;* der zweite ist der *spirituelle* Weg; den dritten Weg können wir den *musisch-kreativen* nennen; der vierte ist der *tiefenpsychologische.*

Das, was wir das «kleine Ich» genannt haben, ist Ausgangspunkt und Quelle einer wachsenden Reihe von auseinander hervorgehenden konzentrischen Kreisen, wie die wachsenden Ringe, die entstehen, wenn man einen Stein ins Wasser wirft; doch kann es selber niemals Zielpunkt sein. Es liefert aber stets die Ursprungskraft, die jegliche Entwicklung im Gange hält und vorwärtstreibt. Wir nennen dieses Kraftreservoir die «Triebe» oder, in Anlehnung ans Französische und Englische, die «Instinkte». Die Sphären aber, die wir Schritt um Schritt in irgendeiner der vier Richtungen betreten, die also außerhalb des «kleinen Ich» liegen, nennen wir «das Jenseitige». Das Jenseitige hat somit vier gleichwertige Aspekte. Was uns hier als Psychologen und Psychotherapeuten interessiert, ist der tiefenpsychologische Aspekt, sind vor allem die Träume.

Wohin zielen nun aber all diese psychischen Entfaltungsschritte? Ursprung und Quelle ist, wie wir gesehen haben, das «kleine Ich». Der Zielpunkt kann dann aber nichts anderes sein als ein «großes Ich», zu dem das kleine Ich sich ausweitet. Und der Mensch tritt um so tiefer in die Bereiche des großen Ich ein, je inniger er sich den Ideen und Impulsen hinzugeben, je stärker er in den Gefühlen zu leben vermag, die zwar von seiner individuellen Person ausgehen, sich aber am Überpersönlichen orientieren. Je weiter wir auf diesem Wege fortzuschreiten vermögen, um so mehr nähern wir uns dem, was man «universelles Bewußtsein» oder «kosmisches All-Leben» nennen könnte, um mit der Zeit in dasselbe einzumünden und in ihm aufzugehen. Gleichzeitig wird auch das kleine Ich darin aufgehoben, ohne jedoch unterzugehen. Aber es findet hier schließlich seine Erfüllung und seinen Sinn.

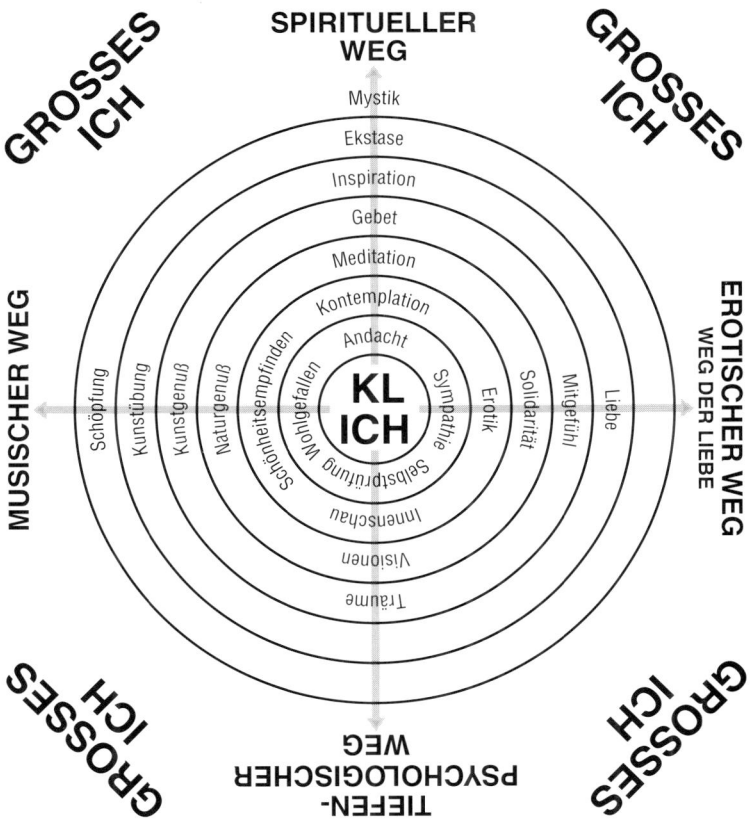

Und nun begegnet uns in Träumen dieses selbe Diagramm und immer dann, wenn eine psychische Entwicklung in ein kritisches Stadium eingetreten und ein weiterer Schritt – aus dem kleinen Ich ins große – fällig geworden ist. Das Diagramm ist ein Mandala.* Wir finden solche Mandalas überall, weltweit und seit alters, in allen Kulturen und zu allen Zeiten, auch in den Formen der belebten Natur, in den verschiedensten Gestalten: abstrakt als Sonnenrad und Ornament, als Blume, als Stadt, als runden See und

*C. G. Jung, Gesammelte Werke

283

Platz, als Insel usw. Darin enthalten ist auch immer die «Vierheit» oder ein Vielfaches davon als Zeichen dafür, daß der Mensch grundsätzlich in vier Richtungen, eben den in unserem Diagramm aufgeführten, ausschreiten kann. Gleichgültig, in welcher Richtung: Er erlangt jedesmal einen weiteren Kreis, «weiter» in doppeltem Sinne, nämlich einen nächsten Kreis, der aber zugleich weiter ist, größer und mehr umfaßt – eine Erweiterung der Persönlichkeit.

In allen vier Richtungen – der erotischen, der künstlerischen, der spirituellen und der tiefenpsychologischen – bewegen sich die Träume des nun folgenden jungen Mannes, der daran ist, sich zu seiner eigentlichen, wahren Bestimmung durchzuringen, mit anderen Worten also in eine kritische Phase seines Lebens eingetreten ist. Wir werden darin erwartungsgemäß die ganze Mandala-, Quadrat- und Vierheitssymbolik ausgebreitet finden, die ihm einen festen Stand in der äußeren und der inneren Welt, eine Zentrierung seiner Kräfte und eine bodenständige Verwirklichung seiner Ideen verheißt. Zugleich sind sie voll einer religiösen Symptomatik und dichterischen Ausdruckskraft. Er studierte damals noch an der Universität, doch spürte er immer deutlicher und bald einmal unabweisbar, daß seine wahre Berufung auf musikalischem Gebiet lag. Zugleich lag er im Kampfe um die ihm zugemessene erotische Erfüllung. In seinen Träumen spiegeln sich synthetische Potenzen – die Kraft, das Gegensätzliche in sich zu einen und die entscheidenden Weichen für die Zukunft zu stellen. In die Zeit der hier verkürzt dargestellten Traumserie fielen eine entscheidende Lebenswende und die Erstellung eines eindrücklichen Werkes. Die Betrachtung dieser Träume, die Vertiefung in sie, brachte ihre stärkende Wirkung voll zur Geltung. Träume wirken als Vektoren, als Transformatoren, die heilende Kräfte des Unbewußten ins äußere Leben umsetzen, die Lösung von Konflikten anbahnen und zu einer Ganzwerdung der Persönlichkeit beitragen. Die Traumserie erzählt uns in mythischen Bildern, was sich während einer entscheidenden Phase seiner Selbstfindung in ihm ereignete. Er war nach den zwei Jahren, die dieser Durchbruch währte, nicht mehr derselbe wie zuvor. Er war sicherer und zugleich bescheidener geworden, er hatte sich in seinen spirituellen Aspirationen bestätigt und gestärkt, er hatte seinen Weg als Komponist gefunden und damit Beifall geerntet, und er hatte sich auch in erotischer Hinsicht verwirklicht. Das war die Seite, die er seiner Umwelt zeigte. Die innere und innerste, geheime Seite aber lebte sich in seinen Träumen aus. Aus ihnen schöpfte er die Kraft zur Wandlung.

Es begann wie mit Paukenschlägen mit einer Kreuzesvision und Träumen um das Kreuzeszeichen, die, einer uralten Symbolik folgend, die Wandlung (die «Auferstehung») ankündigten. Ein Rund von *vier* feierlich-erhabenen, doch statuenhaft versteinerten Musen in einem Traum bekundete die dringende Notwendigkeit der «Verlebendigung» und der Verwandlung. Er mußte sich aus der Erstarrung lösen.

Er mußte neu den Weg zu seinen Quellen finden. Solange seine Träume flossen, konnten auch seine Kraftquellen nicht wieder versiegen. Und er erhielt sie am Fließen, indem er ihnen alle nötige Beachtung schenkte. Die nun anhebende Traumserie beginnt mit einem Traumerlebnis, das eine vor ihm liegende und ungeheure Aufgabe skizziert: Natur und Geist, Kreuz und Erde zur Deckung zu bringen, in einer Stimmung wie aus Schöpfungstagen.

Traum 1

Ich sehe die Erde, sie ist noch jung, die Zeit ihrer Erschaffung liegt nicht weit zurück. Die Landschaft: hohes sattgrünes Gras, Birken, dickleibig, die bis weit in den Himmel ragen, dampfende Nebelfetzen, aus der Erde aufsteigend und umherziehend (eine Situation, die noch alle Möglichkeiten in sich birgt). *Das alles sehe ich von einer Anhöhe aus, und es gefällt mir sehr. Besonders fasziniert betrachte ich, wie die Birken ganz oben in den Himmel wachsen, und gerade die Stelle, wo Baum und Himmel ununterscheidbar miteinander verwachsen, hat es mir ganz besonders angetan. Ich möchte dieses eindrückliche Bild fotografieren. Wie ich durch die Kamera blicke, stelle ich erstaunt und beinahe erschrocken fest, daß die durch den Apparat gegebene Bildfläche größtenteils schwarz verdunkelt ist. Es bleibt der Ausschnitt eines Kreuzes frei. Ich richte die Kamera nun so, daß sich das Eintauchen der Birke in den Himmel genau in den Schnittpunkt der beiden Kreuzachsen einfügt.* (Er sucht seine Mitte, den Schnittpunkt der Kreuzachsen, die zugleich die Mitte von Himmel und Erde ist.)

Traum 2

1. Szene: *Es ist Nacht. Ich befinde mich in einer verwahr-losten, schmutzigen Gegend. Das spärliche Licht entfernter Laternen läßt mich einen mit Abfall übersäten Platz erkennen; er ist in seiner Ausdehnung durch große runde Betonhäuser begrenzt. An den Häusern hängen zerfetzte, gelbe Plakate mit einem Clowngesicht. Ich laufe eine Strasse entlang und frage zwei Prostituierte, wo es denn hier zum großen Fest gehe.* (In der chaotischen Verwahrlosung liegt der Keim zum Neuen. Das, was der «guten Gesellschaft» verworfen erscheint, gerade dieses Abwegige, kann den Weg weisen...)

2. Szene: (Er ist in einem überdimensionalen Bus.) *Der Bus fährt los. Es ist mittlerweile Tag geworden, und der Bus fährt in eine alte italienische Stadt ein. Durch ein Fenster erblicke ich im Stadtzentrum einen runden Bau; es ist das Museum. Beim Eingang sind in etwa vier Metern Höhe in gleichmäßigem Abstand vier steinerne Musen mit Händen in Gebetshaltung angebracht. Es drängt mich zutiefst, in das Museum zu gehen, und ich bitte den Busfahrer, anzuhalten. Dieser fährt jedoch weiter, ohne mich aussteigen zu lassen. Ich bekomme einen Tobsuchtsanfall.*

3. Szene: *Der Bus kehrt wieder in die Stadt zurück; diesmal vermag ich auch die anwesenden Leute von der Notwendigkeit des Museumsbesuchs zu überzeugen. Ich stelle mich für eine Führung zur Verfügung.* (Nachdem er sich von den Ausgestoßenen der bürgerlichen Gesellschaft hat beraten lassen, ist er nun fähig, die Führung seines Lebens selber zu übernehmen.) *Wir gelangen im Museum in ein rundes Turmzimmer. In der*

Mitte liegt ein alter, sterbender Mann. Ich richte ihn ein wenig auf und halte seinen Kopf so, daß er zum Fenster hinausschauen kann. Das Fenster ist rund. Gleichsam mit den Augen des sterbenden Mannes sehe ich den ebenfalls runden Hof. (Jedem echten Schöpfungsprozeß geht ein Sterben voraus.)

4. Szene: *Ich bin wieder im Bus; dieser verfügt neben Sitzplätzen und einer Tanzfläche auch über eine Einkaufsstraße. Ich schaue, was es alles zu kaufen gibt, und komme schließlich zu einem Musikgeschäft. Ich schaue die Tonträger durch: Nur eine CD interessiert mich. Der Verkäufer legt sie mir auf und fragt mich, ob ich das abgespielte Stück kenne; ich verneine. Daraufhin gibt er mir die Musik als Alfred Schnittkes vierte Symphonie zu erkennen. Ich antworte ihm, dies sei nicht gut möglich, da ich Schnittkes Symphonien an und für sich gut kenne. Nun entgegnet mir der Mann, das Besondere an der vierten Symphonie sei, daß Schnittke sie viermal revidiert habe.* (Während er der Musik folgt, hat er eine Vision:) *Es ist Nacht, und ich bin mitten in einem dunklen Wald* (Beginn einer Jenseitsreise wie am Anfang von Dantes «Divina Commedia».) *In etwa zwei bis drei Metern Höhe schwebt eine rot schimmernde Kugel. Sie ist vielleicht halb so groß wie ein Fußball. In geziemendem Abstand umstehen in einem Halbkreis die verschiedensten Tiere die Kugel.* (Sie sind wie in Anbetung. Es ist etwas Heiliges um die Schöpfung. Gegen Ende der Symphonie hört er, wie die Kugel spricht:) *«Nun macht euch zum Opfer bereit.»* (Wiederum das Sterbemotiv.) *Und mit dem Schlußton der Symphonie verschwinden mit einem Mal alle Tiere von der Bildfläche.*

(Sie sind also durch die Symphonie erschaffen worden. Sie wurden gleichsam in die Symphonie hineingeopfert, damit eine neue, die musikalische, Schöpfung entstehen konnte.) *Die dreidimensionale Sicht wird zweidimensional. (*Die Tiefendimension, die Offenbarungen der Kunst haben im Alltag keinen Platz.) *Der schwarze Wald wird zur schwarzen Fläche, in deren Mitte ein roter Kreis leuchtet (*die Erinnerung an eine Offenbarung).

Traum 3

1. Szene: *Ich bin Mönch in einem italienischen Kloster. Im linken Seitenschiff der Kirche hat es einen Altar mit einem Triptychon. Seltsam am Altar ist, daß ich ihn – ich stehe davor – nie ganz, sondern nur bestimmte Teile sehe. Ich kann mich zum Beispiel an einen liegenden Christus aus Ebenholz erinnern, die klaffende Wunde an der Brust ist sehr eindrücklich, oder etwas höher, vielleicht auch über Christus schwebend, eine Buddhafigur.*
Ich stehe also versunken vor dem Altar, und plötzlich beginnt er leicht zu vibrieren und eine schimmernde Aura auszustrahlen. Nach kurzer Zeit ist er wieder ruhig.
2. Szene: *Ich weiß gewiß, daß sich der Altar seit einer Weile nicht mehr gerührt hat. Eine Gruppe von Touristen wird von mir durch die Kirche geführt. In losem Abstand voneinander schreiten die Leute auch am Altar vorbei, ohne daß etwas geschieht. Nun ist da aber noch ein Junge, der seinen Eltern nachfolgt. Als er in die Nähe des Altares kommt, beginnt dieser – offensichtlich unsichtbar für alle anderen – wieder ein Licht auszustrahlen und erzittert für eine kurze Zeit. Ich weiß nun, daß ich, um dem Altar*

in würdiger Weise begegnen zu können, mein Ich völlig lassen, ohne jeglichen Stolz, demütig und kindlich werden muß. Ich werfe mich also auf den Boden, recke flehend die Hände und weine. Immer mehr gerate ich außer Kontrolle, schreie und tobe verzweifelt. Der Altar aber fängt kräftig an zu beben und scheint in gleißendem Licht. Trotz meinem ekstatischen Zustand fühle ich mich innerlich erleichtert, wie jemand, dem Schuld verziehen wurde. (Der Altar, *sein* Altar, ist ein Äquivalent der Bundeslade im Alten Testament. Er zeigt die Merkmale des Göttlichen: das Erschreckende und das Faszinierende. Er eröffnet dem nun empfangsbereit gewordenen Träumer eine vor Energie erbebende Kraftquelle.) *Von hinten nahen meine Eltern. Meine Mutter schaut besorgt zu, mein Vater jedoch, als er die Szene sieht, bekommt Angst und versucht mich zu beruhigen. Als ihm dies nicht gelingt, zerrt er mich an einem Bein aus der Kirche, durch den Kreuzgang und zu unserem Auto, das nicht weit davon parkiert ist. Er öffnet den Kofferraum und legt mich, der ich erschöpft und beinahe bewußtlos bin, hinein.*

(Der Vater, ein rationaler Naturwissenschaftler, kann nichts mit solchen Erlebnissen anfangen; sie machen ihm Angst. Er muß sie abwehren. Er will seinem Sohn zwar helfen, er fühlt sich verantwortlich für ihn und ist gewillt, ihn mitzutragen, obwohl er ihn nicht versteht; aber alles, was er von seinem Standpunkt aus tun kann, ist, ihn irgendwo zu verstauen, wo er nicht stört.)

In einem nächsten Traum verwandelt sich eine reichhaltige Auswahl von Käse in Fische, die der Träumer ins Wasser, in ihr eigentliches Lebenselement, wirft. Schon in einem früheren Traum sind Fische mit ausgeprägten Seitenflossen – er nennt sie *Kreuzfische* – in einer Höhle am Grunde eines Sees vorgekommen: der Fisch, das Christussymbol; das religiöse Motiv tritt immer deutlicher hervor. Das grundlegende Traumprinzip der *Verwandlung* (siehe S. 86). Dazu sitzen versteinerte Menschen, ähnlich den Pharaonenstatuen in Abu Simbel, auf Felszacken herum. Immer noch obliegt ihm also die Aufgabe, sich zu verlebendigen, sich aus der Erstarrung zu lösen. Dieses Thema wird im nächsten Traum fortgeführt, wiederum im Rückgriff auf die Vergangenheitskräfte des kollektiven Unbewußten.

Traum 4

Ich befinde mich tief unten im Verlies einer Burg. Obgleich die dicken Mauern keinen Platz für «Fenster» lassen, herrscht dennoch keine Dunkelheit; ja seltsam, es ist, als erhelle abendliches Licht den Raum. (Es ist kein von außen kommendes Licht; es muß also ein inneres Licht sein.) *An jeder Wand sitzen auf einer langen Steinbank schweigende Gestalten. Es herrscht absolute Ruhe; das hat jedoch nicht Bedrückendes an sich.* (Die Gestalten erinnern an die versteinerten Menschen im letzen Traum; doch hat sich die Versteinerung zu einem natürlichen Schweigen gelöst, das nichts Lebloses oder Unheimliches mehr hat.)
Ich gelange in einen benachbarten quadratischen Raum. Es ist dunkler als im vorhergehenden. In der Mitte steht ein hölzerner Tisch, und auf dem Tisch liegt – ebenfalls

schweigend – ein Baby. Das Baby hat unterhalb der linken Brust ein etwa faustgroßes Loch im Leib. Ich wende mich ab, um mir eine Haube und Handschuhe anzuziehen: Ich werde dem Kind ein Herz einpflanzen.

Kommentar:

Das «Herz» im Traum, das ist das Herz, von dem die Dichter sprechen, jenes Herz, das in poetischen Metaphern gemeint ist. Es ist der Bereich in uns, der mit der Mitwelt in lebendigen und warmen Gefühlen verbunden ist. Man kann sich fragen, welches «Herz» das ursprüngliche und «wahre» ist, das äußerliche anatomische oder das innerliche Herz des Traumes und der Dichtung. Je nach dem Standpunkt erscheint das anatomische Herz als eine «Verleiblichung» der Gefühlswelt oder das Herz im Traum als eine symbolische Abstraktion des körperlichen Herzens.

Hier fügt sich nun Traum 5 ein, den wir bereits im Zusammenhang mit der allgemeinen Jenseitsbedeutung des Unbewußten (S. 60 f.) berührt haben. Wir betrachten ihn jetzt im Hinblick auf die individuelle Lebensgeschichte des Träumers. Der Träumer sah durch die Vorhalle kleine Kinder in eine Kathedrale eintreten und alte Menschen bei der Apsis wieder in den Wald verschwinden. Damals ergab sich beim Anblick des Strömens der Leute, des ruhigen, gemächlichen Alterns im Schreiten und des Waldes, der jung entläßt und alt aufnimmt, das Bild eines harmonischen und friedlichen Zyklus, eines immerwährenden kreisenden Weltengangs. Nachdem ihn

die Amsel mit dem goldenen Schnabel, die ihn so lie-
bevoll begleitete, verlassen hat, fährt der Traum fort:

Traum 6

*Da ich noch nicht vergreisen möchte, begebe ich mich zur
Vorhalle zurück, wo bereits ein Wiesel auf mich wartet
und mich auf verschlungenen Wegen wieder zur Amsel
führt. Die Amsel muß während meiner Abwesenheit um
ein wesentliches gealtert sein (der Schnabel z. B. glänzt
nicht mehr so sehr und ist etwas geschrumpft). Sie empfängt mich freundlich und sagt mir, ich sei nun erwachsen, ihre Zeit als meine Lehrerin sei abgelaufen. Ich bitte
sie inständig, noch bei mir zu bleiben. Sie entgegnet mir
aber, ich solle die Fügung annehmen, mein Flehen könne
da nichts helfen. Dann verabschiedet sie sich von mir und
fliegt davon. Weinend stolpere ich ihr durch den Wald
nach. Nächste Szene: im historischen Seminar. Ich öffne
hastig alle Fenster und Türen und rufe verzweifelt nach
der Amsel.*

(Die Vorfahren erscheinen in den Träumen gern als
Tiere – vgl. das Totem der Naturvölker –, sofern die
Beziehung zu ihnen ungetrübt ist und die Lösung
von ihnen und im besonderen vom Elternhaus auf
harmonischem Wege erfolgt ist. Das Tier hat durch
seine Instinktsicherheit und seine Erfahrung aus alten Zeiten eine natürliche Art von Weisheit, die dem
sich befreienden jungen Menschen zu Hilfe kommen
kann. Es ist dann aber immer das Tier, das kraft seiner Weisheit die Lösung einleitet, und nicht der jugendliche Träumer selbst, der in diesem alten Wissen
noch nicht verankert sein kann, auch wenn er es in

der Tiefe schon in sich trägt. Statt Tiere können es auch andere Naturwesen sein, etwa eine sprechende Blume. Wir erinnern uns hier auch an die weitverbreiteten Märchenmotive dieser Art.)

Mittlerweile suche ich auch zu Hause. Auch hier öffne ich die Fenster und rufe. Nach kurzer Zeit kommt ein Eisvogel hereingeflogen, dreht zwei, drei Runden und verschwindet dann wieder so plötzlich, wie er gekommen ist.

(Noch einmal eine Loslösung von einem hilfreichen Tier, wie zur Bestätigung.)

Ich stürze ans Fenster, um zu sehen, in welche Richtung er geflogen ist. Einige Meter entfernt auf dem Trottoir laufen ein Männlein und ein Weiblein, Menschen, zeitlos alt und von unendlicher Güte. An der Leine führen sie einen kleinen Dackel. Der Eisvogel setzt sich auf die Schulter der Urfrau. Ganz langsam dreht sich das Pärchen zu mir und winkt zum Gruß und zugleich auch zum Abschied. Dann setzen sie ihren Weg fort, und während sie so laufen, lösen sie sich allmählich in Luft auf.

Traum 7

1. **Szene:** *Ich sitze an einem kleinen Chromstahltisch in der Cafeteria eines Konservatoriums. Vorher muß die Bitte an mich herangetragen worden sein, eine Kirche zu bauen, da alle anderen, die solches je versucht hätten, gescheitert seien* (Berufung!). *Am Boden liegt ein großes weißes Blatt Papier. Dieses dient mir dazu, einen Entwurf anzufertigen. Ich knie hin, und mit einem röhrenförmigen Lineal setze ich den ersten vertikalen Strich. Als ich dem Maßstab mit dem Stift entlangfahre, weiß ich, daß alle vorherigen Planer ihre Vorstellungen von der Kirche ohne*

Lineal skizziert hatten. Dieser Unterschied scheint mir im Traum sehr wesentlich für eine erfolgreiche Realisierung des Projektes. Nach den ersten drei Strichen verwandelt sich das Café in eine weite, grüne, aber dennoch eher düstere Heidelandschaft; das Wetter ist regnerisch trüb. Am Boden glimmende Reste eines Lagerfeuers, niedergetrampeltes Gras und noch andere Kleinigkeiten, derer ich mich jedoch nicht mehr entsinne, lassen in mir den Schluß aufkommen, daß hier vorher die Infanterie oder Zigeuner gelagert haben. Zudem ist klar, und auch das nehme ich ohne Verwunderung hin, daß ich um ein paar Jahrhunderte in der Zeit zurückversetzt wurde. (Er schöpft Kräfte aus einer fernen Vergangenheit, also aus dem kollektiven Unbewußten.)

Auf dem eben beschriebenen Gelände steht nun die von mir geplante Kirche bereits realisiert. Sie ist außergewöhnlich und auf alle Fälle kühn. Mit zwei runden, dickleibigen Türmen, die durch eine kurze quadratische Wand miteinander verbunden werden, gleicht sie eher einem Bollwerk. Zusätzlich trutziges Aussehen verleiht ihr das Material, aus dem sie gebaut ist: dunkle, rotbraune Backsteine, dicht gefügt. Ich trete näher an die Kirche heran, umrunde sie, denn der Eingang befindet sich auf der mir bis anhin unsichtbaren Seite, und werde noch anderer Besonderheiten gewahr. So entdecke ich, daß sich die massiven Türme etwa einen Meter oberhalb des Bodens gegen unten konisch verjüngen; das scheint mir paradox, denn nach meinem Empfinden müßten sie dort am breitesten sein, um maximale Stabilität zu garantieren. Zum anderen fallen mir die auf der Hinterseite der Kirche am Boden verstreuten Steinplatten auf, die aus drei ineinander «ver-

zahnten» Steinkreisen (!) bestehen. Ich überlege mir, was sie wohl für eine Bedeutung haben könnten, und nachdem ich nicht darauf komme, beschließe ich, aus ihnen kunstvolle Opferstöcke zu machen. (Der Träumer hat etwas geschaffen, von dem er selber nichts wußte. Er hat es also aus dem Unbewußten geschaffen und bisher latente Fähigkeiten dafür benützt.) Der schöpferische (musische) und der spirituelle Weg! Wir denken dabei auch an die religiöse Bedeutung des Opfers, das die Bedingung seiner weiteren Entwicklung ist und zu dem er sich jetzt bereitmacht.

2. Szene: *Auf einem Maulesel reite ich zur Kurie, um die Bewilligung für die Kirche einzuholen. Mein Weg führt mich auf steilen, kargen Paßstraßen über einen Gebirgspaß in ein hochgelegenes, viereckiges Tal. Die Gebirgskette ist natürlich auch viereckig; die Landschaft sieht aber deswegen nicht etwa künstlich aus. Auch hier herrscht ein ungastliches Klima, es ist bedeckt, windig und winterlich kalt. Von weitem sehe ich ein mächtiges, ebenfalls viereckiges Herrschaftshaus oder eine Burg. Es ist die Kurie und überhaupt das einzige Haus im Tal. Dort angelangt, gehe ich hinein; rasch merke ich, daß hier offenbar niemand wohnt. Ich spähe in einen sehr langen Gang mit einer Vielzahl von Türen. Dann betrete ich ein Zimmer. Es hat einen quadratischen Grundriß, dezent hellblaue Tapeten und ist karg möbliert. Das Fenster steht offen. Ich weiß plötzlich, daß die Kurie aus unzählbar vielen solchen Zimmern besteht. Nun erkenne ich auch die Aussichtslosigkeit meines Vorhabens. Ich würde mich in der Kurie verirren, ohne jemals jemanden zu finden.*

Kommentar:

Die Kurie, Inbegriff der geistigen Autorität, der kollektiven Macht, ist menschenleer, ist ohne Leben. Der echte Mensch, das wahre Leben, ist hier nicht zu finden. Es ist nurmehr ein hohles Gehäuse; von daher darf er keinen Zuspruch erwarten. Das Thema wird im folgenden Traum weitergeführt. Was im vorhergehenden Traum nur eine negative Einsicht, eine «Null-Einsicht», gewesen war, wird nun mit einem positiven Gehalt gefüllt. Die Situation des Träumers wird deutlicher herausgestellt. Er greift jetzt aktiv ein und weiß zu kämpfen. Dabei fällt ihm dank der besonderen Begabung, die ihm seine Beziehung zu geistigen Welten verleiht, die Führung zu.

Traum 8

1. Szene: *Ich bin in die dreißiger/vierziger Jahre dieses Jahrhunderts* (Zeitalter des Massenwahns in Europa) *zurückversetzt. Es ist Hochsommer, die Luft ist stickig heiß, und ich sehe die Dinge wie durch einen versmogten, braungelben Schleier. Soeben bin ich aus einer alten Dampflokomotive gestiegen und laufe auf dem Perron den Schienen entlang.* (Das Klima ist – unter dem Druck von Diktatur und Krieg – lähmend.) *An einem alten, verrosteten Schild erkenne ich, daß die fremde Stadt Rom sein muß. Eine Besonderheit am Schild fällt mir auf. Der Name ROMA ist in der Mitte durch das SS-Zeichen getrennt.*

Kommentar:

Er ist also gespalten, auseinandergerissen, zerstört. Der Träumer leidet unter den tragischen Spaltungen, die unter den Menschen eingetreten sind, die die Heilige Stadt, die das Zentrum der einen Christenheit sein sollte, in die rationale Machtstruktur der Kirche auf der einen und die Heiligkeit ihrer Tempel und Altäre auf der anderen Seite gespalten haben und die auch in ihm wirksam sind. Das ist der Grund, warum als Gegenpol zu seinem hochgemuten Selbstgefühl in seiner Tiefe ständig auch die Düsternis, ja die Verzweiflung lauert. Das eben wollen seine Träume: ihn soweit bringen, daß er den «fonds noir» seiner Seele in die Gesamtpersönlichkeit aufnehmen und fruchtbar machen kann, und daran arbeitet er auch, ohne sich das bewußt machen zu müssen, aus innerer Notwendigkeit, in seinem musikalischen Schaffen: Das ist sein künstlerischer und sein tiefenpsychologischer Weg. – Doch auch nur schon der Name der Stadt Rom zeigt ihm einen Rettungsweg: Der Träumer gibt an, der Name lade dazu ein, ihn auch umgekehrt zu lesen, offenbar ein spontaner, doch auch ein naheliegender, ein überzeugender Einfall: Aus «Roma» wird «Amor», die Liebe, die zwischen zwei Personen spielt und eben jene Spaltung überwindet, indem sie sie in eine höhere Einheit überführt. Jetzt wird zu den drei andern auch noch der letzte, der vierte Weg eröffnet: der erotische. Jetzt ist, da alle vier Wege ausgeschritten werden können, die Möglichkeit zu einer kämpferischen Auseinandersetzung gegeben.

Traum 9

1. Szene: *In der Stadt kehre ich in eine kleine, herunter-*

gekommene Pension ein und verbünde mich dort mit den Partisanen. Das Hotel ist ein Widerstandsnest gegen die offizielle Staatsmacht. Ich übernehme die Führung und errichte auf den verschiedenen Stockwerken Beobachtungsposten. Kurz darauf beginnt ein Kampf.

2. Szene: *Ich bin in einer Menschenmenge am oberen Ende einer abfallenden grünen Wiese, die links und rechts von einem Wald umgeben ist. Von den Anwesenden muß jemand ein Ritual vollziehen. Zwei weiße Tauben kommen vom Himmel geflogen und steuern auf mich zu. Nun weiß ich, daß ich derjenige bin, der für das Ritual ausgewählt wurde. Ich breite meine Arme aus, um die Vögel aufzunehmen, und beginne in langsamen Bewegungen einen Tanz; ich löse mich aus der Menge heraus, und – immer begleitet von den Tauben – führt mich das Ritual die Wiese hinunter. So gelange ich wieder in die Stadt vom Anfang des Traumes zurück.*

Eigentümlicherweise habe ich die Aufgabe, mit den Armen die Tauben in die Höhe zu halten und auf dem Bauch durch die Straße zu robben. Die Pflastersteine sind alle von Vogeldreck beschmutzt; trotzdem befällt mich kein Ekel, im Gegenteil: Der Kot schimmert silbern, und es dünkt mich wertvoll und wichtig, darauf zu robben. (Er muß «durch den Dreck», «unten durch», also durch die Gemeinheit und die Dummheit hindurch, die die Gesellschaft für jeden tiefer veranlagten Menschen bereithält, und muß doch zugleich die Reinheit seiner Visionen hochhalten. Nachdem er diese Notwendigkeit als ein menschliches Lebensgesetz erkannt und anerkannt hat, findet er sogar eine ästhetische Befriedigung darin: Aus Ekel, Schmerz und Enttäuschung, in den Erkenntnisstand erhoben, kann das Motiv und Material zu einer neuartigen Weltdeutung werden.)

Schließlich komme ich wieder zur Wiese und gelange – immer tanzend – wieder zur Anhöhe, wo vormals die Menschenmenge stand. (Das ganze Ritual beschreibt grob einen großen Kreis.) *Oben steht jetzt ein Panoramarestaurant, wobei sich das Panorama auf der anderen Seite befindet. Nun kommen auch die Menschen wieder und öffnen die große Glastüre. Beim Eintreten fällt mir eine Taube zu Boden. Ich bücke mich und nehme sie rasch wieder in die Hand. Dann laufe ich durch das Restaurant, das im unteren Stockwerk eine Außenwand aus Glas besitzt. Zwei Fenster stehen offen. Ich werfe die beiden Tauben mit einer schwungvollen Bewegung in Richtung der offenen Fenster, um ihnen die Freiheit wiederzugeben. In weitem Bogen schwingen sie sich hinaus. Plötzlich, hoch in der Luft, verwandeln sie sich in Menschen, typische Beamte: blauer Anzug, Aktentasche, gelichtete Haare. Ich sehe sie von hinten, wie sie langsam immer kleiner werden, um dann gänzlich im Himmel zu verschwinden.* (Der Traum von der Freiheit schöpferischen Gestaltens ist noch zu flüchtig. Er versinkt wieder in der Banalität und Nüchternheit des Alltagslebens.)

Traum 10

Ich sitze mit drei andern Personen, an die ich mich aber nicht mehr erinnere, an einen runden Tisch. (Mit ihm zusammen sind es also vier.) *In der Mitte steht eine große, runde Silberplatte, in deren Zentrum liegt wiederum eine melonenähnliche, purpurn strahlende Frucht* (auch etwas Rundes!). *Schwach erinnere ich mich an ein Messer in meiner Hand. Plötzlich bricht die Frucht in vier Teile auf, wie eine Blume, die ihre Knospe entfaltet. Die Spitzen der Fruchtteile weisen zwischen die sitzenden Personen. Die ganze Szene hat Abendmahlscharakter.*

Wir können hinzufügen: Die ganze Szene ist auch ein Mandala.

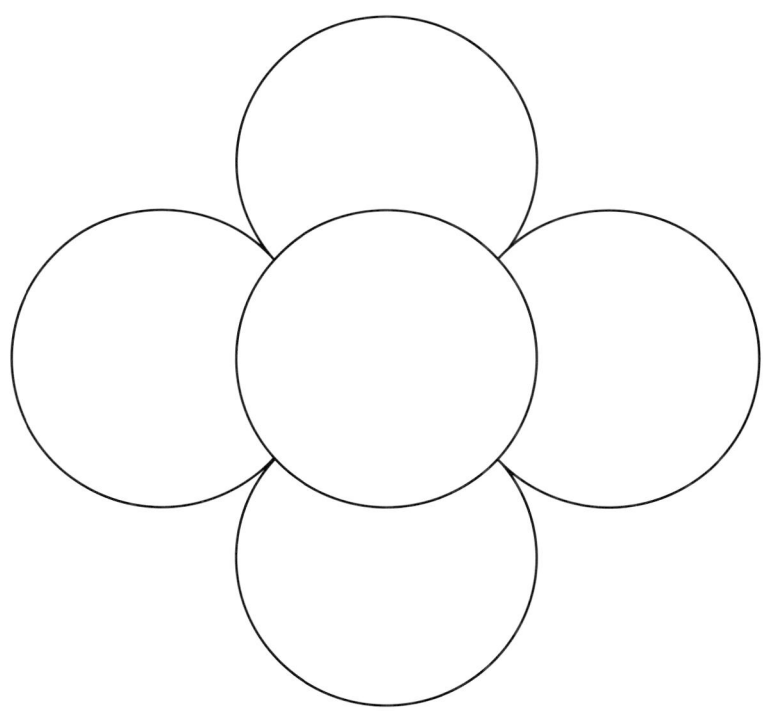

Traum 11

Ich bin in einem engen Tal, es ist neblig, regnerisch und kalt. Eine Luftseilbahn der Armee – ich bin der einzige Fahrgast – soll mich auf eine Bergspitze bringen. Während der ständig beschleunigenden Fahrt klappen auf

*einmal die vier Seitenwände der Seilbahn herunter, und
der Plafond fängt an, sich wie wild um die eigenen Achse
zu drehen. Ich lege mich flach auf den Boden und klammere mich mit meinen Händen so gut es eben geht daran fest.
So durchdringe ich ein dickes Wolkenband. Dann scheint
die Fahrt zu Ende zu sein, der Boden dreht langsam aus.
Die weißen Wolken sind gleichsam die «neue Erde», die
Sonne scheint. Aus der Wolkenmasse formen sich zwei
weiße Krähen, die langsam dem Horizont entgegenfliegen.
Die bisherigen Sicherungen halten nicht mehr stand.*

Dann gewinnt ein anderes, das schon angekündigte
erotische Thema immer mehr die Oberhand und manifestiert sich in mehreren Träumen, die hier nicht alle wiedergegeben werden können. Es führt zum
Traum 12

*Ich spiele in einer Krimiserie mit. Jemand, und hier wird
Fiktion zu Ernst, droht mir mit dem Tod. Ich weiß, daß
sich die Drohung nächstens in Form eines Bombenatten-
tates auf mich verwirklichen wird. Mit einigen Leuten besuche ich ein Restaurant. Ich sage ihnen, es sei zurzeit
nicht ratsam, sich in meiner Nähe aufzuhalten, da auch sie
vom Mordanschlag betroffen werden könnten. Das hält sie
jedoch nicht ab, und so sitzen wir bald gemeinsam am
Tisch. Plötzlich spüre ich, daß der Angriff naht. Ich
schreie etwas, ducke mich unter den Tisch – ich sitze
äußerst privilegiert auf der Eckbank, bin also vor Splittern
am besten geschützt – und ziehe das Tischtuch oder eine
Matratze (?) über mich. Tatsächlich schnellt die Tür auf,
und eine Handgranate wird geworfen. Nach überstande-
ner Attacke erkenne ich, daß ich der einzige bin, den das
Attentat völlig unverletzt und unbeschadet gelassen hat.*

Amélie, die wegen jeder Bagatelle zu heulen und zu schreien beginnt, ist schwer verwundet. Auch mein Bruder hat einige Schrammen abbekommen, die aber bereits am Zuheilen sind.

Kommentar:

Er hat eine unglückliche Liebschaft hinter sich. Nichts zeigt so klar wie ein solcher Bericht, daß Träume keine Widerspiegelung von äußeren Situationen sein wollen. Träume mit dem Charakter von Kriminalromanen, von Mafia, Spionage oder Intrigennetzen erfolgen regelmäßig dann, wenn eine Liebschaft unter Schmerzen zerbrochen, wenn also ein Liebesverlust mit der dazugehörigen Vereinsamung und Trauer eingetreten ist. Der Träumer schreibt dazu: «In den Tagen vor dem Traum wurde ich in starkem Maß von Trauer und Melancholie ergriffen, daß meine Liebe zu S. unbeantwortet blieb, und ich mußte sehr um meine innere Haltung kämpfen. Es berührte mich seltsam, daß nach bald drei Wochen solche Gefühle heraufkamen, die anfangs eher fehlten. Ich hatte mich zuvor eigentlich gewundert, wie kalt mich ihre Ablehnung ließ.»

Exkurs über die Zahlen */**

Ein Symbol ist nichts, wenn es nur «gewußt» wird; das ergibt nur intellektuelle Deutungen, die nicht helfen können. Es entfaltet seinen vollen Wert erst, wenn es erlebt und empfunden

---

*Endres/Schimmel, Das Mysterium der Zahl
** M. L. von Franz, Zahl und Zeit

wird. Wir wollen dies, mit Bezug auf den vorliegenden Fall, am Beispiel der Zahlensymbolik darstellen.

Wir sind in dieser Traumserie in bedeutungsvollen Zusammenhängen auf verschiedene Zahlen gestoßen, vor allem auf 2 und 4. Die häufige Wiederkehr dieser Zahlen ist so auffallend, daß sie etwas bedeuten muß, hier und in anderen Fällen, wobei die einzelnen Zahlen natürlich jeweils eine verschieden große Rolle spielen. Hier sind es die Zwei und die Vier. Die Zahlensymbolik ist dem heutigen Menschen fremd geworden, fremder als etwa die Farbensymbolik, und wir müssen erst wieder den Zugang zu ihr finden. In früheren Zeiten war das anders. Da waren die Zahlen nicht nur blanke Recheneinheiten. Man empfand sie als lebendige Wesen mit einem bestimmten Charakter und einer eigenen Physiognomie, als Wesen, die aktiv etwas bewirken konnten und auch im Grundplan der Kosmos eingebaut waren. Auf ihnen beruhte etwa nach der Vorstellung des Pythagoras und seiner Schüler das ganze kosmische Gefüge. Daraus ergab sich, da die Zahlenverhältnisse ja auch z. B. in den Saitenlängen und Schwingungsfrequenzen den musikalischen Tönen und Tonverhältnissen zugrunde liegen, die Lehre von den das Weltall erfüllenden Sphärenharmonien.

Und doch können auch wir Menschen von heute dem wahren Wesen wenigstens der niedrigeren Zahlen noch nahe kommen, wenn wir uns auf ein paar einfache Gedankenexperimente einlassen. In den berichteten Träumen kam immer wieder die Zahl 2 vor. Was bedeutet das? Wenn wir ein zunächst rätselhaft erscheinendes Traumelement verstehen wollen, kann es – im Falle der Zahlen und auch sonst – nützlich sein, sich zu fragen: Was würde sich am Eindruck, den der Traum macht, was würde sich an der Traumaussage ändern, wenn ich dieses bestimmte Traumelement durch ein anderes, doch derselben Kategorie angehörendes, ersetzen würde, z. B. einen Mann durch eine Frau, einen Teich durch einen Fluß usw.? Oder im Falle der Zahlen: Was ändert sich, wenn ich aus einer Zwei, die im Traum vorkommt, eine Eins oder eine Drei mache? Stellen wir uns vor, mir kommt eine einzelne Person entgegen, also eine Eins. Dann wird es unweigerlich zu einer Begegnung kommen, einer freundlichen oder einer feindlichen. Und dies auch dann, wenn man grußlos aneinander vorbeigeht: Dann ist man der Begegnung, die an sich in der Luft gelegen hätte, eben ausgewichen. Aber eine Begegnung wäre dennoch zu erwarten gewesen. Sie war, tatsächlich oder in der negativen Form der Vermeidung, unumgänglich. Schlußfolgerung: Wenn mir eine einzelne Person im Traum begegnet, muß das direkt und unmittelbar mit mir zu tun haben; dann muß eine Beziehung zwischen uns beiden bestehen oder entstehen. Was für eine Beziehung das in diesem Falle ist und was es mit der anderen Person auf sich hat, das zeigt dann eben der weitere Traumtext. Und nun dasselbe mit zwei Personen, mit einer Zweiheit: Zwei Personen begegnen mir. Was ist da anders? Was hat sich verändert? Nun, zwei Personen, die zusammen auftreten, sind auf jeden Fall von vornherein aufeinander eingestellt, als Freundespaar, als Kollegen, als Wanderkameraden, als Liebespaar, als Ehepaar, als Rivalen, als Feinde usw.

Nicht umsonst hat die Sprache den Begriff «Paar» geschaffen, für den es bei den anderen Zahlen (drei, vier usw.) nichts Vergleichbares gibt. Ich träume also, zwei Personen kommen auf mich zu. Weil sie nun aber primär nur gegenseitig aufeinander bezogen sind, kann jedes von ihnen auf mich, den Träumer, erst in zweiter Linie bezogen sein. Das heißt, eine echte, unmittelbare Begegnung ist gar nicht möglich; denn schon vorher waren die beiden als Paar bereits eine abgeschlossene Einheit, sie sind schon in sich selbst gesättigt und können an dem ihnen Entgegenkommenden, an mir, dem Träumer also, gar nicht wirklich auf gleicher Ebene interessiert sein. Im besten Falle rahmen sie ihn ein, umgeben ihn, was aber niemals eine Begegnung von gleich zu gleich sein kann. Das bedeutet, nun vom Träumer aus gesehen: Wo die Zwei im Traum auftritt, bleibt dem Träumer gar nichts anderes übrig, als eine objektive Distanz zu dem, was die beiden darstellen – was immer es sein mag – einzuhalten.

Es bleibt ein Abstand, ein Gefälle. Wenn wir also hören, daß der Träumer in seinem Liebeskummer einen rituellen Tanz mit zwei weißen Tauben, den Vögeln der Aphrodite, zelebriert, dann wissen wir, daß er seinen Liebesschmerz auf eine objektive Ebene transponiert, in diesem Falle, da Aphrodite auch die Göttin der Schönheit und als Urmutter auch der Fruchtbarkeit ist, auf die Ebene einer musikalischen Komposition, daß er also seine Liebe «in Schönheit sterben» lassen will. Und konsequenterweise verwandeln sich die Tauben – verwandelt sich der Schmerz – in zwei farblose Beamte, noch farbloser, da er sie nur von hinten sieht, bis auch sie verschwinden.

Wer der Zwei begegnet, stößt also an eine Wand. Er ist von vornherein der Unterlegene, auch wenn die beiden ein liebendes Elternpaar wären. Es sei denn, er vermöchte sie, wie in unserm Traum, in eine rituelle Handlung einzubinden. Stelle ich mir aber etwa vor, es wären zwei Türpfosten, zwischen denen ich hindurchgehen muß, dann ist dies eben keine echte Zweiheit, sondern es ist eine Türe, ein Tor oder sonst ein Durchgang, und dieses ist das Wesentliche, nicht die Zwei. Es ist im Grunde eine Drei.

Wenn nun aber zur Zwei noch ein Drittes hinzukommt, ändert sich das Bild sofort wieder. Ich begegne drei Menschen. Wenn sie nebeneinander her gehen, wird unweigerlich der in der Mitte meine Aufmerksamkeit auf sich ziehen; er wird für mich der wichtigste sein. Wenn sie hintereinander gehen, vielleicht auch, vielleicht aber auch der vorderste. Ich bin also von innen heraus gezwungen, einen von ihnen herauszuheben. Die andern beiden sind Begleiter. Ich kann sie aber doch nicht ganz außer acht lassen, denn sie gehören auch zur Dreiheit. Dadurch aber, daß ich genötigt bin, einen von den dreien auszuzeichnen, muß ich eine ganz besondere psychische Aktivität entwickeln. Ich muß von mir aus bestimmen: Dieser, der vorderste oder der mittlere, soll die Hauptperson sein, mit der ich zu tun haben will. Die Drei neigt immer dazu, in 1+2 zu zerfallen. Man kann das im Alltag beobachten, wenn etwa drei an sich Gleichgestellte zusammen eine Reise machen. Sie werden nie eine homogene Dreiheit bilden können. Immer wird eine Person eine Sonderrolle spielen, und die andern beiden werden zusammenhalten. Eifersucht kann entstehen, Auseinandersetzungen zwischen 2 und 1, oder 1 rutscht in die Kinderrolle und wird von den beiden andern unter die Fittiche genommen, oder 1 übernimmt die Führung, und die beiden andern bilden die Gefolgschaft.

Wer nun aber gelernt hat, feiner auf sein Inneres zu hören, und ohne sich viel zu überlegen, der wird beim Versuch, sich unbefangen drei Elemente irgendwelcher Art vorzustellen, bemerken, daß sie sich ihm nicht etwa schön in einer Reihe präsentieren. Das tun sie nur, wenn man auf drei zählt. Wenn ich also nur meine unwillkürliche Imagination walten lasse, werden sie sofort eine geometrische Figur bilden, ein Dreieck, mit einer Spitze gegen mich, gewissermaßen eine Speerspitze, und damit eine Beunruhigung. Es ist kein harmonisches Bild, das sich da ergibt. Die Drei ist immer eine Herausforderung, ein Anruf, eine Störung, eine Provokation. Die Unruhe aber, die sie erzeugt, kann auch eine schöpferische, eine fruchtbare Unruhe sein. Mythologische Parallelen: die christliche Dreifaltigkeit; die hinduistische Dreiheit von Brahma, Vishnu und Shiva; die drei Bethen aus dem keltischen Sagenkreis: Quellgöttinnen, zu denen die Frauen um Fruchtbarkeit wallfahren; besonders deutlich: die drei Göttinnen, unter denen Paris eine auswählen soll – eine Provokation ersten Ranges. Ferner die drei Grazien oder Chariten. Das sind doch aber Künderinnen der Anmut, der Harmonie! Das reimt sich so: Sie sind in steter lieblicher Bewegung. Die Heftigkeit der Dreiheit ist hier eingebunden in kreisenden Figuren, ist eingefangen in der Harmonie der Reigentänze. Es ist keine reine Dreiheit.

In unserer Traumserie spielt sodann die Vier eine besondere Rolle. Wenn wir uns wieder unserer spontanen inneren Anschauung überlassen, werden wir finden, daß sich die Vier fast zwangsläufig zum Quadrat fügt. Vier Elemente wie auf einer Schnur aneinandergeknüpft, sind keine Vierheit: Das ist höchstens eine Übung im Einmaleins. Das sind einfach vier einzelne, die man gezählt und nebeneinandergestellt hat, aufgereiht wie Spatzen auf einem Draht oder wie vier Staatsmänner, die sich fotografieren lassen. Es ist eine ganz unnatürliche Anordnung, auf die von sich aus kein Mensch verfallen würde. Wenn wir uns aber die Vier, wie es natürlich ist, im Quadrat vorstellen, dann sehen wir sie breit, schwer und massig dahocken, fest gefügt. Sie bietet Halt und Sicherheit. Sie ist fest im Erdboden verwurzelt. Ein Bollwerk! Eine dicke Erdmutter! Und nicht ohne Bedacht wählen wir dieses Bild; denn die Vier hat tatsächlich etwas mit der Erde zu tun. Überall, wo es um die Verankerung im Irdischen geht, finden wir die Vier. Die Erde wird vermessen nach den vier Himmelsrichtungen. Die Erdendinge zeigen sich uns in vier Farben. Die Evangelien, die von der irdischen Verkörperung Gottes sprechen, sind vier. Wenn die Römer oder die Chinesen eine Stadt gründeten oder ein Heerlager errichteten, hatte es vier Seiten, ein Quadrat. Wir fanden, daß der Mensch im irdischen Leben vier Wege hat, um zu einem Jenseitigen zu gelangen. Und in der *Jung*schen Psychologie sind es wiederum vier psychische Grundfunktionen, mit denen der Mensch der Welt gegenübertritt.

Schlußkommentar zu Traum 12:

Wir verstehen nun, warum die Vier im Seelenleben des jungen Künstlers eine so große Rolle spielt: Es ging ja darum, sich in einer greifbaren Form, in diesem Fall in einer größeren Komposition, zu verwirklichen. Dazu mußten die seelischen Voraussetzungen geschaffen werden. Und wir verstehen auch, warum die Drei hier fast vollständig zurücktritt: Das, was die Drei bedeutet, u. a. das Schöpferische, hat er in der Erschaffung seines musikalischen Werkes gelebt: Während dieser Traumserie ist ein Oratorium entstanden, das mit Erfolg aufgeführt wurde und in dem dieselben Konflikte, die Ängste, der Ernst und die Trauer und dann der religiöse Aufschwung sich spiegeln, die auch aus seinen Träumen zu uns sprechen. Die Arbeit an diesem Werk hat wesentlich zu seiner Selbstfindung (Individuation) beigetragen.

Ein Traum kann aber auch ganz konkrete Entscheidungen beeinflussen oder bestätigen und damit einem quälenden Zustand der Ungewißheit ein Ende setzen. Er kann in einer akuten Lebenskrise eine definitive Lösung herbeiführen. Er kann auch nachträglich die Richtigkeit einer getroffenen Lösung bekräftigen. Ein heute 55jähriger Mann erzählt, daß er in seiner Jugend sieben Jahre als Besatzungsmitglied an Bord schweizerischer Hochseeschiffe über alle Weltmeere fuhr. «Da hatte ich ein freies und unbeschwertes Leben, dem ich noch lange nachtrauerte. Selbst nach meiner Heirat konnte ich mich nicht von der Seefahrt trennen. Ich machte mir immer wieder Vorwürfe, weil ich mein Leben als Seefahrer gegen ein Leben als braver Familienvater mit Frau und Kindern eingetauscht hatte. Dieser inneren Unzufriedenheit machte dann aber ein Traum ein schnelles Ende – man könnte auch sagen, einen dicken Strich unter die Vergangenheit.

Eines Nachts, ich war sicher schon ein Jahr verheiratet, erwachte ich schweißgebadet aus einem Traum, wie ich es noch nie erlebt hatte.»

Traum 13
Ich bin als Maschinist auf der MS ROMANDIE und liege

nachts in meiner Koje. Schwere Gedanken und Sorgen be-schäftigen mich. Mir wird bewußt, daß ich eine riesige Eselei machte, als ich meine Familie aufgab und wieder auf die MS ROMANDIE anheuerte. Das zweite Mal auf die-sem Schiff war wirklich nicht mehr dasselbe wie früher, nicht mehr die gleichen Kollegen und nicht mehr die glei-che, gewohnte Atmosphäre wie das letzte Mal. Ich frage mich, warum ich ein zweites Mal auf einem Schiff ange-heuert habe. Warum habe ich meine Familie aufgegeben, es wäre doch viel schöner zu Hause als hier in dieser Ein-samkeit. Der Verzweiflung nahe, erwache ich plötzlich schweißgebadet und habe Mühe, mich zu orientieren.

Kommentar des Träumers:

Was ist nun die Realität? Was ist in mir vorgegan-gen? Damit ich mich besser orientieren kann, schalte ich das Licht an und bin heilfroh und glücklich, daß es nur ein Traum gewesen ist. Nun aber bin ich sicher, daß es kein Fehler war, die Seefahrt aufzu-geben.

Dieser Traum, der sich bis in kleinste Detail in mei-nem Hirn abspielte, hat mir die Realität zu 100 Pro-zent aufgezeigt. In diesem Sinne war es nicht einfach ein Traum. Ich frage mich manchmal, ob nicht eine höhere Macht dabei im Spiel gewesen war, die mir damit für den weiteren Lebensweg eine klare Linie aufzeigte.

Heute, über zwanzig Jahre später, kann ich mit gu-tem Gewissen sagen, die Entscheidung, die See zu verlassen, war richtig, und nie mehr habe ich diesen Schritt bereut.

Oft taucht in den Traumberichten wie hier die Frage nach einer «höheren Macht» auf. Die Träumer spüren, daß sie es auf alle Fälle mit etwas «Jenseitigem» zu tun haben, sei dies nun das Unbewußte oder eine andere Macht.

Ein älterer Mann berichtet z.B. über folgendes Traumerlebnis:

Ich habe einen Traum, der immer wieder kommt, und zwar ist das etwas Wunderschönes, und doch weiß ich nicht, was es bedeutet. Ich sehe meine Mutter und meinen Vater. Die beiden verschwinden ineinander. Ich kann nur schwer unterscheiden, wer vorne ist und wer hinten – etwas Wunderbares. Eine Art Seifenblase – ich weiß nicht, wie ich das beschreiben soll – wunderbare Farben.

Daraus ergab sich das folgende Gespräch:

K. W.: Sind die beiden – Vater und Mutter – denn gar nicht mehr wie wirkliche Menschen?

Träumer: Doch, sie sind immer noch ganz menschlich. Ich sehe sie jung, als Kinder, wie ich nie ein Bild von ihnen hatte, und dann im mittleren Alter, und dann ganz alt.

K. W.: Aber immer miteinander verschmolzen?

Träumer: Ja, das geht alles ineinander. Einmal ist die Mutter vorne und einmal der Vater, und ich rede mit den Eltern, also ganz deutlich – so etwas Eigenartiges. Ich frage dann: «Wie geht es euch?»

K. W.: Sind sie gestorben?

Träumer: Der Vater ist mit zweiundneunzig Jahren gestorben. Die Mutter ist fünfundachtzig geworden.

Ich bin jetzt neunundvierzig. Beide sind zu Hause gestorben und haben, wenn man so sagen darf, einen wunderbaren Tod gehabt, ohne Leiden. Jetzt sehe ich eben das im Traum und frage: «Wie geht es euch?» Dann heißt es: «Alles ist in bester Ordnung. Es ist gut». Darauf frage ich: «Wo seid ihr?» Und nun bekomme ich keine Antwort, und es verschwindet wieder. Ich habe noch zwei Brüder. Einer, der jüngere Bruder, erlebt dasselbe. Der ältere sagt, er möchte auch gern solche Träume haben...

K. W.: Hatten ihre Eltern ein gutes Verhältnis?

Träumer: Ja, ein sehr gutes. Natürlich auch mit Spannungen, das ist ganz klar. Aber dazu sind sie auch gestanden und haben uns nichts vorgemacht. Der Vater war sehr einfach, die Mutter war gebildeter, sie war eine Deutsche, ist weiter herumgekommen. Sie war auch im Ausland und hat ein wenig mehr gesehen. Der Vater konnte das notgedrungen nicht, seine Eltern waren Bauern, Kleinbauern, und er mußte den Hof übernehmen. Er wollte das auch. Er hatte eine sehr große Beziehung zur Natur, wie wir sie auch haben. Und er hat uns wunderbare Sachen mit seinen eigenen Worten gesagt.

K. W.: Wie ist das für Sie jetzt, wo die Eltern nicht mehr leben? Sind Sie auch Bauer, oder was sind Sie?

Träumer: Nein, ich habe mehrere Berufe ausgeübt. Ich war kaufmännischer Angestellter. Dann kam ich fort, ins Ausland, und die Ablösung von den Eltern geschah mit neunzehn. Da kam ich nach Paris. Ich sehe es noch ganz deutlich, damals auf dem Bahnhof wurde diese Schnur abgetrennt. Ich wurde also früh selbständig, hatte aber zu beiden Elternteilen ein ganz gutes Verhältnis. Die Mutter wollte mich eher beeinflussen. Wenn sie fragte, wohin ich gehe, habe ich geantwortet: «Fort». Das hat sie sehr getroffen. Später hat man dann gesagt, wohin man ging. Und als ich geheiratet habe, wollte sie meinen Garten umgraben, aber da habe ich gesagt, das sei meine Sache.

K. W.: Sie konnten sich gut absetzen.

Träumer: Ja, und sie hat das akzeptiert.

K. W.: Und seit die Eltern nicht mehr leben, vermissen Sie sie, oder wie ist das?

Träumer: Ich würde sagen, es war eine wunderbare Zeit. Ich bin dafür dankbar, und ich weiß, daß sie am rechten Ort sind, aber ich weiß nicht wo... Und eigentlich möchte ich es auch so haben... Wenn ich dann erwache, habe ich die längste Zeit Orientierungsschwierigkeiten.

K. W.: Über solche Träume kann man in der Tat glücklich sein. Sie zeigen, daß eine rechtzeitige und energische Distanzierung von den Eltern eine Voraussetzung dafür ist, daß man ihnen später auch dankbar sein und eine gute Erinnerung an sie behalten kann. Und was Sie selbst betrifft – Sie träumen eigentlich von einer männlich-weiblichen Ganzheit. Die Verbindung Mann-Frau, das heißt Vollkommenheit. Es gibt eine alte Sage, wonach der Mensch ursprünglich eine Kugel war mit zweimal vier Gliedmaßen. Dann hat er sich schlecht aufgeführt und wurde zur Strafe entzweigeschnitten in eine männliche und eine weibliche Hälfte. Und seither suchen sich Mann und Frau, Mann und Mann, Frau und

Frau, und sehnen sich nacheinander. Aber die ursprüngliche Vision ist eine Ganzheit. Jeder von uns ist eigentlich eine männlich-weibliche Ganzheit, und jede Selbstverwirklichung steuert auf das hin. Auch der Mann hat Weibliches in sich (Phantasie, Gemüt, Intuition, Einfühlsamkeit usw.) und umgekehrt. Diese Träume wollen Sie sicher ermutigen, Ihre eigene Ganzheit, Ihre Vollkommenheit noch weiter zu entwickeln.

Diesem Mann ist es gelungen, sich von den Vorbildern, die jedem von uns von Geburt an mitgegeben sind – Vater und Mutter – rechtzeitig zu distanzieren. Er trennte sich von ihnen schon mit neunzehn Jahren, äußerlich, indem er einen anderen Berufsweg einschlug und eine Zeitlang ins Ausland ging, innerlich, indem er auf seiner Unabhängigkeit beharrte und eine Einmischung von seiner Mutter, auch wo sie als Hilfeleistung getarnt war, nicht duldete. Doch nicht immer geht es so glatt. Die folgende Träumerin steht noch mitten im Kampf um ihre Selbständigkeit. Sie schreibt:

Ich habe im Moment einige Probleme mit meinem Mann, Ich ging allein in die Ferien, und in der ersten Nacht habe ich geträumt, mein Mann sei kurz fortgegangen und habe dann eine Frau nach Hause gebracht. Ich habe furchtbar rabiat reagiert. Plötzlich habe ich die Frau gepackt und sie vom vierten Stock hinausgeworfen. Und plötzlich waren wir nicht mehr in unserem Haus. Dann habe ich sie unten gesehen, tot auf dem Beton, und habe gesagt: «Jetzt habe ich eine Frau umgebracht.» Dann hat es geläutet, und

meine Mutter kam, die seit drei Jahren tot ist. Ich sagte:
«Du, Mami, du mußt gehen, ich habe gerade eine Frau
umgebracht. Ich warte auf die Polizei. Laß mich jetzt noch
allein mit meiner Katze.» Schweißgebadet bin ich erwacht,
und es hat mich sehr beschäftigt, daß ich so aggressiv bin.

K. W.: Es ist doch eigentlich klar, daß Sie Mord-
gedanken haben gegen diese Person, die da in Ihre
Wohnung eingedrungen ist und Ihnen den Mann
weggenommen hat. Das ist doch nur natürlich.

Träumerin: Es ist nicht nur, daß er eine Frau heim-
bringt nur wegen des Sex. Letzthin hat er ein Pärchen
heimgebracht, weil er ein wenig getrunken hatte. Ich
wurde sehr böse und sagte: «Um diese Zeit bringt
man einfach keine fremden Leute in die Wohnung,
nachts um zwei Uhr.» Es kommt relativ selten vor,
aber wenn er einmal fortgeht, macht er meistens den
gleichen Fehler. In dieser Nacht war ich fast einem
Nervenzusammenbruch nahe. Ich mußte dann einfach fort, ich konnte nicht mehr. Und in der ersten
Nacht in den Ferien hatte ich dann diesen Traum.
Das Kommen meiner Mutter und meine Mordgedan-
ken, das hat mich alles sehr beschäftigt.

K. W.: Wie war Ihre Beziehung zu Ihrer Mutter?

Träumerin: Ich würde sagen: nicht sehr gut. Meine
Mutter war eine große Egoistin, sehr dominierend.
Bis ich fünfundfünfzig war, mußte ich nach ihrer
Pfeife tanzen. Vordergründig war ich lieb zu ihr und
habe sie verwöhnt, aber eigentlich mehr aus Pflicht-
gefühl. Eine wahre Liebe zu ihr kannte ich nicht.

K. W.: Der Traum sagt ja eigentlich, die Mutter sei

schuld an Ihrer Ehekalamität: Die Mordszene geht unvermittelt über in das Gespräch mit der Mutter. Plötzlich tritt die Mutter auf. Warum? Weil der Traum Ihnen sagen will: «Denk an deine Mutter! Sie hat dich daran gehindert, selbstbewußt zu werden, auf dich selber zu vertrauen und dich zu wehren.» Offensichtlich versuchen Sie schon, sich zu wehren, aber ganz sicher mit der falschen Methode. Jedenfalls nützt es nichts, der Mann bringt trotzdem Frauen nach Hause.

Träumerin: Also indirekt ist meine Mutter schuld?

K. W.: Ja. Daß Sie infolge der Beeinflussung durch Ihre Mutter nicht zur vollen Selbständigkeit gedeihen konnten, hat zur Folge, daß Ihr Mann auf diese Art mit Ihnen umspringt. Wenn Sie ein gesundes Selbstbewußtsein hätten, würde ihm das gar nicht einfallen, oder Sie würden Mittel finden, es ihm zu verleiden. Zum Beispiel: Warum lassen Sie ihn überhaupt in die Wohnung, wenn er betrunken ist und mit einer Frau daherkommt? So was würde sich wohl nicht manche Frau bieten lassen. Und nachdem Sie das Weibsstück liquidiert haben, was tun Sie? Sie warten lammfromm auf die Polizei. Jede andere würde doch nun versuchen zu fliehen oder sich zu verstecken, oder den Kadaver beiseite zu schaffen. Der Traum zeigt aber auch den mörderischen Zug in Ihnen, aber im negativen Licht der Schuldgefühle. Die mörderische Seite ist jedoch einfach eine extreme Ausprägung von etwas, das Sie brauchen zum Leben und auch zur Gestaltung Ihrer Ehe, nämlich eine gesunde Aggressivität. Wenn man diese zu lange unterdrückt, wird sie mörderisch. Das ist ganz klar. In einem weiteren Sinne steckt hinter der Frau, die Sie umgebracht haben, sicher auch Ihre Mutter. Das ist der positive, der weiterführende Aspekt Ihres Traumes. Ein Ansatz dazu ist auch darin zu sehen, daß Sie sie wegschicken. Es tut sich auf jeden Fall etwas in Ihrem Inneren! Jeder einigermaßen bedeutsame Traum hat in gewisser Weise zwei Gesichter: Das eine blickt in die noch nicht ganz überwundene Vergangenheit, das andere in die noch nicht voll gestaltete Zukunft. Und in der Mitte ist die Gegenwart, da wo ich jetzt bin. Daher oft die Widersprüchlichkeit des Traumes: Er blickt in zwei Richtungen. Er markiert einen Moment des Übergangs und der Wandlung. Auch das gehört zu seinem schillernden Charakter. Denken Sie noch ein wenig über Ihren Traum nach! Vertiefen Sie sich in ihn, lassen Sie sich einmal ganz von ihm erfüllen! Wenn Sie ihn lange genug mit aller Hingabe betrachten und an sich vorüberziehen lassen, dann ändert er sich nämlich. Er bekommt eine andere Färbung und einen anderen Verlauf. Lassen Sie das ruhig zu! Das hat Heilkraft.

Es kann vorkommen, daß einem ein anderer Mensch das Leben «wegfrißt», so daß nichts mehr für einen selber übrigbleibt. Das ist nicht selten, vor allem bei Geschwistern, wie es ja auch in der Kindheit, bei Tisch, eine häufige Realität ist: Neid und Eifersucht. Hören wir folgenden Fall. Eine jüngere Frau kommt zum Therapeuten und erzählt:

Träumerin: Ich hatte einen eigenartigen Traum. Anstelle meiner Schwester lege ich mich in deren Sarg, damit sie noch das Gründungsfest des Turnvereins besuchen kann. Die Schwester muß mir aber versprechen, zurückzukommen. Ich lege mich ohne Angst in den Sarg. Nach dem Erwachen am Morgen weiß ich nicht, ob meine Schwester eigentlich gestorben ist.

F. W.: Ein starkes Stück! Daß Sie sich anstelle Ihrer Schwester in den Sarg legen, nur damit diese noch das Fest des Turnvereins besuchen kann, ist doch wohl ein etwas zu großer Einsatz, oder nicht? Der Traum gibt eine übertriebene Darstellung, damit Sie aufhorchen.

Träumerin: Heute träume ich nie mehr, daß es mir bewußt wird, und ich frage mich, ob ich keine Phantasie mehr habe.

F. W.: Träume finden jede Nacht etwa viermal statt, nur erinnern Sie sich nicht daran.

Träumerin: Ich bin Mutter und habe zwei Kinder. Mit meinen Kindern habe ich keine Probleme. Ich fühle mich wohl, bin – soweit ich es weiß – weder angespannt noch nervös.

F. W.: Und Sie schlafen gut?

Träumerin: Sehr gut. In der Regel gehe ich früh zu Bett und schlafe auch gleich ein. Aber ich habe mir eben gedacht, ich möchte am Morgen noch wissen, was ich geträumt habe.

F. W.: Man kann sich darauf einstellen, und dann erinnert man sich viel eher. Es ist zwar keine Notwendigkeit, aber es ist interessant und wertvoll, wenn man die Träume verwerten kann. Sie können nach dem Erwachen mit geschlossenen Augen noch etwas nachsinnen. Vielleicht erinnern Sie sich dann an das Bruchstück eines Traumes, und es gelingt Ihnen, den ganzen Traum zu rekonstruieren.

Träumerin: Ja, meine Mutter kommt oft...

F. W.: ...im Traum?

Träumerin: Ja, ich höre sie einfach, ich sehe sie nicht, aber ich höre sie gut. Ich habe im wirklichen Leben oft Schwierigkeiten mit meiner Schwester, und dann höre ich im Traum oder auch am Morgen die Stimme meiner verstorbenen Mutter, die mir sagt: «Gib nach, tue es doch einfach!».

F. W.: Sie hören das also so, wie Ihre Mutter es gesagt hat?

Träumerin: Ja, genau so. Sie sagt, ich solle das doch jetzt der Schwester zuliebe tun.

F. W.: Wahrscheinlich sind Sie Ihrer Schwester gegenüber entgegenkommender, als es Ihnen innerlich entsprechen würde. Deshalb legen Sie sich sogar noch stellvertretend für sie in den Sarg. Sie lassen sich gewissermaßen Ihr Leben von der Schwester wegnehmen. Es sind aber natürlich auch Todeswünsche gegen die Schwester da: Eigentlich soll *sie* in den Sarg. Im äußeren Leben nimmt *sie* Ihnen ihr Leben weg, im Traum ist es umgekehrt: Sie wünschen *ihr* den Tod; aber Sie machen es dann doch auch wieder rückgängig, vollziehen also noch einmal eine Umkehrung und gehen überflüssigerweise selber in den Tod. Sie getrauen sich auch noch nicht einmal im Traum, Ihre Schwester eindeutig und definitiv wegzuschicken. Sie sehen den Kompromißcharakter des Traumes und wie er kompensatorisch die entgegengesetzte Position zur bewußten Einstellung einnimmt und diese damit korrigiert. Ihr Unbewußtes hat – aus moralischen Gründen – solche Phantasien bis auf weiteres einmal unterdrückt und keine Träume mehr an die Oberfläche dringen lassen. Wenn Sie sich aber in der angedeuteten Richtung die Sache durch den Kopf gehen lassen, werden sich über kurz oder lang wieder Träume einstellen, vielleicht auch «böse». Es ist aber besser, wenn sich die negativen Gefühle und aggressiven Szenen in den Träumen abspielen und man ihnen mit Verständnis begegnet, als wenn sie sich ins Alltagsleben einschleichen.

Es müssen nicht immer Geschwister sein, die uns am Eigenleben hindern und unser Selbstsein auslöschen. Es kann auch in einer wertvollen und sehr bereichernden Freundschaftsbeziehung geschehen, daß der eine dauernd im Schatten des andern steht und dadurch in seiner eigenen Entwicklung gehindert wird, so daß er seine Selbstentfaltungsmöglichkeiten durch Projektion in den anderen verlegt und in dessen Leben aufgeht. Dann kann er natürlich selbst nicht leben. Ein jüngerer Mann erzählt:

Kürzlich bin ich aus einem Traum heraus erwacht. Ich bin auf dem Rücken geflogen, vor mir waren weiße Berge und unten ein See. Ich sah auch Tannen und Nebel. Und in der Nähe einer Bergstation bin ich gelandet und habe mich auf dem Boden gewälzt, und neben mir lag ein Fuchs. Dann bin ich erwacht.

K. W.: Wie war Ihr Gefühl, Ihre Stimmung dabei, Angst, Lust oder Freude?

Träumer: Ich hatte fast das Gefühl, so habe ich es für mich gedeutet, daß ich wahrscheinlich nicht abstürze im Leben. Ich weiß nicht, war es Angst oder Freude, wahrscheinlich beides. Ich bin auch schon aus dem Schlaf erwacht und wußte nicht, wo ich war.

K. W.: Ihr Gefühl war also eigentlich gemischt. Ein Wohlgefühl beim Schweben und auch eine gewisse Angst dabei, und dazu kommt noch dieser Fuchs. Als Sie erwachten, hatten Sie Freude an diesem Fuchs?

Träumer: Am meisten Freude hatte ich an dem Bild, das ich gesehen habe, also an den Bergen, dem See und der ganzen Weite. Und alles so deutlich. Ich kann mich selten so deutlich an Träume erinnern.

K. W.: Also ein richtiges Freiheitsgefühl?

Träumer: Ja, ein Freiheitsgefühl.

K. W.: Kommt dieses Freiheitsgefühl in Ihrem Leben auf seine Rechnung? Ich meine, haben Sie im praktischen Leben manchmal das Gefühl, Sie seien ein wenig beengt oder gefangen?

Träumer: Ja, das könnte schon sein.

K. W.: Und der Fuchs! Ein Fuchs, das ist nun also ein Raubtier, aber ein ganz schlaues und für den Menschen nicht gefährliches, listiges. Bedeuten Ihnen diese Eigenschaften etwas?

Träumer: Nicht unbedingt.

K. W.: Sie mögen also diese Eigenschaften des Fuchses nicht. Sie sind mehr so geradeheraus?

Träumer: Ich denke mehr, daß mein Traum mich vielleicht glücklich macht oder von einem gewissen Fernweh erlöst. Auf diese Weise habe ich ihn ausgelegt.

Und dann habe ich noch das Glück gehabt, daß mir am Nachmittag jemand 700 Franken gebracht hat.

K. W.: Ach so. Sie neigen also zu Fernweh... nach fernen Ländern.

Träumer: Ja, und – wie soll ich sagen – nach neuen Kulturen. Man kann das natürlich auch hier erleben, aber bei uns ist eben vieles auf sehr engem Raum.

K. W.: Das ist wahrscheinlich ein Teil Ihres Lebensgefühls. Sie fühlen sich in gewissen Hinsicht eingeengt. Sie sehnen sich nach einer Erweiterung.

Träumer: Wissen Sie, ich habe eben seit zehn Jahren einen ganz interessanten Freund, er ist Künstler. Er hat schon 117 Länder besucht in seinem Leben. Und durch das, was er alles macht – er war jetzt zwanzig Jahre in der Welt draußen und hat auch vier Jahre in Paris gelebt –, komme ich mir manchmal so klein vor. Ich habe noch nichts gesehen und nichts erlebt. Er sagt immer, das stimme nicht, ich müsse jeden Tag so erleben und nehmen, wie er komme. Er sagt, jedes Leben sei ein einmaliges Wunder. Wir sprechen auch viel über Psychologie oder parapsychologische Themen, er hat eine große Lebens- und Menschenerfahrung. Es kann natürlich auch sein, daß solche Träume dann eine Folge solcher Diskussionen sind. Ich habe mit ihm schon große Wanderungen, interessante Touren gemacht. Ich bin jetzt 40jährig.

K. W.: Sich auf der Erde wälzen heißt ja, einen besonders intensiven Kontakt mit der Erde aufnehmen, sich innig und vielleicht sogar lustvoll mit ihr verbinden. Das ist dann das Gegenteil zu den Höhenflügen und zum Fernweh. Es ist, wie wenn der Traum sagen würde: «Suche vermehrt die Vereinigung mit der Mutter Erde, verwurzle dich *hier,* statt in der Phantasie und in der Sehnsucht den Reisen deines Freundes zu folgen. Du mußt du selbst sein und nicht er.»

Man sieht hier und an anderen Träumen, daß der eigentliche Konflikt und die Personen, welche die Träger des Konfliktes sind, im manifesten Trauminhalt gar nicht aufzutreten brauchen. Aber auch, wie wichtig es ist, in Zusammenarbeit mit dem Träumer unter die Bildoberfläche des Traumes zu tauchen, in die Welt seiner Gefühle, die dann seine innere Situation von einer ganz anderen Seite her beleuchten: die andere Seite der Medaille. *Freud* sprach deshalb vom «manifesten» Trauminhalt im Gegensatz zu den «latenten» Traumgedanken. Was wir in der Traumarbeit tun, ist die «manifesten» Traumbilder als Ausdruck «latenter», noch unausgesprochener und deshalb unbewußter oder verborgener Vorgänge verstehen lernen. Man sieht an solchen Träumen, wie völlig anders ein und dieselbe psychische Situation im Wachen und im Träumen aussieht. Die Seele bedient sich zweier ganz verschiedener Idiome, um dasselbe auszudrücken. Wer aber nur eine dieser Sprachen beherrscht, dem kann vielleicht etwas Wesentliches entgehen. Das ist auch in den folgenden Träumen ganz deutlich.

Träumer: Ich hatte einen ganz kurzen, markanten Traum, der mich nicht losläßt.
Ich befand mich in einem Raum, der hell naturgetäfert war. Er hatte keine Fenster, wohl aber eine Türe, die auch

naturgetäfert war. Einen ähnlichen Raum habe ich im Haus. Nur hat er Fenster. Ich befand mich also in diesem Raum und merkte ganz deutlich, daß ich in einem Schiff auf einem großen See, auf einem großen Fluß oder auf dem Meer fuhr. Ich hörte deutlich die Maschinen donnern. Dieses Schiffsgeräusch! Sekundenlang habe ich empfunden, daß ich in diesem getäferten Raum im Bug des Schiffes bin. Und plötzlich habe ich gemerkt, daß die Maschine nicht mehr richtig läuft und daß das Schiff sich dreht. Der Boden hing auf eine Seite. Und dann kam mir schlagartig in den Sinn: So, jetzt mußt du blitzartig zur Tür hinaus, dieses Schiff ist am Untergehen; ich muß schauen, daß ich an die Oberfläche komme und schwimmen kann, und mich an irgendeinem Holz festhalten. Dann bin ich erwacht. Nun läßt mich dieser Traum einfach nicht mehr los, ich kann ihn nicht deuten.

K. W.: Es ist also Gefahr vorhanden. Etwas, das sonst auf festem Boden steht, als Zimmer in einem Haus, kommt ins Schwimmen und dann ins Wanken. Es wird ein Teil eines Schiffes, und Sie sind drin. Das heißt, Sie verlieren den festen Boden unter den Füßen. Eine ungemütliche Situation! Nun ist die Frage: Was ist damit gemeint? Was gerät ins Schwimmen, was gerät ins Schwanken?

Träumer: Ich bin Realist, ich habe ein eigenes Haus. In meinem Haus gibt es ein ähnliches Zimmer... Es hat ein Fenster und eine Türe, und die Türe ist innen auch so getäfert wie der ganze übrige Raum, aber in diesem Schiffsraum hatte es kein Fenster. Eigenartig ist, daß ich ganz deutlich gewußt habe: Ich bin in einem Schiff.

K. W.: Das war ein Angsttraum. Etwas muß in Ihrem Leben ins Schleudern gekommen sein.

Träumer: Ich hatte eine Freundin, eine liebe Freundin, mit der habe ich eine Reise gemacht bis nach Peking, und auf dieser Reise habe ich etwas erlebt, das mir in meinem ganzen Leben noch nie passiert ist. Ich war fünfundzwanzig Jahre verheiratet, ich hatte verschiedene Freundinnen, aber es hat nie lange gedauert. Und auf dieser Reise habe ich mich unsäglich und spontan in eine Frau verliebt, eine Russin aus Sibirien. Ich habe sie nur zwei oder drei Stunden lang gesehen. Ihr ist es genau gleich ergangen. Wir haben spontan unsere Adressen ausgetauscht, und in diesem dreiviertel Jahr habe ich russisch lesen gelernt, ich kann ihre Briefe lesen. Damals, als ich sie getroffen habe, hat sie mir gesagt, ihr Leben sei verpfuscht, sie habe mit zwanzig Jahren geheiratet, dann habe sie gemerkt, daß ihr Mann ein Trinker war. Ein Kind, das sie erwartete, habe sie verloren. Sie hätten sich dann gütlich getrennt, und drei Jahre später habe sie wieder einen Mann kennengelernt. Sie habe Angst gehabt, einen Fehler zu machen, habe ihn dann aber geheiratet, weil er überhaupt nicht getrunken habe. Als sie von ihm ein Kind erwartete, habe er sich weder um sie noch um das Kind, das sie in die Ehe gebracht hatte, gekümmert. Aus den Briefen ging dann auch hervor, daß die Frau in Sibirien noch eine Mutter hat. Sie hat zwei Kinder und lebt in Trennung. Und mir schreibt sie feurige Liebesbriefe, ich sei der einzige und der Beste und der Liebste, und sie möchte zu mir kommen. Und ich habe jetzt plötzlich

Angst, wenn sie ihre Mutter auch mitbringt, daß ich finanziell nicht in der Lage wäre, vier fremde Leute zu erhalten.

K. W.: Und nicht nur finanziell! Und darauf weist dieser Traum hin. Das ist eine Erschütterung Ihres ganzen Lebensgefühls und Ihres bisherigen Lebensstils, an den Sie gewöhnt sind und in dem Sie sich heimisch fühlen. Und jetzt plötzlich kommt etwas ganz Fremdes.

Träumer: Ich wünsche mir eine Familie, aber ich habe jetzt plötzlich Angst, ich könnte diesen vier Menschen nicht ein Leben bieten, wie man es bei uns kann. Ich bin frühpensioniert und lebe gut allein. Ich kann auch Reisen machen. Ich habe diesen Traum gehabt, bevor ich gewußt habe, daß die Frau mit Anhang, mit der Mutter und zwei Kindern, kommen würde. Aber auch schon allein dieses Liebeserlebnis ist eine Erschütterung.

K. W.: Ja, das ist eine gewaltige Erschütterung. Es muss aus Ihrem tiefsten Untergrund kommen, den Sie – im Gegensatz zu Ihrem sonstigen «realistischen» Leben – nicht unter Kontrolle haben. Wissen Sie, das Leben rächt sich, wenn man seine romantische Seite zu wenig leben lässt. Das hat wohl gar nicht so viel mit dieser Frau zu tun als mit einem ganz unbewußten weiblichen Urbild in Ihnen selbst, das Sie auf sie projiziert haben. Es ist etwas Eigenes, das Sie in ihr erlebt haben, daher die Faszination: Denken Sie an die (seelenlosen!) Undinen und Nixen im Märchen! Sie hat Sie verhext, und man kann sich ja schon vorstellen, aus welchen Absichten. Aber wenn sie Sie dann einmal hat, dann gnad' Gott! Dann fällt mit einem Mal der gleißende Firnis ab, und neben sich haben Sie ein habgieriges und ausnützerisches Weib mit Anhang, das Sie nicht mehr loskriegen. Statt einer Loreley! So endet jede Faszination (die übrigens nicht mit Liebe zu verwechseln ist): mit einer furchtbaren Ernüchterung und oft mit sozialer Degradierung: Denken Sie an den Blauen Engel, an die Frau, die das Leben des Professors Unrat zerstörte. Der hat auch gemeint, er sei «realistisch» und über seine Gefühle erhaben. Sie sind gar nicht so realistisch, wie Sie meinen oder vielleicht auch gerne sein möchten. Aber *sie* ist natürlich schon realistisch; *sie* weiß genau, was sie will. Und sie weiß genau, wie sie es anstellen muß, und was sie Ihnen schreiben muß, um Ihre unterdrückte und damit unkontrollierte romantische und wohl auch weibliche Seite anzurühren.

Und nun kommt der Traum und sagt: «Gib acht, überlege dir das, dein ganzes Leben kommt ins Schwanken. Plötzlich ist dein Haus ein Schiff, steht nicht mehr auf festem Boden, ist Wind und Wellen preisgegeben, und du kannst nicht mehr ‹hinaussehen›, denn du hast nicht einmal mehr ein Fenster in deinem schönen Raum. Also, paß auf!»

Träumer: Ja, das mache ich auch und habe große Schwierigkeiten, weil ich nicht ein Mensch bin, der andere Menschen vor den Kopf stoßen kann. Ich wurde deshalb auch schon oft ausgenützt in meinem Leben. Aber ich möchte doch vorsichtig bleiben. Aber wie sage ich das jetzt dieser Frau, die Feuer und

Flamme für mich ist und die mir sagt, sie würde bis an mein Lebensende eine treue Frau sein, mich umsorgen und feine Gerichte kochen, mir alles bieten? Und das ist natürlich verständlich. Diese Leute leben in katastrophalen Umständen.

K. W.: Verwechseln Sie nicht Schwäche mit Hilfsbereitschaft! Sie appelliert an Ihre weibliche Seite, die unentwickelt geblieben und deshalb zu Naivität und Sentimentalität entartet ist. Das ist Ihre schwache Stelle. Tönt das alles, was sie Ihnen da schreibt, nicht ein bißchen gar zu romantisch? Und ist nicht vielleicht auch ein wenig Berechnung dabei? Und wenn es echt ist, dann ist es wenigstens unreif. Sie müssen das halt offen mit ihr besprechen und dabei den Kopf nicht verlieren. Sie sucht eine Versorgung für ihre Mutter und ihre Kinder, und dafür sind Sie gerade recht. Auf all das weist der Traum Sie hin. Eine deutlichere Warnung könnte er nicht aussprechen.

Man kann aber auch über dem schwankenden Element des Wassers festen Tritt haben: auf einer Brücke, und dann ist man in einem Übergang begriffen, von einem Ufer zum anderen, von einer Lebensphase in die andere, von einer Beziehung in eine andere, vom Leben zum Tod oder Nachtod usw. Davon handelt der nächste Traum:

Träumerin: Seit längerer Zeit macht mir ein Traum zu schaffen. Er wiederholt sich seit Jahren in Abständen. Da ist ein riesiger Fluß, der sehr breit ist. Das Wasser reißt einen fast mit. Es führt eine Brücke darüber, eine eigenartige, aber diese Brücke ist ziemlich unklar. Ich habe immer

Angst davor. Ich habe auch Angst, das Wasser reiße mich mit. Ich habe nicht eine panische Angst vor diesem Traum, aber es ist ein ganz ungutes Gefühl.

K. W.: Sind Sie nie wirklich über diese Brücke gegangen?

Träumerin: Nein, ich bin jeweils schon auf der Brücke, aber ich weiß nicht, ob ich ganz hinübergehe oder nicht.

K. W.: Was ist das für eine Brücke, die Sie im Leben überqueren möchten oder sollten? Möchten Sie in irgendeiner Hinsicht an ein anderes Ufer gelangen? Möchten Sie irgendeine Schwelle überschreiten, sollten Sie einen bestimmten Entschluß fassen, oder sollten Sie Neuland betreten? Das sind ja alles Gleichnisse, die dasselbe meinen. Und die Brücke meint einen Übergang von einem Ufer zum anderen oder von einer Lebensphase in die andere.

Träumerin: Ich muß sagen, ich habe in meinem Leben viel erlebt. Es gibt natürlich immer Probleme, die an mich herankommen und die ich bewältigen muß. Es ist nicht ein bestimmtes Problem jetzt.

K. W.: Aber machen Ihnen im allgemeinen Übergänge zu schaffen, Umstellungen zum Beispiel?

Träumerin: Ja, eigentlich schon.

K. W.: Sie könnten sich aber gut helfen, indem Sie Ihren Traum regelmäßig meditieren. Versuchen Sie in einer schön entspannten Haltung, einmal die Brücke ganz zu überqueren. Zuerst einmal alles ganz genau erleben, den reißenden breiten Fluß, die Wassermassen, die einen fast mitzureißen drohen, und dann diese Brücke – stabil, schwankend, einsturzgefährdet? –, und Sie selber auf der Brücke und die Stimmung, in der Sie sich befinden. Sie stellen sich das nun ganz deutlich vor, und dann versuchen Sie, weiter über die Brücke zu gehen, bis zum anderen Ufer. Vielleicht zuerst das andere Ufer von der Mitte der Brücke, dem «Punkt der Entscheidung» aus, betrachten, schauen, was es dort drüben hat. Vielleicht hat es auch verlockende Dinge.

Träumerin: Eigenartig ist, daß dieser Traum mir nicht nur unangenehm ist. Auf irgendeine Art ist es auch ein angenehmes Gefühl. Ich weiß gar nicht, warum.

K. W.: Wohl, weil dann etwas Neues kommt, vielleicht noch Unbekanntes, und da ist man auch neugierig darauf.

Träumerin: Als Kind hatte ich einen Traum, über lange, lange Zeit. Da ist mir ein Mann nachgerannt, ich bin über die Straße, in ein Haus hinein, ein Haus, das ich kannte, die Treppe hinaufgelaufen und vom Balkon hinuntergesprungen in den Garten, und x-mal ist der Mann hinter mir hergekommen. Das war ein Traum, den ich gehaßt habe. Und ich hasse ihn heute noch, wenn er mir wieder in den Sinn kommt. Ich träume ihn nicht mehr, aber ich denke noch daran.

K. W.: Ein typischer Kindertraum. Der Vater? Eine fordernde und harte Autorität? Der Mann als Geschlechtswesen? Die grausamen Gebote des Erwachsenenlebens? Es ist an Ihnen, das zu entscheiden.

Träumerin: Dieser Traum war mir also wie gesagt unangenehm, im Gegensatz zum Traum mit der Brücke, der mich auf eine Art anspricht, trotz des Gruselns, das ich habe.

K. W.: Ja, denn jetzt sind Sie ein erwachsener Mensch und können selbstverantwortlich entscheiden, im Gegensatz zum Kind. Der Traum bedeutet auch, daß Sie noch eine Zukunft haben. Auf dem diesseitigen Ufer ist die Vergangenheit, und auf dem jenseitigen ist die Zukunft. Und wenn Sie immer wieder diese Brücke erleben und diesen Strom, dann heißt das doch, daß Sie im Begriff sind, sich eine Zukunft quasi zu erobern, zu gewinnen. Es ist der Übergang von der Vergangenheit zur Zukunft, und in der Mitte ist die Gegenwart. Der Traum sagt: «Mach vorwärts! Faß dir ein Herz! Du bist ja schon halb hinüber».

Diese Frau steht noch auf der Brücke und sehnt sich hinüber. Einen deutlicheren Blick in die Zukunft gewährt der folgende Traum. Er enthält nicht eine Warnung vor einer falschen Entscheidung und stellt nicht nur den Grenzmoment der Entscheidung, den Übergang, dar: *diese* Träumerin *ist* bereits auf dem Weg und steht nicht erst auf der Brücke. Sie hat den richtigen Weg bereits gefunden.

Träumerin: Ich bin im Verkauf tätig. *Nun habe ich geträumt, eine Kundin sei bei mir gewesen und ich habe sie von ihrem Kopfweh geheilt (ich selber leide unter Migräne). Ich habe sie also geheilt, und sie fragte, was es koste. Ich hatte so ein Blatt mit Haselnüßchen darauf und sagte: «Ich muß diese Haselnüßchen zählen, dann kann ich Ihnen sagen, was es kostet.» Das habe ich gemacht und dann gesagt: «Es kostet 38 Franken.» Sie fragte darauf, was sie machen solle, wenn sie wieder Kopfweh bekomme. Ich sag-*

te, sie bekomme in Zukunft kein Kopfweh mehr, das sei jetzt gut. Dann ging ich in die Neunuhrpause. Der Ladenchef hatte es irgendwie mitbekommen und sagte, ich hätte 50 Franken verlangen sollen, 38 Franken seien zu wenig. Dann bin ich erwacht.

K. W.: Sie haben sie also vom Kopfweh geheilt?

Träumerin: Ja.

K. W.: Das ist natürlich ein Teil von Ihnen selbst, das ist Ihr anderes Ich, diese Frau, die das gleiche oder ein ähnliches Leiden hat wie Sie selbst. Sie können ihr also helfen, d. h., Sie können sich selber helfen. Die Frage ist, wie? Es kostet etwas, und es kostet mehr, als man zuerst geglaubt hat. Aber was ist denn mit diesen Haselnüßchen? Die zählt man doch nicht.

Träumerin: Ich weiß es auch nicht, das finde ich ja so komisch. Ich hatte sie dort auf dem Tisch und mußte sie zählen, um ihr sagen zu können, wieviel es kostet.

K. W.: Und es waren 38 Haselnüßchen?

Träumerin: Ja, scheinbar.

K. W.: Essen Sie solche Haselnüßchen?

Träumerin: Ja, und meine Tochter ißt sie.

K. W.: Es hat also auch mit Ihrer Tochter zu tun, was, das müssen Sie selbst herausfinden. Haselnüßchen... und die werden nun gezählt. Aber hören Sie, das ist doch eine etwas merkwürdige Art, eine Rechnung zu machen. Es dünkt mich so pedantisch, oder? Es erinnert an gewisse Märchen, Aschenbrödel zum Beispiel, wo auch solche Aufgaben gestellt werden. Etwas ganz Kniffliges muß gezählt werden, Erbsen und ähnliches, und das bereitet dann oft Schwierigkeiten. Es kommen aber auch Tiere, etwa Ameisen,

die einem helfen und die Aufgabe für einen lösen –
Kräfte aus dem Unbewußten, auf die man sich verlassen kann. Man muß sich also nicht sorgen und ab-
mühen. Da ist irgendeine Prüfung oder Aufgabe, die
Sie lösen müssen. Wie alt sind Sie?

Träumerin: Ich bin fünfundvierzig. Ich bin geschieden und habe eine Tochter und einen Sohn, die bei
mir leben.

K. W.: Sind Sie zufrieden mit Ihrem Beruf als Verkäu-
ferin?

Träumerin: Ja, mehr oder weniger schon. Aber ich
möchte schon einmal noch etwas anderes machen,
das mich mehr befriedigt.

K. W.: Und haben Sie schon lange Migräne?

Träumerin: Ja, seit ich vierundzwanzig war.

K. W.: Wieso genau seit vierundzwanzig? Was war
damals?

Träumerin: Es begann nach der Geburt meines Sohnes.

K. W.: War die Ehe schon damals nicht mehr gut?

Träumerin: Nein, da war sie nicht mehr gut.

K. W.: Können Sie etwas zur Zahl 38 sagen?

Träumerin: Nein, da fällt mir gar nichts ein.

K. W.: Was war, als Sie 38 waren?

Träumerin: Da war die Scheidung.

K. W.: Da sehen Sie. Bis Sie 38 waren, haben Sie mit
Ihrem Mann gelebt, aber eben nicht glücklich, mit
Ihrem Mann und den beiden Kindern. Der Traum
sagt, Sie sollen einmal diese Jahre zählen. Sie sollen
nochmals zurückgehen in diese Jahre und alles aufschreiben, was damals war, damit Sie es dann

endgültig ablegen können, in ein Dossier gewissermaßen, wo es dann zwar abrufbar, also nicht verdrängt, aber gut versorgt ist. Und das tut dann eben auch Ihrer Migräne gut. Leuchtet Ihnen das ein?

Träumerin: Ja, wobei die Migräne jetzt recht viel besser ist.

K. W.: Dann sagt der Leiter, Ihr Chef also, Sie hätten fünfzig verlangen sollen. Das ist der, der etwas zu sagen hat, der maßgebend ist. Das ist der, der drauskommt. Der sagt: «So billig ist das nicht, so billig kommst du nicht davon, es kostet etwas, gesund und zufrieden zu werden. Bis zu 38 Jahren – sicher vielfach auch schwere Jahre – hast du schon abbezahlt. Du hast gemeint, damit sei es getan, mit der Ehescheidung müßte alles gut sein. Aber nichts da, fünfzig Jahre müssen es sein». Sie müssen noch weitere fünf Jahre intensiv an sich arbeiten, dies verlangt diese maßgebende innere Instanz. Sie verlangt von Ihnen ein noch größeres Opfer, als Sie schon geleistet haben. Nicht wahr, im gewöhnlichen Leben ist es jedermann klar, daß man für alles bezahlen muß. Im Psychischen und wenn es um die innere Entwicklung geht, ist es nicht anders: mit Leiden oder Verzicht oder mit Arbeit an sich selbst. – Warum gerade fünfzig? Sie sind jetzt fünfundvierzig, in fünf Jahren sind Sie fünfzig. Ist das irgendwie ein Problem für Sie?

Träumerin: Fünfzig zu werden? Nein.

K. W.: Oder haben Sie etwas vor auf diese Zeit?

Träumerin: Nein, eigentlich nicht.

K. W.: Es heißt auf jeden Fall, daß mit fünfzig Schluß ist mit dieser Migräne, denn dann werden Sie mit der Migräne alles abbezahlt haben, und daß dann vielleicht auch sonst eine günstige Wende in Ihrem Leben bevorsteht. Und daß Sie bis dahin auch mit dieser gescheiterten Ehe innerlich fertig geworden sind.

Träume im reiferen Alter

Altersträume haben naturgemäß einen anderen Charakter als die des früheren und mittleren Lebensalters und die Kinderträume. Ein erster Typus beschäftigt sich mit dem, was das Leben einem nicht gebracht oder was man nicht erreicht hat, und versucht einen Standpunkt dazu zu finden. Eine 63jährige unverheiratete Rentnerin berichtet:

Traum
Ich stehe da in einem langen, weißen Brautkleid mit Schleier. Mein Bräutigam ist ein junger Mann, den ich im realen Leben nicht kenne. Eine große Hochzeitsgesellschaft ist versammelt, elegant gekleidet, wie es sich gehört. Ich erkenne einen meiner Brüder mit Schwägerin in der großen Gesellschaft. Man munkelt und sagt mir, mein Bräutigam hätte einen nicht sehr guten Leumund. Er selbst ärgert sich über die Leute, die schlecht von ihm reden. Ich sage zu ihm: «Reg dich doch nicht auf, wir werden an unserer Beziehung arbeiten und unsere Ehe schon schaffen.» Ich erwache.

Kommentar K. W.:

Der Traum ging ihr noch nach Wochen nach, ein Zeichen, daß er ihr etwas Wichtiges zu sagen hatte, daß er ein lebenswichtiges Problem von ihr berührte, nämlich das Problem der Ehe- und Kinderlosigkeit. Da war also eine Lücke in ihrem Leben, etwas, das nicht hatte sein dürfen. Diese Lücke wird nun ausgefüllt, doch so, daß noch immer keine Beruhigung erfolgt (der Traum läuft ihr noch wochenlang nach). Der Traum selber hat noch nichts gelöst, doch tritt nun, da sie sich immer wieder daran erinnert, eine Verschiebung der Interessenlage ein: Sie denkt jetzt mehr und mehr an den Traum und immer weniger an die verpaßten Gelegenheiten ihres Lebens. Ihre Libido wird von dem schmerzlichen Gefühl, daß ihr etwas Wichtiges im Leben versagt geblieben ist, abgezogen und auf das Traumbild gelenkt. Das Traumbild ist wie ein verdichtendes und scharf umschriebenes Symbol dieses ganzen Gefühlskomplexes und läßt sich als solches besser handhaben. Ihr «innerer Lenker» will, daß sie sich mit dem Traumbild abgibt, statt das Vergangene zu bereuen. Der Traum weist zudem auf etwas hin, das noch wichtiger ist als die Ehe: die Unabhängigkeit vom Urteil der Leute und das Selbstvertrauen, daß sie das, was sie an die Hand nimmt, auch schaffen wird.

Werner Frey, 72jährig, erzählte folgende Träume:

Traum 1
Ich entdecke einen «Mercedes» ohne Besitzer. Ich benütze

ihn jedoch nicht und lasse ihn am Straßenrand stehen. Eines Tages will ich damit ausfahren. Er ist auffallend gepflegt und sauber. Der Kilometerzähler zeigt einen Stand von 91 000 km. Ein Bekannter sagt mir, er hätte denselben Wagen gehabt und wäre damit über 130 000 km gefahren, ohne daß das Fahrzeug hätte repariert werden müssen.

Kommentar des Träumers:
Nach einer kürzlich durchgemachten Prostata-Operation habe ich sozusagen keine Potenz mehr, daher kommt wahrscheinlich dieser Traum. Meine vorhandene Potenz muß vielleicht mehr geistiger Art werden. In diesem Traum kann ich nur geradeaus fahren. Doch habe ich in meiner Vergangenheit, die mir mehr oder weniger entschwunden ist, irgendwie noch andere Möglichkeiten.

Kommentar F. W.:
Es wird in diesem Traum weder konkret noch bildlich ein Bezug auf die durchgemachte Operation und deren Folgen genommen. Er ist auch nicht die Reportage eines anderen, früheren Ereignisses. Wir müssen also auf den Sinn- und Symbolgehalt des Traumes zurückgreifen.
Wir neigen häufig dazu, eine einzelne Traumaussage auf ein bestimmtes Ereignis zu beziehen, welches einen im Moment besonders beschäftigt. In dieser einfachen Art kann das falsch sein, denn ein Traum weist meistens auf Zusammenhänge hin, welche dem Betreffenden bisher noch nicht bewußt sind und noch herausgearbeitet werden müssen.

Was bedeutet nun der Besitz eines Autos? Das Auto ist eine Energiemaschine mit einem Explosionsmotor, mit welchem man nach Belieben große oder kleine Distanzen mit Leichtigkeit überwinden kann. Es ist also Symbol einer konzentrierten Energie, hier im besonderen einer zuverlässigen Energiequelle. Zwar zeigt der Kilometerzähler bereits einen Stand von 90 000, aber ein kompetenter Mann sagt, daß der Wagen ohne weiteres bis 130 000 km gefahren werden könne. Der Träumer ist 72jährig, es geht ihm gut und er betreut andere ältere Menschen. Aus seinem Inneren, aus seinem Unbewußten, wird nun auf seine noch beträchtlichen Energiereserven hingewiesen. Auf eine solch deutliche Meldung aus der Tiefe der Persönlichkeit kann man sich verlassen. Voraussetzung ist allerdings, daß das Energieangebot sinngemäß genutzt wird. Darauf weist die Fortsetzung des Traumes hin:

Immer wenn ich mit diesem Fahrzeug fahre, habe ich Mühe, das Steuerrad zu erreichen, weil ich zu eng angegurtet bin. Solange der Weg geradeaus geht, habe ich wenig Probleme, will ich aber nach rechts abbiegen, so kann ich den Blinker nicht erreichen, entweder sind meine Arme zu kurz, oder das Auto ist zu groß für mich. Das Fahren ist überhaupt sehr anstrengend, und ich fühle mich gar nicht wohl.

Kommentar F. W.:
Werner Frey hat also Mühe, diesen großen, vielleicht zu repräsentativen und herausgeputzten Wagen zu

steuern, da er sich zu straff angeschnallt hat. Wenn es im Leben geradeaus geht, kommt er gut voran, den Blinker nach rechts zu betätigen gelingt ihm aber nicht, weil seine Arme zu kurz sind. Hände und Arme brauchen wir z. B., um zu werken, etwas zu gestalten. Er müßte seine diesbezüglichen Fähigkeiten entwickeln, um mit der ihm zur Verfügung stehenden Energie weiterzukommen und noch andere, unbekannte Wege zu beschreiten. Es ist etwas zu ändern, was, das verrät der Traum noch nicht.

Traum 2

Ich sehe mich mit Wasserfarben ein Bild malen, und zwar eine Waldpartie mit außen dichter stehenden und innen lockerer gruppierten Bäumen. Genau in der Mitte strahlt die helle Sonne durch die Baumlücken. Dieses Bild will ich auf meine Bürotüre übertragen. Während ich fleißig und erfolgreich in diesem Malkurs arbeite, bemerke ich, daß mir ein Pinsel abhanden gekommen ist. Ich beginne, meine Utensilien zu untersuchen, und muß in der Folge feststellen, daß mir nicht nur einer, sondern viele Pinsel entwendet worden sind; Pinsel, die zur Vollendung des Türbildes unerläßlich gewesen wären. Zuerst ärgere ich mich, dann gerate ich in eine Art von Verzweiflung und erwache.

Kommentar F. W.:

Der Wald bedeutet für den Träumer, wie er ausführte, etwas Geheimnisvolles, Faszinierendes. Er befürchtet aber, daß die vielen Bäume vor der Sonne ihm ein Hindernis zu weiteren Erkenntnissen darstellen. Dabei erscheint auf der von ihm gemalten

Skizze die Sonne als strahlendes Rund durch die Bäume hindurch. Der Wald ist auch Ausdruck für ein großes, natürliches, nicht in allem übersehbares Wachstum und Leben. Er ist deshalb auch ein Symbol für den großen Bereich des Unbewußten in uns.
In der Mitte dieses Bildes strahlt die helle Sonne. Sie spendet Wärme und Licht, d. h. Gefühlswärme und Erkenntnis. Der Träumer betont auch, er habe seit seiner Jugend einen großen Drang nach Wissen und Einsichten. Das Licht erscheint im Traum genau in der Mitte des Bildes. Demnach braucht er mit seiner Energiemaschine (dem Auto aus dem ersten Traum) weder nach links noch rechts abzubiegen, sondern kann seinen Weg geradeaus gehen. Er kann die Kraft des Unbewußten, im Symbol des Waldes dargestellt, auf sich wirken lassen, und es wird sich etwas Neues einstellen. Er soll jedoch nicht nur vorwärtsstürmen und vor lauter Bäumen das Gewachsene und in ihm selbst Verwurzelte übersehen.

Dieses eindrückliche Bild will der Träumer auf die Türe seines Arbeitszimmers malen, also in sein Arbeitsleben umsetzen. Das gelingt ihm anfänglich, doch dann fehlen ihm die Pinsel zur Ausführung, und er erwacht.

Der Beginn zur Neugestaltung – mit breiten und mit feinen Pinselstrichen neue Farben ins Leben zu bringen – ist in Angriff genommen, doch dann entfallen ihm die Werkzeuge zum Weitermachen. Da diese großen, noch brachliegenden Energien zur Entwicklung drängen, aber im Augenblick noch nicht sinnvoll eingesetzt werden können, schießen sie unkontrolliert in die falsche Richtung und führen im Traum zu Angst und Panik.

Werner Frey fand diese Symboldarstellung für ihn zutreffend. Der Kreis seiner alten Freunde, von denen verschiedene gestorben sind oder in Altersheimen leben, hat sich verändert, und seine Beziehungen sind eingeschränkt. Er würde gerne mehr unternehmen und Neues erfahren, aber er sieht den Weg noch nicht.

Der zweite Traum zeigt ihm den möglichen Weg. Dieser ist grundlegend anders als bisher. Aus den überreichen Möglichkeiten des natürlich gewachsenen Waldes, d. h. seiner eigenen inneren, unbewußten Natur, wird diese Neuentwicklung kommen. Was das konkret sein wird, wissen wir aufgrund der beiden Träume noch nicht im einzelnen. Sicher ist etwas Urchiges, Erdnahes geplant. Dafür spricht der nächste, letzte

Traum 3

In der Luft sehe ich viele Vögel und andere fliegende Gestalten. Mit einem besonderen Gestell kann auch ich fliegen und finde es unbeschreiblich schön. Doch dann ziehen mich meine schweren Schuhe nach unten auf die Erde, und ich komme nicht wieder hoch.

Kommentar:

Werner Frey kann nicht nur mit einem schnellen Wagen geradeaus fahren, sondern sich mit einem besonderen Gestell vom Boden emporheben zu den andern fliegenden Gestalten. Das unbeschreiblich schöne Gefühl dauert nur kurz an. Dann wird er durch das Gewicht seiner Schuhe, mit denen man auf festem Boden kräftig ausschreiten kann, wieder auf den Erdboden heruntergezogen.

Dieser Traum zeigt, wie es für Werner Frey weitergehen soll. Nach dem ersten Traum versuchte er, durch das Studium von zwar hochstehenden, aber einseitig intellektuellen Büchern, wie dasjenige von Weinreb über Kabbalistik, eine Lösung seiner Probleme zu finden. Im zweiten und nachgedoppelt im dritten Traum wird nun klar gesagt, er solle sich nicht in die Luft erheben, sondern mit seinem kräftigen Schuhwerk auf der Erde weiterschreiten. Gleichzeitig solle er auf seine inneren Phantasien achten, um sie später als neue Ideen oder neue Unternehmungen konkret in seinem Leben zu verwirklichen oder künstlerisch durch Malen darzustellen.

Eine 69jährige Bauersfrau schreibt von sich, sie sei «stets glücklich und sehr zufrieden» gewesen, habe aber neuerdings sehr merkwürdige Träume.

Traum 1

Endlich habe ich jenen Haarschmuck, den ich mir während meiner ganzen Jugendzeit wünschte, dunkles, volles Kraushaar mit zwei wunderschönen, langen Zöpfen. Ich bin überglücklich! Fast ungläubig kämme ich die Haare, mich immer wieder im Spiegel betrachtend. Ich flechte mir zwei Zöpfe und will sie zu einer sogenannten Gretchenfrisur auf den Kopf stecken. Das Aufstecken ist mir noch möglich, aber ich kann das Gewicht der Zöpfe nicht tra-

gen. Sie sind so schwer und werden immer schwerer. Ich muß sie hängenlassen. Ich bin sehr traurig – und erwache.

Kommentar der Träumerin:
Der Traum war sehr deutlich und mir am Morgen noch voll präsent. Was nur hatte das zu bedeuten? Tagelang ließen mich die Gedanken nicht mehr los, bis ich plötzlich ganz klar wußte: Das ist es. Ich hatte mir eine große Familie gewünscht, und dieser Wunsch ging in Erfüllung. Vier Söhne und drei Töchter; alle gesund und froh, alle gingen gerne zur Schule und alle durften ihren gewünschten Beruf erlernen. All die Jahre während der Ausbildungszeit mußten wir sehr sparsam leben, und doch war ich in dieser Zeit die glücklichste Mutter auf der Welt. Als alle ausgeflogen waren, hatte ich plötzlich Angst. Ich begann mich für alle Leistungen meiner Kinder verantwortlich zu fühlen, für die Vorträge der Tochter, der Spitalpädagogin, die Zeitungsartikel des Sohnes, des Journalisten, die Predigten meines Pfarrer-Sohnes und sogar für die Berechnungen desjenigen, der Projektleiter bei den PTT geworden war. Der Traum hat mir geholfen. Mein Wunsch, eine große Familie, hatte sich erfüllt. Aber die Verantwortung zu tragen für das Tun der erwachsenen Kinder ist für mich als Mutter zu schwer. Ich habe begriffen.

Kommentar F. W.:
Die Frau hatte sich in ihrer Jugendzeit mit Freude hübsch gemacht und ihre Haare gepflegt, mußte aber

später wegen der großen Beanspruchung durch die Familie und die Mitarbeit auf dem Hof auf viele persönliche Wünsche verzichten. Nun zeigt ihr der Traum, daß jetzt die Zeit gekommen ist, das nachzuholen. Ihre Zöpfe sind jetzt aber so kräftig geworden, daß sie nicht mehr zu ihrer früheren jugendlichen Gretchenfigur passen, sondern als schöner, fraulicher Schmuck gesehen werden dürfen.

Traum 2
Ich bin schwanger und stehe kurz vor der Entbindung. Der Hausarzt meint, es werde ein großes Kind. Die Hebamme mißt nun die Arme meines Mannes und sagt ganz zuversichtlich: «Ja, ja, das geht schon gut, der Vater wird helfen.»

Kommentar F. W.:
Es wird ihr eine Akzentverschiebung vorgeschlagen – von den Kindern, die ja nun ihr eigenes Leben führen, auf die Gemeinschaft mit ihrem Mann, dessen Stärke gemessen und für gut befunden wird. Sie darf sich auf ihn verlassen und abstützen, so daß sie in ihrem eigenen Verantwortungsbewußtsein entlastet werden kann. Dies im Gegensatz zur bisherigen äußeren Situation: Der Mann war seit Jahren stark behindert, und nicht er hätte ihr helfen können, sondern sie mußte ihm stützend zur Seite stehen. Will der Traum ihr sagen, sie solle sich von dem Leiden ihres Mannes nicht zu stark beeindrucken lassen; er sei sehr wohl noch fähig, das eine oder andere beizutragen? Altersträume geben dem Menschen oft die

Erlaubnis, loszulassen und drückende Verpflichtungen abzulegen. Mit dem Kind ist die Geburt von etwas grundlegend Neuem, Entwicklungsfähigem, gemeint, aber auch «kindliche» Unbeschwertheit und Fröhlichkeit.

Beim Durcharbeiten eines Traumes melden sich oft noch weitere Probleme. So bemerkte die Bäuerin nachträglich, daß eine ihrer Töchter zurzeit Schwierigkeiten in der Ehe hatte. Sie habe sie um Rat gefragt, doch sei sie sich noch nicht im klaren, wie sie sich verhalten solle. – Im Traum war nun der Armumfang ihres Mannes gemessen und der Mann für kräftig befunden worden; im übertragenen Sinn heißt das: Ihre eigene männliche Seite ist kräftig und handlungsfähig geworden. Das bedeutet für sie, ruhig und stark zu bleiben, die Situation ihrer Tochter zu durchdenken, dann zu handeln oder nicht zu handeln, beides verbunden mit ihrem sicheren, fraulichen Instinkt.

Träume in diesem Lebensalter können aber auch eine Ermahnung übermitteln, allfällige unerledigte Restanzen nun in Ordnung zu bringen. Sie geben Ermutigungen und Impulse, noch vollends aufzuräumen, «sein Haus zu bestellen». Im folgenden Traum wird darüber hinaus von einer reichen Lebensernte gesprochen, die eingebracht wird. Es ist eine 72jährige, zweimal verwitwete Frau.

Traum 1
Ich befinde mich auf einem abgeernteten Feld. Zwei schö-

ne, große Fuder mit Weizengarben habe ich geladen. Das erste Fuder ist bereit, in die Scheune einzufahren. Und beim zweiten Fuder bin ich noch oben, der Bindbaum ist auch da. Nun wirft mir ein dunkler Mann das Wellenseil herauf, und ich mache eine Schlinge, um es über den Bindbaum zu streifen, aber das Seil rutscht immer wieder ab, und ich kann und kann die Schlinge nicht zuziehen. Da erwache ich.

Kommentar K. W.:

Der «dunkle Mann» ist natürlich der Tod, der von ihr einen Abschluß verlangt, ihr aber auch dabei hilft – kein «böser» Tod. Nur ist sie noch nicht dazu imstande. Es ist naheliegend, die beiden Ernteladungen mit ihren beiden Ehen in Verbindung zu bringen. Mit ihrer ersten Ehe scheint sie fertig zu sein; sie hatte auch nur anderthalb Jahre gedauert. Mit ihrer zweiten Ehe aber ist sie wohl noch nicht ganz im reinen: Sie kann das, was sie da erlebt hat, vor allem auch die Krankheit und den Tod des Mannes an Krebs, nicht zusammenbringen, nicht zu einer klaren Auffassung verbinden; sie kann die Schlinge, die alles zusammenhält und sichert, noch nicht zuziehen. Sie kann den Sinn in dem schweren Schicksal noch nicht klar erfassen. In solchen Fällen stellt sich ja immer die Frage nach dem Warum: Warum hat das alles geschehen müssen? Warum ist es mir nicht vergönnt gewesen, wie andere ein glückliches, einfaches Leben zu führen? Sie wird sich mit dieser schweren Frage abfinden können, wenn sie einen Sinn in ihrem Schicksal erkennen kann, wenn sie also auch die Ernte, ihren Gewinn aus ihrer zweiten Ehe, einbringen kann. Diese Ernte aber ist in reichem Maße vorhanden, sagt der Traum. Sie darf sich reich fühlen. Sie hatte ein volles, erfülltes Leben.

Bald danach hatte sie noch einen weiteren Traum, der dasselbe Thema behandelte:

Traum 2

Ich bin in einem alten Einfamilienhaus, es besitzt einen großen Estrich, wir wohnten lange Jahre dort. Ich bin also im Estrich und habe das Gerümpel schon ordentlich aufgeräumt. Nur in einer Ecke unter der Dachschräge liegen noch Schulhefte von den Kindern und alte Zeitungen herum. Jetzt rufe ich meine Angehörigen: Sie sollen kommen und sehen, wie ordentlich alles aussieht, diese Ecke werde ich schon noch aufräumen, ich kann unter dem Dach nicht so gut dazugelangen. Dann erwache ich.

Ich muß wohl noch etwas tun, aber ich weiß nicht was.

Kommentar K. W.:

Hier müssen wir der Träumerin widersprechen. Sie weiß sehr wohl, was sie noch zu tun hat – sie weiß es und sie weiß es nicht – typisch für das unbewußte Wissen. Der Traum sagt es ihr deutlich: Sie muß sich klarmachen, daß ihre Kinder keine Schulkinder mehr sind, und sich entsprechend verhalten. Sie muß die alten Sorgen und Begebenheiten dorthin verstauen, wo sie hingehören: in die verborgeneren, hinteren Winkel der Erinnerung, wo sie nicht mehr stören können. Wie verfährt man mit alten Dokumenten, die keinen aktuellen Wert mehr haben? Man schaut sie noch einmal durch, man liest sie vielleicht auch noch einmal, und dann: weg damit.

Eine Variation desselben Motivs begegnet uns im nächsten Traum einer 64jährigen Frau:

Traum 1

Ich habe einen Traum, der mich schon jahrelang verfolgt. Ich bin in einer ziemlich großen Familie aufgewachsen. Wir waren fünf Kinder. Immer wieder träume ich, ich müsse Betten abziehen. Immer wieder sehe ich diese Betten von früher. Einmal das der Mutter, einmal die der Brüder, die der Schwestern weniger. Aber es sind genau jene Betten und jene Zimmer.

F. W.: Und Sie müssen immer wieder diese Bettwäsche wechseln?

Träumerin: Ja, und die ist schmutzig.

F. W.: Warum muß man wohl diese Betten immer wieder abziehen?

Träumerin: Jenes Haus, das Elternhaus, wurde abgerissen. Wir wohnen zwar am gleichen Ort, schon seit zwanzig Jahren, in einem andern Haus, aber ich sehe genau die Zimmer von früher.

F. W.: Das sind Konflikte von früher. Sie waren eine große Familie. Da können manchmal nicht alle Probleme verarbeitet werden, und in einem gewissen Alter melden sie sich wieder. Wenn Ihr Unbewußtes diese Traumszenen ständig bringt, heißt das, daß unbedingt etwas zu revidieren ist. Denken Sie über die Träume nach, ob vielleicht in den Erlebnissen mit Ihrer Mutter und mit Ihren Geschwistern noch einiges zu verdauen ist. Vielleicht kommt Ihnen da und dort etwas in den Sinn, das Ihnen aufliegt. Man muß das Stück für Stück auf sich wirken lassen und mit seinem jetzigen Wissen darüber urteilen, dann ergibt sich eine Änderung.

Träumerin: Ja, es macht mir schon zu schaffen. Meine Schwester zum Beispiel sieht das mit ganz anderen Augen.

F. W.: Das wievielte Kind sind Sie?

Träumerin: Ich bin das fünfte Kind. Die Schwester ist das dritte. Sie war eine zarte Person und ich immer eine bodenständige, kräftige.

F. W.: Sie mußten immer vieles selber durchziehen. Kam da eventuell das Seelische ein wenig zu kurz?

Träumerin: Dieses Gefühl habe ich allerdings. Für meine Schwester war früher alles immer schön, ich mußte immer kämpfen. Jetzt geht es ihr gesundheitlich nicht gut.

F. W.: Sie sehen, wie die Schicksale, über längere Zeit betrachtet, verschieden sein können. Man darf sich aber nicht einfach ergeben, sondern muß versuchen, das Leben aktiv neu zu gestalten. Bei einem besseren Überblick über die frühere Zeit wird Ihnen wohl eher bewußt, was Sie unter den damaligen Verhältnissen vielleicht unterlassen haben. Die Wäsche von früher wird jetzt gewechselt. Wo liegen also Ihre eigenen Bedürfnisse, und was müssen Sie ergänzen? Früher hatten Sie wenig Zeit, sich um sich selbst zu kümmern, jetzt dürfen Sie sich überlegen, was Sie alles nachholen sollten. Nachher stehen Ihnen wieder zusätzliche Kräfte für Ihre Umgebung zur Verfügung. Solche Probleme betreffen nicht nur Sie, sondern auch andere im Alter.

Im späteren Leben kommen häufig auch Träume vor, die eine Art Aufhören mitten im Leben zum Gegenstand haben: das plötzliche Wegfallen eines wesentlichen Lebensinhalts, d. h. des aktiven, gewöhnlich des Berufslebens: die Pensionierung. Noch ist man nicht soweit, daß man sich zur Ruhe setzen möchte, und doch wird die bisherige Tätigkeit abrupt abgeschnitten. Eine pensionierte Kindergärtnerin berichtet den folgenden

Traum

Wir haben mit dem Kindergarten einen Ausflug gemacht und sind auf dem Heimweg. Einige Erwachsene (Eltern, Bekannte) haben uns begleitet. Als wir an einem kleinen Wald vorbeikommen, sage ich zu den Kindern: «Hier singen wir noch ein schönes Liedlein vom Wald.» Wir stellen uns zwischen die Bäume und singen: «Im Wald, im schöne grüene Wald...» Aber bald wird es dunkel, und wir wollen lieber auf dem Weg weitersingen. Wie wir aus dem Wald treten, sind die Erwachsenen nicht mehr da. Es ist überhaupt nichts mehr da, nur rechts ragt eine senkrechte Felswand empor. Entlang der Wand führt eine hölzerne Stiege nach unten. «Hier müssen wir hinuntersteigen», sage ich den Kindern, «aber halt...» Von oben, vom Gebirge, rollt eine graue Lawine aus Asche und verglühter Lava direkt auf die Felswand neben uns zu. Ein Stoßgebet – die Lawine fließt schon über den Rand der Wand und hält still. «Wir müssen schnell unten durch», sage ich den Kindern. Ich lege mich rücklings auf die steile Treppe, halte mich am Geländer, rutsche Stufe um Stufe – und erwache.

Kommentar K. W.:
Wenn man weiß, welch belebende Wirkung der Umgang mit Kindern haben kann, versteht man, daß der Abschied genau so empfunden werden kann wie in diesem Traum. Er scheint zu sagen: Paß auf, mach dir nichts vor. Es ist schwer, Abschied zu nehmen. Wenn du das nicht scharf ins Auge faßt, daß dir dein Leben jetzt nur noch Asche und ausgeglühte Lava ist, könnte es dich rücklings überfallen, z. B. als eine scheinbar unerklärliche Depression. Und gib auf die Kinder acht! Behalte sie trotz allem bei dir! Rette dein eigenes kindliches Wesen, das Kind in dir, die Frische, die Fröhlichkeit, die Unbefangenheit!

Frauen träumen auch häufig von Kindern, die sie sträflich vernachlässigen. Diese Träume sind für sie oft schockierend und völlig unverständlich. So der folgende wiederholte Traum einer 76jährigen Frau.

Traum
Es kommt mir in den Sinn, daß ich ein kleines Kind habe, einen Säugling, manchmal ein eigenes, manchmal ein Pflegekind, letztesmal waren es sogar drei, und daß ich diesen Kleinen schon zwei bis drei Tage nichts mehr zu trinken gegeben habe, weil ich sie einfach vergessen habe. Ich gehe dann mit großer Angst nachschauen, ob sie noch

am Leben sind. Ich klammere meine Finger fest in meinen Rock, mache langsam die Türe auf und gehe langsam, Schritt für Schritt, zum Bettchen. Meistens ist dann das Kindlein ganz zusammengeschrumpft und verhungert. Letzesmal lebte aber noch eins von dreien. Es trank aus dem Schoppen und war gerettet. Wenn ich die Kindlein gesehen habe, wache ich auf und bin sehr bestürzt.

Sie fügt bei, daß sie zehn Kinder hatte, daß alle gesund waren und daß sie gut zu ihnen schaute. Das ist bei dieser Art Träume immer der Fall. «Ich habe heute 28 Enkel und bin zum Kinderhüten ziemlich oft engagiert. Es macht mir aber Freude, und ich habe keine Bedenken, daß ich es nicht recht mache. Warum im Traum diese Vernachlässigung?»

Kommentar K. W.:

Nun, es gibt eben nicht nur die Kinder in ihrem Leben, die sie großgezogen hat und die sie hütet, sondern noch andere, und die vernachlässigt sie, die läßt sie nicht leben, nämlich das, was in ihr selbst unbeschwert, übermütig, naiv ist und wachsen und gedeihen will. Sie läßt sich von Kindern und Enkeln auffressen, aber wo bleibt sie selbst? Aber auch Damen, die ein äußerliches Leben führen, obwohl sie ganz anders veranlagt wären, «Damen der Gesellschaft», die Golf spielen und in einem hohlen gesellschaftlichen Betrieb aufgehen, haben oft solche Träume.

Anders ist das im Traum von Käthe Rauber:
Im Haus meines Arztes habe ich die Kinder zu hüten, füh-

le mich aber sehr allein. Das Feuer brennt im Cheminée des Wohnzimmers, nicht als lodernde Flamme, sondern als ruhiges, wärmespendendes Feuer. Wie der Arzt nach Hause kommt, öffnet er das Fenster und will das Feuer sich selbst überlassen. Ich finde das zu gefährlich, setze mich hin und überwache das Feuer, bis es erlöscht. Später berate ich mich mit dem Hausarzt über meine Heimkehr. Dann erwache ich und frage mich, was dieser eigenartige Traum zu bedeuten hat.

Kommentar F. W.:

Käthe Rauber lebt seit dem Tod ihres Mannes einsam in einer 2-Zimmer-Wohnung. Sie schreibt alle ihre Gedanken auf, findet aber, es fehle ihr jede Energie und sie sei wie abgestorben. Mit andern Menschen habe sie keine Beziehungen mehr, nur noch mit ihrem Hausarzt könne sie sich besprechen. Der Traum nimmt also klar Bezug auf ihre Situation. Käthe Rauber ist im Hause des einzigen Menschen, mit dem sie noch in Kontakt steht. Hier brennt ein Feuer, das nicht lodert, aber wärmt, und das sie selber hütet. Sie berät sich mit diesem ihr vertrauten Mann, wie sie am besten nach Hause (zu sich selber) komme.

Feuer bedeutet Energieumsatz, Wärme, vielleicht auch geistige Inspiration. Die Träumerin sorgt selber dafür, daß das Feuer weiterbrennt und nichts zerstört. Das steht im klaren Gegensatz zu dem, wie sie sich im Moment fühlt, energielos und wie abgestorben. Um das zu korrigieren, meldet sich dieser

Traum und läßt sich nicht mehr aus ihrem Gedächtnis verdrängen. Sie muß erkennen, daß Verzagtheit falsch am Platze ist und sie im Gegenteil ihre innere Energie (das von ihr gehegte Feuer) zur Begegnung mit verschiedenen andern Menschen einsetzen soll. Das braucht Zeit und kann nicht im voraus organisiert werden, aber bei entsprechender innerer Haltung dürfte es sich anbahnen. (Zur Anregung und als erste Hilfe wäre vielleicht der Kontakt mit einem Haustier empfehlenswert.)

Aufgrund dieser einen Traummeldung kann jedoch noch keine längerfristige Aussage gemacht werden. Es finden sich neben positiven auch einige negative Symbolelemente darin. Das Feuer brennt nicht im eigenen Wohnraum von Käthe Rauber, sondern in der Behausung ihrer einzigen Bezugsperson und soll dort nicht weiter unterhalten werden. Es wird allmählich zum Erlöschen gebracht. Anderseits berät sich Käthe Rauber mit ihrer Vertrauensperson, wie sie heimkehren könne. Sie hat also den Wunsch, den Weg zu sich selbst zu finden.

Daß sie sich zurzeit wie abgestorben fühlt, entspricht vorläufig einem subjektiven Empfinden. Von den Milliarden von Nervenzellen unseres Gehirns sterben zwar im Verlaufe des Lebens Teile ab. Durch die mannigfaltigen Anforderungen während der aktiven Lebensperioden werden aber immer weitere und vielschichtigere Vernetzungen angeregt, was neue Gedankenverbindungen und neue Erkenntnisse möglich macht. Nur bei Nichtgebrauch bilden sich diese Verbindungen zurück und werden schließlich aufgelöst. Deshalb ist es empfehlenswert, auch in späteren Jahren für vielseitige Beziehungen offen zu sein und sich neuen Anforderungen zu stellen.

Vorausblickende Träume, die den ganzen Lebensweg, das Thema eines ganzen Lebens, vorausentwerfen, sind nicht selten. Sie können schon in frühester Kindheit vorkommen. Ein ganz ähnlicher Traum, nun aus entgegengesetzter Perspektive, rückblickend, ist der folgende. Er hatte, weil er am Ende eines Weges stand und nicht an seinem Anfang, natürlich eine andere Funktion. Sein Ziel konnte nicht sein, in allen Schwierigkeiten des Lebensweges den Mut zu stärken und Zuversicht und die Gewißheit eines Sinnes zu spenden, sondern wohl eher im Rückblick der Erinnerung ein tröstlich mildes Licht auf die Vergangenheit zu werfen. Der Träumer hat seine Frau nach rund fünfzig Jahren einer guten und stets anregenden Gemeinschaft verloren.

Traum

Ein Traum reißt mich aus dem Schlaf, und zugleich höre ich die Hausglocke klingeln – auch im Traum: *Mit meiner Frau und zahlreichen Freunden treffen wir uns am Münsterplatz angesichts des romanisch-gotischen Gotteshauses, das mich immer, schon in der Schulzeit, als mein Weg täglich daran vorbeiführte, tief und nachhaltig beeindruckt hat. Wir wandern stadtauswärts, durch langweilige Industrie- und Wohnviertel, durch belebte Straßen, die sich nur mühselig und gefahrvoll überqueren lassen. Die Wandergruppe wird immer kleiner, und als wir endlich in ein Tal einmünden, finden meine Frau und ich uns allein. Es ist offenbar ein «Tal der Jahreszeiten», denn wir wandern durch Wälder von Blütenbäumen, durch Auen im satten Grün hochsommerlicher Zeit und schließlich durch eine Allee in der ganzen farbig-goldenen Pracht eines Herbsttages. Meine Frau ist müde, will und kann nicht mehr mit, endlich schicke auch ich mich zum Verbleiben an. Sie aber ermuntert mich: «Du mußt weiter, du findest abends ja den Weg durch diese Allee unschwer zurück, und dann sind wir in dieser schönen Landschaft wieder beisammen!»*

Kommentar des Träumers:
War es das imaginäre «Tal der Jahres- und Lebenszeiten»? War es wirklich bloß ein Traum, eine Vision, oder vielleicht doch eine Botschaft von jenseits? Sie hat mich jedenfalls zu Tränen gerührt und mir doch gleichzeitig Trost vermittelt – der Tränen schäme ich mich nicht!

Traum von Wilhelm Anner
Ich besuche meine Eltern, öffne mit dem Schlüssel die Wohnungstür und lege meinen Hut auf eine Ablage, die nie existiert hat, neben die Uniformmütze meines Vaters, welcher Eisenbahner war. Nun betrete ich, wie zu früheren Zeiten, die Küche, die aussieht wie unsere jetzige Küche. Auf dem Küchentisch steht ein rundes Kuchenblech mit einer Apfelwähe, so wie sie meine Frau bäckt. Von dieser Wähe ist ein kleines Stück herausgeschnitten und verspeist worden, der übrige Teil scheint für uns bereitzustehen.

Nun begebe ich mich in die Arbeitsstube meiner Eltern. Im Bücherschrank liegen jetzt ausschließlich Materialien, welche mein Vater dienstlich benötigt. Reglemente, Zirkulare, Kursbücher und vieles andere. Jetzt erst erblicke ich meinen Vater. Er hält einen Wisch Vorschriften in der rechten Hand. Sein Aussehen entspricht demjenigen von früher, vor 55 Jahren. Damals war ich etwa 22 Jahre alt. Mein Vater steht wie angewurzelt vor mir und schaut mich mit traurigem und fragendem Blick an; nach einiger Zeit sagt er: «Aha, das bist du.» In diesem Augenblick war der Traum beendet.

Kommentar F. W.:

Dieser lange Traum hat Wilhelm Anner anderthalb Jahre lang beschäftigt: Er greift also ein Thema auf, das für ihn von großer Wichtigkeit ist und einer Lösung harrt. Der Traum geht auf Erlebnisse seiner Jugendzeit zurück und setzt sie in Beziehung zum heutigen Geschehen. Seinen Hut (d. h. so wie er sich heute in der Welt präsentiert) legt er neben die Berufsmütze seines Vaters (so wie jener sich beruflich und auch im Leben einstellte). In ihrer alten Küche erblickt er einen verheißungsvollen Kuchen, den seine Frau – nicht mehr seine Mutter – für ihr gemeinsames Mahl, im übertragenen Sinn für ihren gemeinsamen seelischen Aufbau, vorbereitet hat. Darauf führt die Handlung wieder zurück in die Arbeitswelt der Eltern, besonders in diejenige seines Vaters, und er realisiert, wie dieser sich damals als Bahnangestellter genauesten Vorschriften und Regeln zu unterstellen hatte. Unvermittelt steht auch sein Vater vor ihm, und zwar in den besten Jahren seiner beruflichen Aktivität. Doch er sieht ihn traurig und fragend an: Irgend etwas in seinem Leben stimmte damals nicht.

Wilhelm Anner führt aus, sein Vater sei immer sehr ernst und in allem, besonders in seinem Beruf, pedantisch gewesen. Hatte er vielleicht von dieser väterlichen Prägung in seinem eigenen Leben zuviel übernommen und, da der Vater ihn ja fragend und traurig ansah, sollte er jetzt, in seinem 72. Altersjahr, nachträglich noch etwas ändern? Das war allerdings eine unerwartete Frage, und eine klare Antwort konnte noch nicht gegeben werden.

Da dieser Traum ihn nun seit eineinhalb Jahren immer wieder beschäftigt hat, muß es sich um ein Problem handeln, das einer Lösung bedarf. Spätere Träume können zu weiterer Klärung beitragen. In diesem Fall aber geschah etwas anderes:

Seine Frau Gertrud träumte vor einem Monat kurz hintereinander folgendes:

Traum 1

Ich betrete das Büro meines Mannes. Am Fenster erblicke ich einen übergroßen, ganz schwarzen Salamander, der sich in den weißen Vorhang verkrallt hat und regungslos dort verharrt.

Gertrud Anner fügte bei: «Mein Mann hat sich als Bankangestellter sehr intensiv im Geschäft eingesetzt. Nach Hause hat er zwar keine Arbeit mitgenommen, aber kaum war er daheim, widmete er sich

ebenso intensiv wie sein Vater dem Studium verschiedenster Eisenbahnliteratur und baute selber eine große Hobby-Bahn.»

Traum 2

*Ich betrete wiederum das Büro meines Mannes und sehe
an der gleichen Stelle, wo sich nachts zuvor der Salamander befunden hat, eine große, fast schwarze Ratte am Vorhang hängen. Plötzlich kommt mein Mann daher, und ich
sage zu ihm: «Komm, schau mal dieses Tier dort.» Hier
endete der Traum.*

Kommentar F. W.:

Während im ersten Traum des Mannes vor allem die
Arbeitseinstellung des Vaters charakterisiert wurde,
wird im Traum seiner Frau nichts von der Berufswelt
erwähnt, sondern das häusliche Milieu angesprochen. Auffallenderweise ist das beidemal das Büro
des Mannes, und hier hängt einmal ein schwarzer
Salamander, ein andermal eine schwarze Ratte be-
wegungslos im Fenstervorhang. Ratten sind üblicherweise sehr lebhafte Tiere, die sich im Familien-
verband wohl fühlen. Doch hier ist alles schwarz und
erstarrt.

Als wir das gemeinsam überdachten, bemerkte die
Frau anerkennend, wie arbeitsam ihr Mann im Geschäft und in seinem Büro zu Hause gewesen war. Es
fiel ihr aber auf, daß sie nie zu einem persönlichen
Gespräch gekommen waren. Die merkwürdige Erscheinung dieser bewegungslosen Tiere ließ beide
Ehegatten aufhorchen. Der Mann fand, daß er nach

diesen Bildern rückblickend vieles neu überdenken müsse. Die Frau überlegte sich, ob sie vielleicht ihrerseits zuwenig Gefühl und Farbe (beide Tiere waren nur schwarz) in ihr Leben und in ihre Beziehungen gebracht habe. In den ersten Jahren ihrer Ehe sei sie unternehmungslustig und quicklebendig gewesen, aber allmählich habe sie das alles verloren.

Bereits wird jedoch im Traum des Mannes in der typisch verschlüsselten Art des Unbewußten auf eine Lösung des Problems hingewiesen. In der Küche seines Elternhauses, die aussieht wie ihre jetzige Küche, lädt ein frischer, von seiner Frau selbst gebackener Apfelkuchen zum gemeinsamen Essen ein. Das heißt also: Statt in einer verstandesmäßigen Auseinandersetzung können sie sich bei einem gemeinsamen Mahl – ein uraltes Zusammengehörigkeitssymbol – gedanklich und gefühlsmäßig aufeinander einstimmen. Es besteht für die beiden Träumer damit die beste Chance, neues Leben in ihrer Beziehung zuzulassen. Sie müssen nur gemeinsam zugreifen.

Die Elterngeneration der beiden Träumer hat das nicht ausgeführt, es war ihr noch nicht möglich. Dieses Paar ist angesprochen, vieles davon nachzuholen. Die nächste Generation hat wenigstens noch die Chance, es dann zu übernehmen und weiteres aufzubauen.

Die Träume von Frau und Mann haben sich hier ergänzt. Es kommt auch vor, daß z. B. der Mann sich nicht an seine Träume erinnert, die Frau aber um so lebhafter und stellvertretend auch für ihren Mann träumt, und daß die beiden diese Träume dann aus Interesse gemeinsam besprechen.

Zusammenfassend darf gesagt werden, daß aufgrund der in früheren Jahren angesammelten Erfahrungen besonders im Alter ein Hinhören auf die Meldungen des Unbewußten, die Träume, und ein Überdenken dieser Meldungen sehr wertvoll ist. Es führt zu einer Erweiterung des Horizontes und zu neuen Zielsetzungen.

Träume als Jenseitserfahrungen?

Ankündigungen

Aus dem uns vorliegenden Traummaterial ergibt sich eine eindrückliche Perspektive auf die Vollendung und Verwandlung des Lebens im Tod und vielleicht darüber hinaus. Das Unbewußte glaubt nicht an den Tod, wie schon *Freud* gewußt hat, und zieht, genau so wie es träumend den Gang des Lebens begleitet und kommentiert hat, dieselbe Linie weiter über den Tod hinaus, wie wenn es diesen gar nicht gäbe.

Das Grundsätzliche davon wird im folgenden Gespräch angeschnitten. Eine Frau ist über ihre ungewöhnlichen Fähigkeiten beunruhigt und fragt um Rat:

Träumerin: Ich sehe viele Begebenheiten voraus, z. B. Todesfälle.

K. W.: Sind sie eingetreten?

Träumerin: Ja, meistens. – Im Herbst war eine Verwandte von mir in Erwartung. Sie hatte eigentlich keine Schwierigkeiten. Da habe ich geträumt, ein Kind von ihr habe einen Tag im Spital gelegen und sei nicht heimgekommen. Im Februar bekam sie dann ein Kind mittels Kaiserschnitt, ein gesundes Mädchen, dreieinhalb Kilo schwer, und am nächsten Tag lag es tot im Bett. Das hat mich schon beschäftigt.

K. W.: Und Sie hatten schon immer Träume dieser Art?

Träumerin: Ja, schon lange.

K. W.: Das, was Sie erfahren, nennt man «Wahrträume». Üblicherweise sagen Träume etwas über einen selber aus, darüber, was im Inneren geschieht und in welche Richtung die innere Tendenz weist. Sie haben darüber hinaus auch noch Träume, die etwas Wahres über künftige oder fernabliegende äußere Ereignisse aussagen. Es ist eine besondere Gabe, die Sie besitzen. Sie haben es ja erlebt, daß die Todesfälle eingetreten sind, auch das tragische Ereignis Ihre Verwandte betreffend, und das zählt allein. Mit der Bezeichnung «Wahrtraum» muß man jedoch vorsichtig sein. Nicht alles, was zuerst wie ein Wahrtraum aussieht, ist auch ein solcher; da kann man sich sehr täuschen. Nur im nachhinein kann man dann mit Sicherheit sagen: «Das war ein Wahrtraum.» Ein Traum, in dem jemand stirbt, kann auch bedeuten, daß eine alte Verhaltensweise stirbt: Sterben und auferstehen. Träume im allgemeinen und besonders solche, wie Sie sie haben, sollte man jedoch nicht weitererzählen. Sie gehören Ihnen persönlich, und Sie müssen sie für sich behalten. Das ist wichtig. In der eigenen Familie, wenn die Angehörigen Verständnis dafür haben, ist das schon recht. Die Gabe ist ja oft auch erblich, so daß mehrere Familienmitglieder etwas davon besitzen. Aber Sie sollten auswärts nichts erzählen.

Träumerin: Ich habe es auch nie vorher erzählt. Wenn etwas passiert, sage ich es *nachher.*

K. W.: Das ist sehr gut. Denn vorher kann man nie mit Sicherheit sagen, ob es eintrifft. Darum wäre ich vorsichtig.

Im Gegensatz zum vorigen Fall, der ins Parapsychologische spielt, ist der nun folgende rein psychologisch und symbolisch, nicht parapsychologisch zu verstehen.

Eine 89jährige Dame berichtet:

Ich habe je länger desto öfter sehr merkwürdige Träume, die mich ängstigen und mit denen ich nicht umgehen kann. Beunruhigend ist es für mich erst seit einigen Monaten.

Traum 1

Ich sehe, wie meine Balkontüre sich öffnet und sich Gestalten nebelhaft bewegen. Ich erwache erschrocken, im Bett sitzend, drücke ich automatisch den Knopf der Klingel. Alles ist bereits vorbei, bis die Nachtwache kommt und ich ihr berichte. Sie schaut nach, kein Mensch — sie geht wieder; langsam werde ich ruhiger.

Traum 2

Kurze Zeit darauf: *Ich träume, daß eine Angestellte mir ein Glas Wasser bringt, ich sage ihr, sie möge es auf die Kommode stellen, was sie tut, bevor sie wieder geht. Ich erwache, schlafe aber gleich wieder ein. Später klopft es an der Tür, ohne daß jemand hereinkommt, was ich früher schon träumte. Wieder kommt ein jüngerer Mann ins Zimmer mit einem Hut auf dem Kopf, schaut sich sehr ernst und suchend um. Ich schreie: «Was wollen Sie, was suchen Sie?» Blitzschnell ist er verschwunden. Ich wache auf, tief erschrocken.*

Traum 3

Einige Tage später träume ich fast das gleiche, nur hat der Mann jetzt eine Mütze auf dem Kopf. Kurz darauf träume ich von zwei jungen Frauen, grellgrün gekleidet. Sie treten an mein Bett, die eine geht gleich wieder, die andere gibt mir ein rechteckiges verschnürtes Päckchen. Ich sage danke, wache auf, sie ist weg.

Traum 4

Diesmal sind mehrere Menschen um mich herum an einem unbekannten Ort. Ein junger Mann gibt mir eine Banknote, schmutzig und abgenützt, 50 Franken, in die Hand. Gleich kommt ein zweiter, ebenfalls mit 50 Franken, die er mir gibt, diesmal ist es aber eine saubere, neue Banknote. – Mir schien, das alles gehöre eng zusammen.

Kommentar K. W.:

Der Mann mit dem Hut zeigt die Auseinandersetzung mit dem Todesthema an, die bei einem Menschen von 89 Jahren natürlich und notwendig ist. Er ist also als Todesbote aufzufassen. Wir entnehmen die Berechtigung zu dieser Auffassung der Tatsache, daß er einen Hut trägt. Der Hut ist derjenige Teil der Kleidung, der die Hirnschale deckt, schützt und verdeckt und sie zugleich auszeichnet, gleich wie die Badehose den andern Pol des Menschen, die Geschlechtsregion, verhüllt und zugleich betont. Die Träumerin scheint übrigens etwas von dieser Analogie geahnt zu haben: Sie hatte geargwöhnt, ihre Träume könnten etwas Sexuelles zeigen, was natürlich nicht der Fall ist. Sie war darauf verfallen, weil Polaritäten einander entsprechen und sich gegenseitig bedingen; sie gehören zusammen. Die Hirnschale aber, das «Schädelgewölbe», repräsentiert das Himmelsgewölbe mit den kosmischen Konfigurationen der Gestirne, aus denen nach astrologischer Anschauung die menschlichen Geschicke hervorgehen. Wenn der Mensch also seinen Hirnschädel verdeckt, entzieht er ihn dem Blick und zeigt damit an, daß er als individueller Repräsentant des Geistigen zurücktritt und die Führungsrolle des bloßen, nackten Verstandesdenkens zugunsten des Kosmisch-Geistigen aufgegeben hat. Anders gesagt: Das «kleine Ich» mit seinem bloßen, nackten Verstandesdenken überläßt die Lenkung nunmehr den Geistesmächten des «großen Ich», gemäß dem Kernprinzip des Zen-Buddhismus: Erst wenn das Denken schweigt, erwacht der Geist.

Damit legitimiert sich der Hutträger als Ankünder des großen Übergangs vom individuell begrenzten zu einem überindividuellen Dasein, eben des Überschreitens der Todesschwelle. Hutträger haben etwas Feierliches: Sie stellen nicht ein Individuum, sondern etwas Höheres, Umfassenderes dar, etwas, das nach allen Richtungen offen ist, im Sinne unseres grafischen Schemas, und nicht geschlossen und abgeschlossen wie das «kleine Ich». Hutträger im Traum haben gewöhnlich etwas mit dem Tode zu tun, vor allem natürlich solche mit schwarzen oder hohen Hüten.

Es gibt noch andere und vollständigere Formen von Verhüllung – oder sollten wir hier eher von Vermummung sprechen? Das ist der Spuk der Fasnachtsbräuche, die weit über den europäischen Raum verbreitet sind und auch ein Pendant in den Maskentänzen der Naturvölker haben. Sie bilden und bewirken, in ausgelassen dionysischen, in heiteren und lustigen, in wilden, schreckerregenden Gestalten, das Hereinstürzen jenseitiger Mächte in die anheimelnde Welt unseres altvertrauten Daseins. Fasnachtsbräuche sind Totenbräuche, wie man auch an einer so satirisch-fröhlich-grimmigen Veranstaltung wie der Basler Fasnacht nachweisen kann. Basel hat schon immer eine eigene Beziehung zum Tod gehabt, in den gemalten Totentänzen und in der hier besonders hochgeschätzten und gepflegten Kunst der Nekrologe, der Totenreden, der Nachrufe auf der Kanzel und in der Zeitung. Man spricht hier auch nicht von «Masken», sondern von «Larven». Es ist das Eigentümliche der Larven, daß sie das wahre Wesen verhüllen, aber zuletzt einen Schmetterling –

eben dieses wahre Wesen – aus sich hervorgehen lassen. Der Schmetterling in seiner Heiterkeit ist ein altes Unsterblichkeits- und Auferstehungssymbol und wurde in den Kinder-Todesbaracken im Dritten Reich oft an die Wände gezeichnet.

Die Dame, der wir diese Träume verdanken, war nun tatsächlich Baslerin. Die nächtlichen Besucher sind Todesboten. Doch darf man nicht dem Trugschluß erliegen, daß sie nun den bevorstehenden Tod ankündigen und den Todestermin voraussagen. Aber sie sind Wellenwürfe aus dem Unbewußten, die anzeigen, daß dieses angefangen hat, sich mit dem Tod zu beschäftigen oder sich auf ihn in einer konstruktiven Weise vorzubereiten. Deshalb erhält sie von den grüngekleideten Besucherinnen ein verschnürtes Päckchen, das offenbar etwas Wertvolles enthält, denn sie bedankt sich dafür, sogar ohne es vorher aufzumachen: Es ist noch nicht soweit, das Mysterium des großen Überganges zu enthüllen. Das Grün ihrer Kleidung ist wiederum ein Hinweis auf ihre jenseitige Abkunft. Es ist das pflanzenhafte «Stirb und Werde», auf das hier angespielt wird, und das dem Menschen, solange er ganz in seinen Körper gebannt ist, noch nicht gegeben ist. Die Naturwesen unserer heimischen Sagenwelt, Zwerge, Kobolde, oder die Jägergestalten unserer Folklore, deren Kugel «tod»sicher trifft, weil sie mit magischem Mana aufgeladen ist, und gar der Teufel in seiner volkstümlichen Gestalt – sie alle sind oft grün oder dann grün gekleidet.

Und schließlich der letzte Traum: Die alte Banknote – das alte abgenützte Leben, der alte abgenützte Leib, wird durch ein neues, unverbrauchtes ersetzt. Statt dessen traten jetzt mehr und mehr nebelhafte Gestalten auf – Kundgebungen aus dem Unbewußten, die noch keine bestimmte Form annehmen konnten, weil das Bewußtsein, das ihnen ja erst eine den bewußten Wahrnehmungen der Außenwelt ähnliche Kontur und Farbe verleihen konnte, noch nicht reif dafür war. Die jenseitige Welt blieb noch unvertraut und rätselhaft. Nachdem die Träumerin sich aber ein Herz gefaßt hatte, ihre Erfahrungen jemandem mitzuteilen, wurden sie schwächer und seltener.

Von einem weiteren ausgeprägten Basler, diesmal sogar einem ehemaligen Fasnächtler, stammen die folgenden Erlebnisse. Er war daran, durch eine Multiple Sklerose langsam und qualvoll zugrunde zu gehen. Etwa zwei Jahre vor seinem Tode erwachte er häufig in der Nacht und sah kostümierte Narren, die in sein Schlafzimmer eindrangen und ihn unverwandt anstarrten, einer nach dem andern. Sie waren in keiner Weise beängstigend oder erschreckend, er empfand sie aber als unverschämt und störend. Es war nicht Grauen, aber Ärger. Er fand, es sei eine Frechheit, was es ja auch war. Als er dann seinen Gefühlen mit lautem Schimpfen Luft machte, verzogen sie sich wieder. Andere Male hingen verschiedenfarbige Tücher von der Decke herab, die hin und her flatterten und wehten und die ein geheimnisvolles Leben in sich zu haben schienen, wiederum nichts

Erschreckendes, nicht einmal etwas Unheimliches, aber etwas Seltsames, Unverständliches. Es zeigten sich auch Büsche, die ganz mit leise zitternden, bunten Stoff- oder Papierstreifen behängt waren. Auch so kann sich die Beschäftigung mit dem Todesthema ankündigen.

Nach einigen Monaten verschwanden die Phänomene wieder. Der Arzt war sehr erstaunt, als er eines Tages ganz nebenbei erfuhr, daß der Patient regelmäßig betete und nunmehr fest an einen Gott glaubte, nachdem er sein Leben lang von nichts derlei hatte wissen wollen. Jetzt hatten die «Jenseitigen» es nicht mehr nötig, sich ihm in fratzenhafter Verkleidung zu nähern.

Und nun als Gegenstück ein Beispiel derjenigen Träume, die eine Ankündigung des eigenen Todes zu enthalten *scheinen,* es aber nicht sind. Sie verführen uns leicht dazu, sie in diesem Sinne zu deuten – und zu mißdeuten. Eindeutige und direkte Voraussagen des eigenen Todes in den Träumen sind äußerst selten, und man muß sehr kritisch damit umgehen.

Eine Frau erzählt:
Ich habe einmal geträumt, es sei ein Sarg in unserer Küche gestanden auf zwei Küchenschemeln. Ich wußte: Das ist der Sarg für mich, ich muß also sterben. Und mein Onkel, er war Straßenchef, der brachte eine Schubkarre voller Steine für diesen Sarg. Das sei, sagte er, damit ich nicht so naß werde, wenn es regne. Mein Mann war auch dabei.

Und ich wußte einfach, daß der Sarg für mich war. Ich dachte, die Steine habe man in den Sarg getan, damit er ganz sicher unten bleibt. Es waren so große Kieselsteine. Ich sagte mir, daß das nun also mein letztes Bett sei. Aber irgendwie hatte ich mich damit abgefunden.

K. W.: Wie war Ihr Gefühl, Ihre Stimmung dabei?
Träumerin: Ich fühlte mich schon nicht so gut, ich wollte nicht unbedingt sterben. Aber irgendwie habe ich mich darein geschickt.
K. W.: Sie haben sich darein geschickt, daß ein Lebensabschnitt zu Ende geht. Daß etwas fertig ist in Ihrem Leben, also quasi gestorben, und zwar etwas, das Ihnen früher einmal wichtig war und das Sie jetzt aufgeben müssen. Können Sie es so auffassen?
Träumerin: Ich weiß nicht genau. Ich habe nicht gerade wenig Kummer. Ich habe zwar einen guten Mann, aber wir haben mit unserem Sohn viele Sorgen. Er hat zwar studiert und hat noch ein Ingenieurdiplom, aber er trifft es nicht gut mit den Frauen. Ich weiß nicht, ob da ein Zusammenhang besteht, aber das kommt mir immer wieder in den Sinn. Der Sohn hat mich nie ganz losgelassen: Ich muß immer an ihn denken.
K. W.: Der Gedanke an den Sohn läßt Sie nicht los. Aber der Traum scheint zu sagen, daß Sie sehr wohl loslassen, «sterben», können, und daß Sie sich abfinden sollten mit den Schwierigkeiten, die Ihr Sohn hat. Es ist zwar etwas wie sterben, aber man kann es auf sich beruhen lassen und muß sich weiter keine Sorgen machen.

Träumerin: Es ist also kein ganz schlimmer Traum?

K. W.: Es ist kein schlimmer Traum, nein.

Träumerin: Ja, aber was hat es mit diesen Steinen auf sich?

K. W.: Ja, diese Steine, die sind allerdings merkwürdig. Und da spielt es natürlich eine Rolle, daß Ihr Onkel in dem Traum vorkommt. Was für eine Rolle spielt er in Ihrem Leben ?

Träumerin: Eigentlich keine schlechte. Er ist ein ruhiger Mensch. Das Lustige oder vielleicht das Traurige ist, daß er zugleich auch Totengräber war damals. Das hat mir auch zu denken gegeben.

K. W.: Er ist also der Sachwalter, ein Vermittler des Todes, aber ein liebevoller, denn er trägt Sorge, daß Sie in Ihrem Grabesbett nicht naß werden. Und zugleich sorgt er mit den schweren Steinen dafür, daß Sie mit Ihren Problemen nicht wieder auftauchen, daß der Abschied von den Problemen definitiv ist. Sie mit Ihrer Problembelastung – den Steinen – sollen im Grab verschwinden, damit eine unbelastete Person entstehen kann. Er ist der Herr und Manager des Übergangs. Und als Straßenchef hat er ja mit Steinen zu tun, aber auch mit Straßen, die weiterführen. Wissen Sie, diese Todesträume sind meistens eher günstig zu deuten. Es ist oft einfach der Abschied von etwas, das bisher lebenswichtig war, es jetzt aber nicht mehr ist. Es ist etwas im Leben, das stirbt. Aber man selber stirbt nicht. Es ist etwas in einem selbst oder im Leben. Wenn man etwas so genau träumt, wie Sie es geträumt haben, so detailliert mit dem Sarg, dann heißt das doch, daß das Unbewußte sich

371

mit dem Problem der Wandlung, der Verwandlung befaßt, daß man zwangsläufig im Verlauf des Lebens jemand anders wird und daß der Mensch, der man früher war, stirbt.

Es scheint, daß sich in den Träumen vornehmlich die *Beschäftigung* mit dem Phänomen Tod und mit dem eigenen bevorstehenden Tod spiegelt, während wirkliche *Ankündigungen* des eigenen Todes andere Wege einschlagen und eher in äußeren Ereignissen und Wachbegegnungen eintreten. Dabei übernehmen oft Vögel, vor allem schwarze und nächtliche, das Amt von Todesboten. Ein Beispiel berichtet *Jaffé** in ihrem immer noch unersetzlichen Buch «Geistererscheinungen und Vorzeichen»:

Einen Freund von mir, er ist pensionierter Telefonmonteur, dessen Frau seit etwa Jahresfrist auf dem Friedhof in A. beerdigt ist, wie meine Frau auch, treffe ich dort mitunter. Er war ein ganz gesunder und korpulenter Mann. – Nun kam er vor etwa drei Monaten zu mir. Ich war gerade im Garten. Er war ganz aufgeregt und sagte: «Du, ich muß dir etwas Sonderbares erzählen, aber nur dir.» Er komme soeben vom Grab seiner Frau, und als er ganz kurze Zeit dort gestanden, sei eine Elster auf seine Achsel geflogen und gleich darauf auf das Grab vor ihm. Er habe sie fortgejagt, aber von einem Baum sei sie bald wiedergekommen. Er sei dann, Böses ahnend, fort und direkt zu mir. Was ich davon halte. Ich sagte ihm, daß es eine zahme, entflogene Elster gewesen sein werde, wie ich vor einiger Zeit eine solche bei den badischen Zöllnern in Weil bei Lörrach

*A. Jaffé, Geistererscheinungen und Vorzeichen, S. 36, 57, 71, 73 *gesehen habe, die jeden Tag komme, wie mir die Zöllner gesagt haben. Das beruhigte ihn. Etwas später traf ich meinen Freund im Dorf, und er sagte mir: «Du, es muß bei der Elster doch etwas dahinterstecken, ich glaube, es geht mit mir dem Ende zu.» Bald darauf kam er ins Spital, und letzte Woche ist er neben seiner Frau beerdigt worden.*

Ein Beispiel, wo der Tod eines anderen vorausgewußt wurde, ist das folgende eindrückliche Erlebnis *(Cohen*).*

Commander Potter war im Zweiten Weltkrieg Führer einer Fliegerstaffel auf einer RAF-Basis in Ägypten. Die Bomber der Basis flogen von hier aus über das Mittelmeer, um Torpedos und Minen auf den Weg von General Rommels Nachschubschiffen zu legen. Die Bomber operierten gewöhnlich nachts bei Vollmond. Diese Missionen waren äußerst gefährlich, und die Männer versuchten oft, ihre Spannung mit einer Art fatalistischer Fröhlichkeit zu übertönen. Eines Abends, gerade vor Vollmond, saßen Potter und ein Flugoffizier in der Offiziersmesse bei einem Drink. Im Raum war auch ein Staffelkommandant, Roy. Er war mit einer Gruppe von Freunden zusammen. Sie waren vergnügt und laut, was Potter veranlaßte, zu ihnen hinüberzuschauen. In diesem Moment hatte Potter seine Todesvision:

Ich drehte mich um und sah den Kopf und die Schultern des Staffelkommandanten sich ganz langsam in einer bodenlosen blauschwarzen Tiefe bewegen. Seine Lippen waren in einem schrecklichen Grinsen von den Zähnen ab-

*D. Cohen, Encyclopedia of Ghosts, S. 165 f.

373

gezogen; er hatte Augenhöhlen, aber keine Augen; das übrige Fleisch seines Gesichts war dumpf gefleckt in grünlich-purpurartigen Schatten, mit Fleischfetzen nahe seinem linken Ohr. Ich starrte. Mir schien, mein Herz sei aufgeschwollen und stillgestanden. Das Haar an meinen Schläfen und die Rückseite meines Halses fühlten sich wie Draht an, eiskalter Schweiß tröpfelte mein Rückgrat hinunter, und ich zitterte leicht am ganzen Körper. Ich nahm unbestimmt Gesichter in der Nähe wahr, aber die grausige Todesmaske dominierte alles.

Potter hatte keine Ahnung, wie lange die Vision gedauert hatte, aber er bemerkte irgendeinmal, daß sein Kamerad ihn am Ärmel zupfte und sagte: «Was ist los, zum Teufel? Du bist weiß wie ein Leintuch, wie wenn du einen Geist gesehen hättest.» «Ich habe einen Geist gesehen», sagte Potter, «Roy. Roy hat das Zeichen des Todes an sich.» Sein Kamerad schaute hinüber, wo Roy und seine Freunde saßen, aber er sah nichts Ungewöhnliches. Potter saß immer noch totenbleich und zitternd da. Beide Offiziere wußten, daß Roy nächste Nacht fliegen sollte, aber keiner wußte, was sie tun sollten. Schließlich tat Potter nichts. Er hätte verlangen können, daß Roy von der Mission zurückgezogen würde, aber er wußte, daß Roy sich weigern würde, sich aus so einem Grunde aus der Crew herausnehmen zu lassen. Er glaubte, daß diese letzte Entscheidung die richtige und Teil einer «vorausbestimmten Folge von Ereignissen» sei. In der folgenden Nacht erhielt er denn auch die erwartete Nachricht. Roy und seine Crew waren abgeschossen und gezwungen worden, ins Meer zu

tauchen. Aber das Abtauchen war offenbar gut abgelaufen. Potter war sehr erleichtert und überzeugt,
daß seine Vision falsch gewesen war. Aber Stunde
um Stunde verging, und kein Lebenszeichen von
Roy und seiner Crew. «Und da wußte ich, was ich
gesehen hatte», sagte Potter. «Das blauschwarze
Nichts war das Mittelmeer bei Nacht, und er
schwamm irgendwo darin, tot, nur gerade Kopf und
Schultern über dem Wasser.»

Der Fall ist insofern charakteristisch, als er zeigt, wie
extreme Gefühlsspannungen zusammen mit einer
engen kameradschaftlichen (oder anderweitigen)
Verbundenheit das Auftreten solcher Erlebnisse be-
günstigen und wie sie eingeflochten sind in einem
schicksalhaften Verlauf, der die Beteiligten in ihrer
Entschlußkraft zu lähmen scheint, so daß sie, ob sie
wollen oder nicht, zu Mitträgern des Geschehens
werden.

Kollektive Katastrophen, mögen sie nun den Träumer selber mitbetreffen oder nicht, werden immer
wieder zum Gegenstand eines parapsychologischen
Vorauswissens.

1912 lief der Luxusdampfer «Titanic», das «unsink-
bare Schiff», bei seiner Jungfernfahrt auf einen Eis-
berg auf und sank, ein Ereignis, das damals als ein
Menetekel und später sogar als ein Vorzeichen des
Ersten Weltkriegs empfunden wurde. Ein Forscher,
Stevenson, sammelte 16 beglaubigte Berichte von

Leuten, die das Ereignis auf außersinnlichem Wege wahrgenommen hatten. Zehn davon waren vorauswissende Wahrnehmungen, waren also *vor* dem Ereignis erfolgt, von diesen waren acht Träume. Eine ähnliche Untersuchung wurde 1966, eine Woche nach einem Unglück in dem walisischen Kohlenminendorf Aberfan, unternommen, bei dem 144 Menschen umgekommen waren. Von den 35 Berichten, die einer genaueren Prüfung standhielten, basierten 25 auf Träumen.

Die umfassendste Sammlung von paranormalen Wahrnehmungen ist von *Lousa E. Rhine,* der Witwe des Begründers der exakten wissenschaftlichen parapsychologischen Forschung, *J. B. Rhine,* an der Duke University in Durham, North Carolina, zusammengetragen worden. Die Sammlung belief sich 1962 auf 7119 Fälle. Davon waren 65 % Träume. Von den Träumen waren nach einer sehr kritischen Evaluation wiederum 68 % als Wahrträume ausgewiesen.[*]

Das parapsychologische Hereinbrechen einer «jenseitigen» Welt in unsere gewohnte Wahrnehmungswelt, also eines Wissens, das uns nicht über unsere Sinneskanäle erreicht, kann sich «rein», ohne materielle Beteiligung, ereignen, wie im Traum oder in Visionen, aber auch durch eine Deformation unserer materiellen Wahrnehmungswelt.

---

[*] Wolff, in Benedetti/Wagner, Traum u. Träumen

Träume vom Licht

Alfred Meier verlor nach fünfjähriger Ehe seine Frau durch einen Unglücksfall. Ein Jahr zuvor hatte er mehrmals den gleichen Traum:

Meine Frau begleitet mich morgens um 6 Uhr zum Bahn-hof. Die Sonne geht am Horizont auf, aber seltsamerweise beschleicht mich dabei eine Ahnung von Sterben und Tod. Im Laufe der Zeit hatte ich dieses Erlebnis direkt auf meinem Weg zum Bahnhof, morgens, wenn ich zur Arbeit ging. Innere Wirklichkeit und Traum verschmolzen ineinander. Eines Abends erzählte ich damals meiner Frau von diesem Phänomen, und es wurde ein langes Gespräch über das Leben und den Tod. Sie sagte dann ruhig: «Ich bin sicher, daß wir beide zusammen sterben werden, keiner wird ohne den andern weiterleben können.» Ein paar Tage darauf verunfallte sie tödlich, aber heute, nach 45 Jahren, ist sie mir noch genau so nahe wie vor ihrem Tod.

Am Anfang erschien mir meine Frau oft im Traum. Sie kam vom Fenster her in einem hellen Licht, und wenn ich sie berührte, war alles, auch ich, in diesem vollen Licht. Sie sagte dann: «Du hast keine Ahnung von der Schönheit, vom Licht und von der Stille in meiner neuen Welt», um-armte mich, und wir gingen zusammen diesem Licht ent-gegen. Ich spürte jeweils noch lange ihren Arm um mich und war glücklich und nicht mehr traurig. Es war für mich wie ein Geschenk, daß ich sie erleben konnte und so mich mit ihr über den Tod hinaus verbunden fühlte.

Auch heute träume ich oft, aber sobald ich ganz wach bin, ist alles wie ausgelöscht. Dann spüre ich nur noch das Licht, das vom Traum ausging.

Im nächsten Traumbeispiel wird ebenfalls von der Nähe der Toten und diesem, ein überhelles Licht ausstrahlenden Reich gesprochen.* Im Traum sieht eine Frau den Absturz ihrer Schwester im Gebirge:

Plötzlich wird es ganz still. Bald danach höre ich ein so starkes Geräusch, als ob ein großer Vorhang mit Millionen von Vorhangringen sich verschiebe, wonach dann ein unsagbar helles Licht mich dermaßen blendet, daß ich nichts mehr sehen kann. In diesem Augenblick wird mir klar, daß jetzt meine liebe Schwester drüben in der Ewigkeit aufgenommen worden ist.

Tags darauf vernahm ich durchs Telefon von ihrem plötzlichen Unglücksfall auf einer Bergtour.

Eine Folge besonderer Art von Lichtträumen erlebte die hochbetagte Alice Heine.** Im Alter von 93 bis 95 Jahren hatte sie die folgenden Träume:

Traum 1

Mit einer Begleiterin trete ich aus einem dunklen Wald hinaus an den hellen Waldrand. Schließlich stehen wir im schönsten, strahlendsten Licht. Alles, was meine Augen sehen, ist nur noch Licht, ohne Form, großes Licht und endgültiger Frieden.

---

* A. Jaffé, Geistererscheinungen u. Vorzeichen, S. 36, 57, 71, 73
** Mitgeteilt von Frau Dr. G. Hess, Zürich

Traum 2

Ich bin in einem großen Zimmer mit zwei gegenüberliegenden Türen. Bei der einen Türe, wo ich mich befinde, sitzt jemand in schlichten Kleidern. Die gegenüberliegende Türe ist weiß, und dort steht jemand in blendend weißen Kleidern. Diese Türe öffnet sich um Spaltbreite, und ich sehe durch den Spalt eine dritte Gestalt, die aber draußen bleibt. Ich sage dazu: «Aha, da geht es nach draußen.» Ich hätte aber auch sagen können: «Ach so, da geht es hinüber», denn mir scheint, daß der Traum mich bereitmacht fürs Sterben, d.h. mich weise machen will. Die dritte Figur könnte ein Bote Gottes sein, der mich abholt.

Traum 3

Ich liege in meinem Bett. Es ist tiefe Nacht. (Dies habe ich im Traum so empfunden.) *Auf einmal geht in der Mitte der gegenüberliegenden Fensterwand eine Türe auf* (wo es in Wirklichkeit keine hat). *Eine Flut strahlenden Lichtes ergießt sich von dort in mein Zimmer, und im Türrahmen steht mein verstorbener Mann und lächelt mich an. Mein Mann wartet auf mich.*

Kommentar der Träumerin:

Solche Lichterscheinungen erschrecken mich nicht. Ich sehe eher eine Verheißung darin. Geträumtes Licht kann auch ein Lichtstrahl aus dem Jenseits sein. Wenn dieses leibliche Leben langsam erlischt, erwacht es jenseits als Licht zu einem andersartigen Leben. Mir scheint, ganz sachte rückt mein Sterben näher. In einem andern Traum leuchtete das Licht schon am Fußende meines Bettes auf.

Diese Überlegungen sind gut, aber es folgte

Traum 4

Im Rollstuhl fahre ich hilflos einen Hang hinunter. Der Rollstuhl bleibt knapp vor einem Abgrund stehen. Ich rufe laut um Hilfe. Da erscheint mein verstorbener Mann und sagt: «Warum denn dieser Lärm, das alles habe ich schon erlebt, und es ist ganz normal verlaufen.» Das war mir eine Beruhigung.

Etliche weitere Träume folgten, mit ihrer Hilfe gelang es ihr, lange verschüttete Möglichkeiten ihres Wesens noch zu entfalten und die letzten Stufen eines langen Lebens zu meistern. Im 98sten Altersjahr verstarb die Frau.

Etwas Ähnliches widerfuhr Frank Furrer. Er nannte es «Die Tropfen, das Licht».

Einmal, es war an einem richtigen Regenabend, saß ich niedergeschlagen in meinem Zimmer und sah in den Regen hinaus, ließ die Ideen kommen und gehen, wie sie wollten.

Ich haderte in Gedanken mit dem Schicksal, welches mich einen Beruf hatte erlernen lassen, der mich den Launen des Wetters aussetzte. Ich war wütend, daß es mich soviel Zeit hatte verlieren lassen, bis ich zu bewußtem Lernen erwachte, und besonders, daß es mich jahrelang an einer Lehrstelle hatte ausharren lassen, wo man nur daran Interesse hatte, mich möglichst zu erniedrigen und auszunützen. Die Wochen und Monate ohne Arbeit, welche ich nicht besser zu nutzen wußte, die vielen Wochen Militärdienst, fast zwei Jahre, alles hielt ich dem Schicksal vor. Und ich schimpfte es ungerecht, denn womit sollte ich das alles verdient haben? Wo war da die positive Seite?

Tropfen fielen nun auf das Blechdach draußen. Sie fielen in ungleichmäßigen Abständen, sie waren ungleich schwer, und sie fielen nicht auf dieselbe Stelle. Daher ergaben sie auch nicht denselben Ton. Die einen fielen schwer und dumpf, andere erzeugten einen starken, langausschwingenden Ton. Wieder andere ließen das Metall kurz, hell und fröhlich klingen. Ich hörte es, war mir aber dessen nicht bewußt. Ich ging früh zu Bett. Wie mir so langsam wärmer wurde, beruhigte sich mein Gemüt. Mir kam in den Sinn, daß ich doch auch viel Schönes erlebt hatte. Ich tat im stillen Abbitte, schlief ein und hatte den folgenden Traum:

Ich schreite im Traum durch einen langen, dunklen Gang, welcher in einen helleren Raum führen muß, denn weit vorne sehe ich sein Ende als erleuchtete Türöffnung mit römischem Bogen. Mit gleichmäßigem Schritt und ohne irgendwo anzustoßen, gehe ich durch den Gang, der mir tief unter der Erdoberfläche zu liegen scheint. Mir ist ein wenig bang zumute, etwa so, wie wenn man darauf gefaßt sein muß, von einem lieben, guten Menschen einen berechtigten Vorwurf zu hören.

Endlich bin ich am Ende des Ganges angelangt und trete zaghaft auf die Schwelle. Der Raum ist leer. Er hat auch keine Fenster. Und doch ist er nicht leer... Er ist erfüllt von einem ruhigen Licht, und in der Luft schwingt ein konstanter Ton, der mir bekannt vorkommt. Ich weiß ihn aber vorerst nicht zu deuten.

Erst als ich einen weiteren Schritt getan habe, sehe ich, woher das Licht kommt. Auf derselben Seite, von der ich eben eingetreten bin, ist eine zweite Öffnung, die ich von meinem früheren Standort aus nicht habe sehen können. Ein anderer, kleiner Raum tut sich vor mir auf, es ist eigentlich keine trennende Wand da. Die Öffnung gleicht einem großen, breiten Bogenfenster, trennend wirkt bloß eine niedrige Stufe, um welche dieser zweite Raum höher liegt. In dem Augenblick, in dem ich das sehe, höre ich einen Tropfen fallen. Mitten im Raum steht ein schönes Tongefäß. Ich besitze eine kleine, schwarze, bauchige Vase, welche annähernd diese Form hat. Eine Form, die sich auf allen Erdteilen seit Jahrtausenden überliefert zu haben scheint. In dieses Gefäß fallen Tropfen. Sie fallen stetig, aber nicht in gleichmäßigen Abständen, und sie erzeugen auch nicht alle den gleichen Ton. Die einen tönen dumpf und schwer, andere klingen hell und fröhlich, dazwischen gibt es viele Variationen. Das Gefäß strömt auch das Licht aus. Wie, kann ich euch nicht erklären, aber das Licht kommt tatsächlich aus dem Gefäß. Die hineinfallenden Tropfen verwandeln sich darin in Licht. Das Gefäß ist beinahe voll, aber es ist nicht voll Wasser, es ist voll flüssigen Lichtes. Die Tropfen fallen immerzu, die einen schwer, die anderen leicht, und je nachdem verursachen sie mehr oder weniger Unruhe im Gefäß. Kaum jedoch vermögen sie die leuchtende Flüssigkeit für einen Moment zu trüben. Von dem ganzen Bild geht eine wunderbare Ruhe aus.

Ich stehe eine Weile vor diesem Bild, und plötzlich weiß ich, was es bedeuten soll. Das ist die menschliche Seele. Die Tropfen, die hineinfallen, sind die Erlebnisse – Freude und Leid in unregelmäßiger, aber steter Folge. Beide verursachen Wellen, und beide verwandeln sich in Licht, in Licht der Erkenntnis.

In diesem Moment erwachte ich, und wie ich so dalag und noch immer ein wenig benommen ins Dunkel lauschte, hörte ich draußen wieder das unregelmäßige Fallen von Regentropfen.

Kommentar:

Frank Furrer machte sich Gedanken über seine Berufssituation und haderte mit dem Schicksal, das ihm nicht ermöglicht hatte, zu studieren.

Da erfolgt dieser bedeutsame Traum und zeigt ihm ganz andere Perspektiven. Der Träumer wird unter die Oberfläche, d. h. in tiefe Schichten seiner eigenen Person, geführt, und hier werden ihm bildhaft neue Möglichkeiten aufgezeigt. Von Vorwürfen irgendwelcher Art oder gar moralischen Weisungen findet sich keine Spur. In der Tiefe seiner Person stößt er im Gegenteil auf einen hellen, lichten Raum, in dessen Mitte sich ein irdenes Gefäß von vollendeter Schönheit befindet. Sphärische Klänge und mildes Licht, Schwingungen der verschiedenen Frequenzen, sind in diesem Raum, und selbst das Gefäß und die fallenden Wassertropfen strömen Licht und Ruhe aus.

Der Traum als eine entscheidende Meldung aus dem Zentrum seiner Persönlichkeit äußert sich also nicht zu den momentanen Berufs- und Lebensproblemen.

Er weist vielmehr in einer wunderbaren symbolischen Darstellung auf den eigentlichen Sinn seines ganzen Lebens hin.

Anderthalb Jahre nach diesem Traum verstarb Frank Furrer in seinem 76sten Lebensjahr, ruhig, entspannt und mit großer Zuversicht.

Eindrückliche Lichterlebnisse in Träumen und Visionen werden auch im Alten und Neuen Testament aufgeführt.

Ergänzende Berichte

Eine andere Träumerin, Andrea Wanner, erlebte folgenden eigenartigen Traum:

Ich sehe meinen Freund in einem Sarg liegen. Schön ist sein Gesicht. Ich erschrecke zutiefst und denke: Das kann doch nicht sein. Bitte, Hans, steh mir bei. Aus dem Sarg antwortet er mir: «Andrea, hab keine Angst, ich werde bei dir sein und dir helfen.»

Noch im Traum war ich beruhigt und schlief weiter.

Kommentar der Träumerin:

Morgens beim Erwachen war mir in meinem Innern klar, was geschehen war, aber ich wollte es nicht wahrhaben. Ich telefonierte ihm, aber niemand nahm das Telefon ab. Er war in jener Nacht gestorben. Vieles ist auf mich zugekommen, aber immer wieder habe ich das bestimmte Gefühl, daß mein Freund neben mir steht und mir hilft. Einmal, als ich tief niedergeschlagen war, hatte ich einen sehr eindrücklichen kurzen Traum: *Mit tiefer Stimme rief er mir zu: «Andrea, habe keine Angst, ich helfe dir!»*

Nach diesen beiden Träumen kann ich mein Schicksal besser ertragen, denn ich weiß, daß er mir beisteht.

Kommentar:

Ein ergänzender Kommentar ist hier kaum nötig, die Erlebnisse sprechen für sich selbst.

Das Motiv eines «anderen Landes» zeigt der folgende Traum:

Mitten auf einer freien Ebene steht eine Wand aus Fäden. In der Mitte dieser Fadenwand befindet sich der Eingang resp. Ausgang; nun kommt unser Onkel Hans mit mühsamen Bewegungen daher (er war seit vielen Jahren gelähmt). Jeder Schritt verursacht ihm Qualen. Er trägt ein braunes halbleinenes Kleid (er ist ein Emmentaler Bauer). Onkel Hans verreist, stelle ich fest. Er erreicht den Eingang. Hier bleibt er stehen, reckt und streckt sich, blickt sich freundlich nach mir um und grüßt mich – dann schreitet er auf der andern Seite der Pforte gelöst weiter. Jung und gesund sieht er jetzt aus, groß und stark, so wie ich ihn als Kind kannte, als er ein stattlicher Bauer war.

Ich erwachte und dachte: «Onkel Hans ist gestorben.» Einige Tage später kam seine Todesanzeige. Meine Mutter nahm an seiner Beerdigung teil und erzählte mir, nachher: «Ich habe Onkel Hans im Sarg gesehen. Er trug ein braunes halbleinenes Kleid, es soll sein Hochzeitskleid gewesen sein.»

In beiden Fällen ist es nur eine äußerst dünne Scheidewand, dort ein Vorhang, hier eine Wand aus Fäden, die das Diesseits vom Jenseits trennt. Auch in Traum 24 von Bernhard Nauer wird links außen eine einfache Grenze zu einem unbekannten Land überschritten. Es ist nichts Tragisches, sondern ein selbstverständliches Hinübergehen.

Oft nehmen die Leute mit freundlichem, aufmunterndem Lächeln Abschied. Alois Lehner, ein 50jähriger Ingenieur, befand sich nach Geschäftsschluß auf dem Heimweg. Da erblickte er in der Nähe seinen Chef und grüßte ihn. Der sonst sehr nette Herr winkte ihm zwar freundlich zu, verschwand aber ungewohnt rasch in eine einmündende Straße. Alois Lehner war erstaunt und machte sich seine Gedanken. Am nächsten Tag erhielt er die Nachricht, daß sein Vorgesetzter unerwartet am Vorabend an einem Herzinfarkt gestorben sei.

Vom psychologischen Gesichtspunkt aus deuten diese Träume und Visionen auf die Nähe des noch unbekannten Bereichs, d. h. auf die Nähe des Unbewußten in seiner weitesten Bedeutung und auf die Selbstverständlichkeit einer Rückkehr dorthin.

Nicht selten finden sich Berichte über Sterbende, die von Schreckensgestalten und Dämonen bedroht worden sein sollen. In den vielen von uns durchgesehenen Mitteilungen von Träumen und Visionen werden keine solchen Szenen wiedergegeben. Das dürfte größtenteils darauf zurückzuführen sein, daß Leute, die sich um ihre Träume kümmern, Kontakt mit ihrem Unbewußten aufnehmen, sich dadurch mit aufsteigenden neuen Inhalten in Beziehung setzen und diese in sich einordnen. So gleiten sie nicht unkontrolliert in unbewußte, tiefere Schichten ab, wo sie sich zu Schreckensvisionen auswachsen. In diesem Sinne spricht der folgende Bericht einer älteren Frau:

«Mein Mann war schwer krank, und sein Zustand verschlechterte sich innerhalb einer Woche rapid. Er wurde immer unruhiger, wälzte sich im Bett hin und her und schaute mich entsetzt an. Endlich gestand er mir, daß er fürchterliche Gestalten sehe, die ihn auslachten und bedrohten. Ich wußte mir nicht zu helfen und schlug ihm vor, unseren Hausarzt um Rat zu fragen. Es war ein tiefes Gespräch, und mein Mann wurde sehr nachdenklich. Nachher war er wie umgewandelt, ruhig und fast fröhlich. Er gestand mir: ‹Es war, wie wenn mir jemand einen Klumpen konzentrierter Erkenntnisse an den Kopf geschleudert hätte. Jetzt weiß ich, um was es geht.› Trotz seiner schweren Krankheit war er jetzt zuversichtlich und verschied nach drei Tagen in aller Stille. Das hat mich selber sehr beeindruckt.»

Kommentar:
Dieser Mann war in seinem Leben von vielen Sach-

problemen beansprucht worden. Ganz zuletzt gelang es ihm nun, auch noch zu einer weiteren, vertieften Sicht der Dinge zu gelangen.

Von einem gleichen Erlebnis in einer Vision nach durchgemachtem Herzinfarkt (s. vorne) berichtet *Jung:** «Von der Schönheit und der Intensität des Gefühls während der Vision kann man sich keine Vorstellungen machen. Sie war das Ungeheuerlichste, was ich je erlebt habe. Und dann dieser Kontrast. Enttäuscht dachte ich: ‹Jetzt muß ich mich wieder in das ’Kistchen-System’ hineinbegeben!› Es schien mir nämlich, als ob hinter dem Horizont des Kosmos eine dreidimensionale Welt künstlich aufgebaut worden sei, in der jeder Mensch für sich allein in einem Kistchen säße. Da war man froh gewesen, daß endlich alles von einem abgefallen war, und nun war es wieder so, wie wenn ich – so wie alle anderen Menschen – an Fäden aufgehängt wäre in einem Kistchen drin. Als ich im Raume stand, war ich schwerelos, und nichts hatte mich gezogen. Und das sollte nun wieder vorbei sein!»

Ein österreichischer General und Gegner des Okkultismus hat das folgende Erlebnis ehrenwörtlich erhärtet.

Er lag schwer krank darnieder. Plötzlich sah er sich mitten im Zimmer stehen; neben dem Bett, in dem sein Körper lag, nahm er den Bruder und den behandelnden Arzt wahr, nichts jedoch erfüllte ihn so sehr mit Verwunderung

* C. G. Jung, Erinnerungen, Träume..., S. 295

und einem beseligenden Glücksgefühl wie die Empfin-
dung, völlig gesund, kräftiger, jünger zu sein als je. Doch
unvermutet empfand er einen furchtbaren Schmerz und
fand sich in all dem Elend und Jammer seiner Krankheit in
seinem Bette wieder. Der Arzt hatte ihm eine Kampferin-
jektion mitten ins Herz gegeben. Der General schloß sei-
nen Bericht mit den Worten: Die Leute mögen reden, was
ihnen beliebe, für ihn sei das Problem des Todes gelöst,
denn einen Tod gebe es gar nicht.

Errettung aus Todesgefahr

Es gibt visionäre Gestalten, die nicht von lebenden
Personen abgeleitet sind und die in Notsituationen,
also im Moment selber, hilfreich eingreifen. Man
kann sie als «Engelerscheinungen» oder als bildlich-
symbolische äußere Manifestationen innerer archety-
pischer Kräfte verstehen. In der Regel werden solche
Gestalten gerade nur von der Person wahrgenommen, auf deren Problem sie einwirken wollen, nicht
aber von anderen. Dies könnte für ihren psychischen
Ursprung sprechen. Sie wären dann eine Projektion
innerer Gestalten in die Außenwelt. Was im Bewußtsein der betreffenden Person lebt, sind allenfalls un-
gestaltete Wünsche, Ängste, Hoffnungen, Dränge. Es
ist nun in der Tat so, daß die betreffende Person, ohne dies bewußt zu wollen, das rettende Wesen dank
ihrer weltschöpferischen Potenz selber erschafft,
aber, und das ist das Wesentliche, *aus dem archetypi-*
schen Urgrund der Welt und im Einklang mit ihm. Der

Weltgrund braucht die individuelle Psyche, um sich verwirklichen zu können. Und die individuelle Psyche findet erst dann zu ihrem «großen Ich», wenn sie sich dem Weltgrund öffnen kann.

Vision
Im folgenden Fall handelte es sich um ein visuelles Erlebnis. Es war ein äußeres Geschehen, und es hatte mit Psychologie nur gerade so viel zu tun, als es in Todesangst geschah. Statt der Psychologie haben wir hier einen direkten Bezug zum Göttlichen in Form eines Gebetes.*

Es war im Jahre 1938. Als 16 Jahre alter Bursche hatte ich über vier Monate auf den Straßen gearbeitet. Das Leben auf den Straßen in jenen Jahren der Depression war hart, und ich versuchte heimzukommen. Ort des Geschehens waren die Eisenbahnschuppen in Hayti, Missouri. Ich stand unter dem Dach der Laderampe eines Lagerhauses und wartete auf den Güterzug, der in dem Schuppen Wasser und Kohle aufnahm, um loszufahren. Man klettert nicht in einen Güterwagen, während der Zug im Schuppen ist, weil die Bahnbullen einen mit einem Knüppel über den Schädel hauen und zu Boden schlagen.
Der Zug setzte sich in Bewegung, von zwei großen Lokomotiven gezogen, was bedeutete, daß er schnell an Geschwindigkeit gewann und daß es ein langer Zug war. Ich wartete, bis ich einen Güterwagen mit offener Türe sah, dann fing ich an zu laufen, um hineinzuspringen. Der Güterwagen war ziemlich hoch über dem Boden wegen des

*S. Burnham, Angel letters

Terrains. Als ich sprang, gelangte ich nur halb hinein, meine Beine baumelten aus der Tür, und die obere Hälfte meines Körpers lag flach auf dem Boden des Güterwagens. Ich konnte mich nicht hineinziehen, weil ich nichts hatte, woran ich mich hätte halten konnen. Der Zug gewann sehr schnell an Geschwindigkeit, während ich dalag und versuchte, mich hineinzuziehen, die Arme auf dem Boden ausgestreckt. Ich wußte, wenn ich fiele, würde es der sichere Tod unter den Rädern des Güterzuges sein. Ich werde diesen Augenblick nie vergessen. Ich dachte, meine letzte Stunde sei gekommen. Ich kann mich erinnern, daß ich, während ich mich auf dem Boden abkämpfte, betete: «O Gott, bitte laß mich nicht hier sterben.» Ich hob meinen Kopf etwas und sah einen sehr großen, schwarzen Mann, um die dreißig, der dastand und mich ansah. Er sagte nichts zu mir, und ich sagte nichts zu ihm. Er langte hinunter, bekam meine Arme zu fassen und zog mich in den Güterwagen. Ich lag auf dem Boden mit dem Gesicht nach unten, ungefähr eine halbe Minute lang, um zu Atem zu kommen und meine Kraft wiederzufinden. Als ich hochkam und dem Mann danken wollte, war er nirgends zu sehen. Der Güterwagen war vollständig leer; die andere Türe war geschlossen, und der Zug fuhr zu schnell, als daß irgend jemand hätte abspringen und lebend davonkommen können. Es war niemand in dem Güterwagen außer mir. Wenn ein Mensch seinen eigenen Schutzengel hat, dann ist mein Engel ein großer, starker, schwarzer Mann in den Dreißigern, der mich rettete vor dem sicheren Tod unter den Rädern eines Güterzugs und nicht einmal darauf wartete, einen Dank zu bekommen. – Charles A. Galloway, Jr., Jackson, Mississippi.

Hier drängt sich keine psychologische Interpretation auf. Die Frage ist nur, ob der Schwarze eine symbolische Verkörperlichung der eigenen noch verbliebenen Kraftreserven des Berichterstatters war.

Eine mögliche Deutung ist diese. In der Angst der äußersten Lebensgefahr wurde die Schallmauer erschüttert, die uns sonst von der jenseitigen Welt trennt. Zuerst verspannt sich der Mensch bis in seine Blutgefäße hinein. Die kleinen Arterien und die Haargefäße ziehen sich zusammen. Die Glieder werden kalt, wie wenn sie vor Grauen erstarren würden. Sie gefrieren gleichsam. Man erbleicht, der ganze Mensch zieht sich in sich zusammen. Dann aber, in einer zweiten Phase, wenn die Bedrohung unerträglich wird, löst er sich gleichsam auf, er zerbröckelt, und damit zerbröckelt auch die Mauer, die ihn vom «Jenseitigen», vom Unbewußten oder von der geistigen Welt trennt. Die Mauer stürzt ein, und damit können «jenseitige» Inhalte eindringen. Wir finden oft Lebensgefahr und Todesangst an der Wurzel von Jenseitserfahrungen. Auch dieser junge Mann erschuf sich aus dem Jenseitigen einen Helfer, und zwar einen schwarzen Helfer, weil sein Ursprung unbekannte, dunkle Regionen waren.

In der folgenden Vision war die Hauptperson ein Kind:*

Am 20. September 1990 ging meine drei Jahre alte kleine Tochter hinaus, um zu spielen. Ich beobachtete sie durch die gläsernen Schiebetüren, wie sie die hintere Glastüre

* S. Burnham, Angel letters

öffnete, sich umdrehte, um sie zu schließen, und dann ganz schnell niederkauerte. Ich drehte mich weg, und wenige Augenblicke später hörte ich einen Lärm. Ein riesiges Aststück war von unserem größten Ulmenbaum herabgefallen, direkt neben meinem kleinen Mädchen.

Später fragte ich meine Tochter, warum sie nicht im Hof mit ihrem kleinen roten, batteriebetriebenen Jeep gespielt habe. Sie antwortete ohne das geringste Zögern: «Mami, eine gute Göttin sagte mir, ich solle nicht unter den Baum gehen, und ich tat einfach, was sie mir sagte.» Diese «gute Göttin» war ein wunderschönes Mädchen mit goldenen, über die Schultern wallenden Haaren. Sie kam vom Himmel und hatte Flügel. Sie hatte ein so helles Licht um sich herum, sagte meine Tochter, daß es in den Augen wehtat. Wenn sie das Licht aber berührte, war sie erstaunt, wie kühl es war. Es brannte nicht. Der Engel trug speziellen Schmuck, besonders ein Halsband, das «so leuchtend» war. Er trug, sagte meine Tochter, «alle Farben». Im Verhalten meiner Tochter sind seither gewisse Veränderungen eingetreten, vor allem eine heitere Ruhe. Sie betet für ihren Engel und besteht darauf, vor jeder Mahlzeit zu beten, ein Brauch, den wir zuvor in unserer Familie nicht hatten. Sie hat seither fast jeden Tag zahlreiche Bilder von «Rebecca Rose» gezeichnet und verlangt, daß man ihr aus der Bibel vorlese. Jetzt sind mehrerer Monate vergangen. Sie sagt, daß sie Rebecca Rose nicht mehr sehen kann – sie darf es nicht mehr –, doch sehnt sie sich danach, sie zurückzuhaben. Aber sie sagt, daß man ihr versprochen habe, daß sie sie in zehn Jahren wiedersehen werde. (Dann vielleicht in anderer Gestalt und unerkannt.)

Die Mutter konnte das Engelwesen nicht sehen, das

kleine Mädchen hatte es selber und für sich selber erschaffen. Die kindliche Seele schöpft hier noch ganz aus einem Weltgrund der Liebe und der Behütung, der Fürsorglichkeit und der Schönheit. Die Mutter aber, als erwachsene Person, konnte es nicht auch für sich erschaffen, weil sie zum einen nicht in Gefahr war und zum andern infolge ihres Erwachsenseins den unmittelbaren Bezug zum Jenseitigen verloren hatte. Die Überlegung, der Verstand verhindern den Zugang zum wahren Wesen der Welt und des Menschen. Kinder aber und Erwachsene, die gelernt haben, ihr Denken zum Schweigen zu bringen, können diesen Zugang noch haben.

Erscheinen von Verstorbenen

Die psychologische und die spirituelle Deutung von Visionen

Wir gehen von einem Bericht aus, der vielleicht noch nichts mit Jenseitigem zu tun hat, der einem aber zeigt, wie man von psychologischer Warte aus an Visionen herangehen kann. Das sollte ja immer der erste Schritt zum Verständnis sein. Das psychische Geschehen ist in dem nun folgenden Fall leicht durchschaubar. Es ist der Ausdruck von Hoffnungen, die der Frau, die das erlebte, noch völlig unbewußt waren und ihr, wenn sie sie gekannt hätte, widersinnig vorgekommen wären. Nachdem sie ihr aber dank dem nachstehend geschilderten Erlebnis bewußt geworden waren, konnte sie sie auch in der Außenwelt verwirklichen.

Caroline Foot Edelmann berichtet über eine Vision in akustischer Form (Audition):

Als ich in Manhattan lebte und arbeitete und in der Hochspannungswelt von Werbung und Fotografie von einem Job zum andern sprang, ging ich einmal an die Küste von New Jersey, um mich zu erholen. Ich traf dort einen Mann, einen jungen Doktor, der zwischen zwei Stellen gerade sechs Wochen frei hatte. Er schlug mir vor, mich nächsten Dienstagabend in die Stadt auszuführen. Ich merkte jetzt, daß ich seinen Nachnamen vergessen hatte. Er schrieb ihn in den Sand, in zwei Zeilen übereinander: EDEL MANN. Da hörte ich eine starke männliche Stimme zu meiner Rechten, die mir sagte: «Du solltest das im Gedächtnis behalten: Es wird dein Name sein.» Ich schaute mich um. Es war niemand da in Hörweite. Aber die Stimme hatte recht. Dieser Mann machte mir noch im selben Monat einen Heiratsantrag.*

Kommentar:

War das eine prophetische Ahnung? War es die Stimme eines übernatürlichen Wesens, etwa eines Engels? War die darauffolgende Heirat eine Fügung «von oben», oder entstammte sie ihren eigenen Wünschen, von denen sie aber zunächst selber noch nichts wußte? War es eine Suggestion des jungen Dr. Edelmann?

Wir entnehmen dem Bericht: Die Frau war eigentlich

*S. Burnham, Angel letters

an einer Heirat nicht interessiert. So wenigstens meinte sie, und so schien es. Sie war in der hektischen Branche der Werbung tätig, wohl sehr auf Unabhängigkeit bedacht, und wies Gedanken an eine eheliche Bindung als einengend von sich. Andererseits gefiel ihr der junge Mann. Ein Konflikt! Wie löste sie ihn? Ihr Unbewußtes behalf sich, indem es seinen Namen verdrängte. Es brachte damit zum Ausdruck: Den Mann kenne ich nicht, den gibt es für mich nicht. Er soll wie sein Name ausgelöscht sein. Damit wäre die unwillkommene Störung ihrer Berufspläne beseitigt gewesen. Aber da war ja noch diese merkwürdige autoritäre Stimme, die sie zu tadeln schien, daß sie ihren eigenen zukünftigen Namen nicht kannte. Was war das? War das die Stimme ihres Unbewußten? Oder war es eine göttliche Stimme? Oder ihr innerer Lenker? Man sieht, wie fragwürdig diese Unterscheidungen sind. Warum sollen wir nicht annehmen, daß auch im Unbewußten eine göttliche Instanz wirkt oder daß ein Geistwesen durchs Unbewußte zu uns sprechen kann?

Wir können noch einen Schritt weiter gehen und vermuten, daß sie in Gefahr war, sich selbst zu verlieren bei dem aushöhlenden Geschäft der Reklame in der hektischsten Metropole der Welt, sich zu veräußerlichen im Betrieb der Werbung. Da kam von *innen* die rettende Stimme (projiziert nach außen), und da kam von *außen* der heilende Arzt, der Edelmann, der «edle Mann», der Retter, auf sie zu. Der Gedanke an den Prinzen im Märchen ist hier nicht weit. Aber auch im Inneren der Frau war der Retter.

Es gibt eine gleitende Skala von Ereignissen, die aus dem gewohnten Lauf der Dinge herausfallen. Am einen Ende stehen die Erlebnisse, die man vielleicht etwas merkwürdig findet, die man aber noch als einen gewöhnlichen Zufall abtun kann und die auch nicht besonders aufregend sind. Dann gibt es, mehr gegen die Mitte zu, die wirklich seltsamen Zufälle. Diese bieten vielleicht auch noch nichts Besonderes. Sie fügen sich noch leicht in unsere gewohnten Denkschablonen. Man kann sie noch verstehen mit Begriffen wie Wunschdenken, Ahnung, unbewußtes Vorauswissen, Autosuggestion, sich selbst erfüllende Prophezeiung, also mit psychologischen Begriffen. Das sind Fälle, die sich sozusagen natürlich erklären lassen, aus unseren alltäglichen Erfahrungen und aus den Gesetzen der Psychologie.

Diese Erfahrungen beschränken sich auf den Kreis unserer persönlichen Erlebnissphäre. Sie gehören noch dem Bereich unseres individuellen «kleinen Ich» an, und man braucht zu ihrer Erklärung nicht die Verbundenheit mit einer kosmischen Allweisheit zu bemühen. In manchen Fälle kann man sagen: Es war bereits ein Wissen des betreffenden Sachverhalts vorhanden, nur war es noch nicht bewußt. In anderen Fällen war schon eine bestimmte Tendenz, ein Wunsch oder eine Hoffnung da, die dann eben instinktiv zu dem erwünschten Resultat führte. Das sieht dann nachträglich und von außen betrachtet so aus, als ob durch ein Wunder oder durch einen übernatürlichen Eingriff ein Wunsch in Erfüllung gegangen oder eine Gefahr abgewendet worden sei. Es

kann auch sein, daß mir eine Voraussage einen solchen Eindruck gemacht hat, daß ich, ohne es zu
merken, auf diese Linie eingeschwenkt bin und un-
wissentlich durch mein Verhalten das prophezeite
Ereignis selber herbeigeführt habe. Am andern Ende
der Skala stehen die Fälle, die aus dem bekannten
Rahmen herausfallen, die uns verwirren und in
Schrecken versetzen. Am äußersten Ende finden wir
die oft überwältigenden Erlebnisse, wo man nicht
darum herumkommt, eine übernatürliche oder eine
außersinnliche Einwirkung anzunehmen. In diesen
Fällen stellt sich die Frage nach einer göttlichen oder
dämonischen Welt oder auch nach parapsychologischen Faktoren, die im Spiel sein könnten.
Im Falle der Caroline Edelmann war es nur eine
Stimme, es war ein innerliches Geschehen, und es
läßt sich alles psychologisch aufschlüsseln.

Vielschichtiger ist die dargestellte Vision des Arztes
Bernhard Nauer (Vision 2). Sie kann uns im jetzigen
Zusammenhang noch weitere Einsichten vermitteln.
Im Unterschied zum Fall Edelmann ergab sich aus
seiner Vision nicht eine äußere Veränderung der Le-
benssituation, sondern ein innerer, höher und wei-
terführender Entwicklungs- und Reifungsprozeß.
Woraus bestand die visionäre Gestalt, die ihm in der
Höhle begegnete? Woher nahm sie ihre Farben und
Formen? Und vor allem: Woher nahm sie das Licht,
das sie umleuchtete? Gewiß nicht aus der materiellen
Welt, die ihn umgab. Sie mußte aus dem Inneren, anders gesagt, aus der Psyche des Arztes selber stam-

men. Die Gestalt bezog sich ja offensichtlich auf das, was in ihm vorging, auf seine Schuldgefühle, seine Selbstvorwürfe, sein Bedürfnis nach Bereinigung.

Gehen wir von der Annahme aus, die Erscheinung der Frau sei eine Projektion von etwas rein Psychischem in die Außenwelt gewesen. Es sei also die äußerliche Darstellung eines innerlichen Tatbestandes, nämlich der Selbstvorwürfe des Mannes und deren Bereinigung. Diese Selbstvorwürfe waren ihm aber klar, und es hätte nicht einer so außerordentlichen Veranstaltung bedurft, um sie ihm bewußt zu machen. Es muß mehr darin stecken, etwas, das weiterführt und das eine Lösung seines Problems bringt. Die Erscheinung schenkte ihm in einer heiteren und liebevollen Weise eine Befreiung von seinen Skrupeln. Und noch weiter geleitete ihn die Erscheinung, und das war nun nicht mehr bloß die Lösung eines Konfliktes, sondern etwas Neues, das eine Weiterentwicklung seiner Persönlichkeit einleitete: Die Gestalt flößte ihm eine universale Liebesgesinnung ein. Wir wissen nichts von der verunfallten Frau: Der Arzt hatte sie vorher nicht gekannt. Deshalb können wir auch nicht entscheiden, ob sie wirklich so ein liebevoller, verzeihender und heilender Mensch war, als der sie hier erschien. Wir können es nur vermuten oder hoffen. Wenn das aber wirklich so war, dann liegt es auf der Hand anzunehmen, daß es die Verstorbene in Person war, die da erschien. Oder aber – eine andere Möglichkeit –, sie wäre erst im Tode, nachdem alle verunreinigenden moralischen Schlacken abgefallen waren, zu einer universaleren

Sicht der Dinge und damit zu einer erhöhten Liebesfähigkeit durchgedrungen. Wenn aber im Charakter
der Verstorbenen nichts von Liebe oder Güte gelegen
hatte, wenn also ein Gegensatz zwischen der Lebenden und ihrer postmortalen Erscheinung bestand,
dann muß die Erscheinung eine Schöpfung aus dem
Unbewußten des Arztes gewesen sein, die sich in die
Gestalt der Verstorbenen gekleidet hatte. War es die
Wiederkehr einer Toten aus einem objektiven Jenseits oder das Auftauchen einer symbolischen Figur
aus dem Unbewußten: Wir müssen es offenlassen.
Aber ist hier überhaupt ein Unterschied zu machen?
Sicher ist, die Vision hatte keine materielle Grundlage: Die Frau, die dem Arzt in der Höhle erschien, war
nicht aus Fleisch und Blut, und was sie dem Arzt
mitteilte, wurde nicht durch Schallwellen übertragen. Es war nichts Materielles. Die erschienene Gestalt gab nur vor, in der materiellen Welt zuhause zu
sein, indem sie in einer äußerlich existierenden Höhle auftrat. Der Arzt konnte aber das Licht, das von ihr
ausging, sehr wohl von dem Licht unterscheiden, das
wir von der Sonne, von einer Lampe oder vom Feuer
her kennen.

Da alle Wirklichkeit von mir ausgeht und von mir
abhängt, nämlich von meiner eigenen weltschaffenden Potenz, muß es auch möglich sein, eine Wirklichkeit zu schaffen, ohne daß ich mich materieller
Hilfsmittel bediene. Dann können z.B. auch bloße
Gedanken, Wünsche, Ängste wirkliche Gestalt annehmen. Der Arzt erschafft gleichsam die verstorbene Frau aus seinen Schuldgefühlen als ein Geist-

wesen, er ruft sie auf wie Faust die Helena. Ohne ihn wäre die Frau nicht in der Höhle aufgetaucht. Aber er erweckt sie im Einklang mit den objektiven Gegebenheiten des kollektiven Unbewußten oder der geistigen Welt, genau so, wie er sie vorher als körperliches Wesen aus vielen Sinneseindrücken zusammengefaßt und wahrgenommen hatte. Beidemal ist es dieselbe Schöpfung, dasselbe Wesen, einmal – in der biblischen Sprache – aus Lehm erschaffen, also aus Materie, als leibhaftige Person, ein andermal aus Licht, das an irdisches Licht erinnerte, aber doch etwas anderes war, nämlich ein Ausdruck von Liebe, etwas, das mit seinen Vorstellungen von idealer Weiblichkeit zusammenhing.

Man kann also nicht sagen: Die Erscheinung der Frau war objektiv wie äußere Gegenstände, oder sie war subjektiv wie Träume und dergleichen. Wir müssen vielmehr sagen: In der Erscheinung verbinden sich untrennbar das Subjektive und das Objektive, das Subjektive der individuellen psychischen Existenz des Erlebenden und das Objektive des kollektiven Unbewußten oder einer wie immer beschaffenen Geistwelt. Man kann sagen: Der Mann hat die Geistfrau aus seinem Inneren aufgerufen und in die äußere Natur hineinprojiziert. Man kann aber ebensogut sagen: Die wirkliche Frau, die einmal in Fleisch und Blut gelebt hat, ist wirklich auf ihn zugekommen, indem sie in irgendeinem Jenseits des Todes, in irgendeiner geistigen Welt, eine Geistgestalt annahm, die dem Mann wahrnehmbar war, wie wenn er sie mit körperlichen Sinnen sähe. Das wäre dann *ihre* Seite des Geschehens, *ihr* Anteil: ein Bedürfnis, ein Drang, aus einer mitmenschlichen Liebesgesinnung heraus den Mann von zerstörerischen Selbstvorwürfen zu befreien und ihm in seiner Entwicklung weiterzuhelfen. In jedem Falle entstand das Erlebnis auf der Basis einer, wenn auch kurzfristigen, ja sogar erst nach dem Tode einsetzenden, mitmenschlichen Beziehung. Ohne die tätige Mitwirkung der Frau hätte es nicht zustande kommen können, und ohne die Fähigkeit des Mannes, Neues zu erkennen und zu erschaffen, auch nicht.

Spukfälle

Spukereignisse können, ähnlich wie Träume und Visionen, Hinweise auf ein Geschehen im Unbewußten und möglicherweise auch im nachtodlichen Bereich geben. Die Betrachtung von Spukphänomenen kann uns helfen, rückblickend die heilende Bedeutung der meisten der früher aufgeführten Fälle deutlicher zu erkennen. Nicht wenige Fälle von personengebundenem Spuk, im Unterschied zum ortsgebundenen, beruhen auf einer persönlichen Beziehung zweier Personen zu ihren Lebzeiten und vermitteln eine psychologische Aussage. Sie können eine therapeutische Bedeutung für den sogenannten Spukgeist (den verstorbenen Urheber) der Spukphänomene haben. Einer der beiden aufsehenerregendsten und folgenreichsten Spukfälle, die in der neueren Zeit bekannt geworden sind, ist der des Bischofs der Episcopal Church von Kalifornien, James Pike.*

James Pike hatte von seiner Kirche gerade einen halbjährigen Urlaub, den er mit einem Amtsbruder und seiner Sekretärin in England, in Cambridge, verbrachte. Sie waren also zu dritt. Viereinhalb Monate lang war auch noch sein älterer Sohn Jim dabei, mit dem der Vater das Schlafzimmer teilte. Es war die glücklichste Zeit ihrer Vater-Sohn-Beziehung, nachdem sie sich zuvor nicht mehr gut verstanden hatten, aus Gründen, die wir bald verstehen werden. Jim war einen Monat vor Beginn der Spukereignisse arbeitshalber nach Amerika zurückgereist und zwei Wochen vor Beginn des Spuks in einem New Yorker Hotelzimmer freiwillig aus dem Leben geschieden.

Es begann am 20. Februar 1966, als der Bischof eines Sonntagabends sein Schlafzimmer betrat. Da lagen zwei mysteriöse Postkarten am Boden, Vorderseite nach oben, sorgfältig angeordnet in einem Winkel von 140°. Diese seltsame, aber zunächst harmlos scheinende Begebenheit war der Auftakt zu einer Reihe erstaunlicher Phänomene, die den Kirchenmann immer tiefer in das dämmrige Reich des Okkulten hineinzogen. Dieses und alle nun folgenden mysteriösen Ereignisse wiesen auf seinen verstorbenen Sohn Jim zurück. Dieser hatte im Leben die Gewohnheit gehabt, von Orten, die er besuchte, Ansichtspostkarten zu kaufen, hatte dann in seinem chaotischen Lebenswandel aber oft vergessen, sie abzuschicken. Also kleine Versäumnisse oder Unerledigtes in seinem Leben, aber immerhin etwas, das mit Beziehung zu tun hatte und das vielleicht neurotischen Ursprungs war.

* J. Pike, The other Side

Zwei Tage nach dem Auftauchen der beiden Postkarten erschien die Sekretärin des Bischofs zum Frühstück merkwürdig entstellt. Ein Teil der Fransen ihrer Ponyfrisur war haarscharf weggebrannt worden. Am andern Morgen war ein weiteres Drittel verschwunden – auch das eine Erinnerung an den Toten: Er hatte nämlich früher seinem Vater gegenüber geäußert, die Fransen gefielen ihm nicht, und sie sollte sie abschneiden. Am folgenden Morgen erwachte sie mit einem Schmerzensschrei: Der dritte und der vierte Fingernagel einer Hand waren verletzt, wie wenn ein scharfes Instrument, etwa eine Nadel, daruntergestoßen worden wäre. Einer der Nägel war gebrochen und fiel später ab. Auch wieder ein leicht verstümmelnder Eingriff an ihrem Körper. Als man das Zimmer durchsuchte, fand man keinerlei scharfe Instrumente, durch die das hätte verursacht werden können. Als sie den Finger verbunden hatte und wieder erschien, rief der Kollege des Bischofs entsetzt aus: «Der Rest deiner Haare ist auch weg», was tatsächlich der Fall war. Sie fuhren dann zu dritt nach London. Dabei fiel den andern auf, daß die Frau merkwürdig schweigsam war, was offenbar sonst nicht ihrer Art entsprach. Auf Befragen berichtete sie etwas sehr Befremdliches, was ihr in der Nacht begegnet war. Als sie spät schlafen gehen wollte, kam ihr in den Sinn, daß ein Buch, das sie brauchte, sich noch in Pikes Schlafzimmer befand. Sie schlich sich auf Zehenspitzen hinein und fand den Bischof im Bett sitzend und ins Leere hineinsprechend. Der Bischof konnte sich nicht daran erinnern, aber als sie die Worte wiederholte, die sie in der Nacht von ihm gehört hatte, war es genau die Lebensphilosophie, die sein Sohn vertreten hatte, als er in Hippie-Zirkeln und in der

Drogenszene von San Francisco und Cambridge verkehrte. Er war süchtig geworden auf Rauschgifte wie LSD und Peyote. Die Worte, die der Bischof in dieser Nacht gesprochen hatte, lauteten: «Sich um irgend jemanden kümmern ist ein großer Fehler. Du kannst auf niemanden zählen, und ich selber möchte auch auf niemanden zählen. Das einzige, was zählt, ist, daß man bekommt, was man will. Und wenn man dabei andere mißbraucht oder verschaukelt – okay. Du mußt immer obenauf sein, das ist die einzige Politik.» – Das war natürlich keineswegs die Meinung des Bischofs, sondern eben die seines Sohnes.

Man sieht: Während des dreieinhalb Monate langen Zusammenlebens und vor allem Zusammenschlafens von Vater und Sohn waren die Gedanken des Sohnes in den Vater eingedrungen und hatten eine Art Zweitpersönlichkeit gebildet. Sie hatten also eine Persönlichkeitsspaltung bewirkt.

Der Amtsbruder des Bischofs hatte in derselben Nacht auch ein Erlebnis gehabt. Um halb drei Uhr erwachte er mit einem alptraumartigen Gefühl von Angst und völliger Sinnlosigkeit, wie wenn die Zukunft schwarz und ganz hoffnungslos wäre. Genau das war auch das Lebensgefühl Jims, vor allem, wenn er aus einem LSD-Trip wieder herauskam.

Als die drei von London nach Cambridge zurückkamen, stürzte eine Flut von weiteren unerklärlichen Phänomenen auf sie herein. An derselben Stelle, wo er die Postkarten gefunden hatte, zwischen den Betten, wo Vater und Sohn geschlafen hatten, und wieder in einem genauen Winkel von 140° lagen nun zwei Bücher. In dem einen, «Harmageddon» von Leon Uris, steckte wieder eine Post-

karte mit einer englischen Kathedrale darauf, die ihnen beiden etwas bedeutete. Harmageddon ist nach der Offenbarung Johannis 16,16, dem letzten Buch der Bibel, der Ort, wo die bösen Geister die Könige der Erde zur letzten Schlacht versammeln. Andererseits waren zwei Fotos, die ein Beduine von ihnen gemacht hatte, aus dem Spiegelrahmen, in den Pike sie gesteckt hatte, verschwunden. Ohne zu wissen warum, drehte sich sein Kollege um und zog aus einem unordentlich daliegenden Kleiderhaufen im Schrank die vermißten Karten heraus. Nur die linke Seite des Schrankes war durcheinandergebracht worden, die rechte war in perfekter Ordnung. Der Wecker des Verstorbenen war seit seiner Ankunft aus Amerika immer auf 12.15 Uhr gestellt gewesen, wie alle drei Beteiligten mit Sicherheit wußten. Jetzt zeigte er 8.19 Uhr. Die Zeiger bildeten, wie man leicht nachkontrollieren kann, einen Winkel von 140°! War dies etwa die genaue Zeit seines Todes in seinem New Yorker Hotelzimmer? Der Leichenbeschauer hatte als ungefähre Todeszeit 3 Uhr morgens angegeben. Wenn man die Zeitverschiebung zwischen New York und London berücksichtigt, könnte 8.19 Uhr sehr wohl der genaue Zeitpunkt des Selbstmordes gewesen sein.

Sowohl der Bischof als auch seine beiden Wohnungsgenossen glaubten nicht an ein Leben nach dem Tod. Aber jetzt schien ihnen eben doch die Schlußfolgerung unausweichlich, daß Jim in irgendeiner Form in der Wohnung anwesend sein mußte. Weitere merkwürdige Begebenheiten folgten. Die Vorhänge im Schlafzimmer des Bischofs waren nicht so zugezogen, wie er es gewohnt war, sondern wie Jim sie zu schließen pflegte. Alle Milch im Kühl-

schrank wurde sauer, und der Bischof erinnerte sich, gelesen zu haben, daß man früher glaubte, daß in Anwesenheit einer Hexe die Milch gerann und die Kühe keine Milch mehr gaben. Die Wohnung wurde unnatürlich warm: Jim hatte gerne überhitzte Räume gehabt, was manchmal zu Reibereien zwischen ihnen geführt hatte. Eine Bibel und das Jahrbuch der Church of England lagen plötzlich auf dem Boden zwischen den Betten. Ein Zigarettenstummel von Jims Marke wurde zwischen den Betten gefunden. Ein silberner Teller bewegte sich von selbst und anderes mehr.

Kommentar:

Es kamen aber kein Poltern und keine visuellen Phantome vor, wie dies für voll ausgebildete Spukfälle charakteristisch ist und wie sie auch im Fall Joller (s. hinten) das Feld beherrschten. Das dürfte damit zusammenhängen, daß dieser Spuk auf einer verhältnismäßig hohen, persönlichen Ebene stattfand, sich vorwiegend auf die Beziehung zwischen Vater und Sohn bezog und deshalb eine differenziertere und genauere Form annehmen konnte: Die beiden sprachen die gleiche Sprache, waren aufeinander eingespielt und konnten sich leicht auch durch symbolische Andeutungen verständigen.

Es sieht so aus, als ob die Beziehung zwischen Vater und Sohn in ihrer ganzen Ambivalenz hier auf einer postmortalen Ebene fortgeführt und ausagiert worden wäre. Und warum? Doch offensichtlich, weil sie im Leben nicht geklärt werden konnte. Es blieb ein ungelöster Rest. So haben wir einerseits hilfreiche

Mitteilungen, die für den Vater von Interesse sein mußten, wie der genaue Zeitpunkt des Todes, Zeichen der Verbundenheit wie die Fotografien von ihnen beiden, sentimentale Reminiszenzen, andererseits Machtdemonstrationen des Sohnes, die den Vater ärgern mußen, wie die Überheizung der Räume. Der Bischof hat dann Rat bei verschiedenen spiritistischen Medien gesucht und massenhaft vermeintliche Botschaften aus dem Jenseits von seinem Sohn erhalten, dieselben banalen Mitteilungen, die man immer in solchen Sitzungen erhält und die für uns weiter nicht von Interesse sind. Am 7. September 1969 fanden Polizeibeamte und Beduinen die Leiche des Bischofs in der glühenden Wüste nahe dem Toten Meer. Er war wahrscheinlich verdurstet. Und zwar war er allein in der Wüste gewesen, obwohl er die Reise zusammen mir seiner Frau gemacht hatte. Merkwürdig! Hatte er vielleicht noch einmal Kontakt gesucht mit seinem Sohn an den Heiligen Stätten, die sie einmal zusammen besucht hatten?

Der andere ist der Fall des Nationalrats Joller in Stans aus der Mitte des letzten Jahrhunderts. Joller, ein weiterum hochangesehener Rechtsanwalt, Politiker und Grundbesitzer, wurde durch die polternden Geräusche in seinem weitläufigen Haus, durch das Auftreten gespenstischer Gestalten, durch unheimliche Stimmen, Verschieben und Herumwerfen von Gegenständen mit seiner zahlreichen Familie schließlich aus dem Haus vertrieben. Er starb nach einigen Jahren, erst 48jährig, nachdem er ein schreckliches nächtliches Erlebnis gehabt hatte, das ihm alles erklärte, von dem er aber zu niemandem sprach. Die Phänomene waren von sämtlichen Familienangehörigen, sogar einem Kleinkind und einem Hund, sowie einer großen Zahl Auswärtiger bemerkt und immer wieder genau untersucht worden.*

Der Verlauf vieler genau beobachteter Spukfälle ist immer ungefähr gleich. Ein leiser, unauffälliger Beginn. Er wird zuerst gar nicht beachtet und oft von Frauen, zumeist den einfachen oder unverbildeten Frauen und Mädchen, oder dann von Kindern bemerkt. Häufig ist da auch irgendwo ein halbwüchsiger, manchmal etwas neurotischer Knabe oder auch ein Mädchen, denen dann die Erscheinungen in die Schuhe geschoben werden. Sie scheinen aber nicht die Urheber, sondern vielleicht etwas wie Vermittler, Katalysatoren dieser ganzen Vorgänge zu sein. Es ist, wie wenn der in irgendeiner Form «jenseitige» Spukgeist ihre psychischen Energien brauchen würde, um sich äußern zu können. Dies wäre um so verständlicher, wenn es sich tatsächlich um neurotisch gestörte Jugendliche handelte. Vielleicht besteht auch eine gewisse Wahlverwandtschaft zwischen der Spukgestalt und dem betreffenden Halbwüchsigen, in dem Sinne, daß in beiden ähnlichen Aggressionen, Frustrationen, Schuldgefühle am Werke sein könnten. Der Spukgeist würde dann dieses Reservoir von gestauten Kräften ausnützen, um sich bemerkbar zu machen.

*F. Moser, Spuk

Dann erfolgt eine allmähliche Eskalation. Es beginnt gewöhnlich mit leichten akustischen Phänomenen (Klopfen u. dgl.). Man denkt an irgendwelche bekannten Ursachen, Sichverziehen des Holzes, Siebenschläfer, elektrostatische Ladungen usw. Dann kommen unheimliche visuelle Eindrücke hinzu, von sich bewegenden Tüchern bis hin zu ganz deutlichen Figuren. Man vermutet, daß von irgendwelchen Spaßvögeln oder von übelwollenden Personen Unfug getrieben werde. Es ist, wie wenn sich der Spukgeist erst auf seine Produktionen einüben müßte. Dann kommen Eindrücke der Haut-Sinne hinzu: Berührungen, Kälteempfindungen. Früher oder später mehren sich die Anzeichen, daß es sich um *menschliche* Äußerungen handeln könnte: Schluchzen, Stöhnen, Sprechen, Wimmern. Man hat den Eindruck, daß Wesen dahinterstecken könnten, die etwas von einem wollen und mit denen man auch in einer rudimentären Sprache kommunizieren kann: Sie antworten einem z. B. mit Klopfzeichen. Physisch tun sie einem gewöhnlich nichts zuleid. Der Sekretärin Pikes wurden zwar Schmerz, leichte Verwundung der Finger und vorübergehende Verunstaltung ihres Haares zugefügt, aber kein bleibender Schaden. Hingegen wirken die Erscheinungen psychisch oft aufs tiefste verstörend, unheimlich, ängstigend.

Es ist oft, wenn man den ganzen Verlauf eines Spukereignisses verfolgt, wie wenn das Spukwesen sich von irgendwoher, aus irgendeiner Ferne langsam nähern, gleichsam herantasten würde, um Kontakt mit den Lebenden zu finden. Es ist, wie wenn es auf verschiedene Weise versuchen würde, einen leibhaftigen Körper anzunehmen, und wie wenn es das nur unter großen Schwierigkeiten und unvollkommen zustande bringen könnte. Es ist auch, als ob es die Lebensäußerungen lebender Menschen nachzuahmen versuchte und das nicht recht könnte. Es versucht es erst mit Klopfen, das ist noch am einfachsten. Da muß man sich nicht sprachlich differenziert ausdrücken, was ja sehr kompliziert ist. Dann versucht es der Spuk damit, daß er eine visuell wahrnehmbare Form annimmt. Das ist schon viel schwieriger und gelingt oft nur ungenügend. Es entstehen schattenhafte, wolkige Gebilde, die schnell wieder vergehen, flüchtige Phantome. Es wirkt wie unbeholfene Versuche, einen menschlichen Körper darzustellen. Da ist es doch viel leichter, Steine zu werfen und Möbel umzukippen! Das können auch Schimpansen und kleine Kinder. Deshalb erinnern Spukerscheinungen so oft auch an kindlichen Schabernack, in seltsamem Kontrast zum Unheimlichen ihres Tuns. Der Spuk bewirkt nachweisbare Veränderungen in der physischen Umwelt, die sonst nur durch körperliche Aktion erzeugt werden können. Das heißt, er ahmt Handlungen lebender, inkarnierter, also im Körper befindlicher Menschen, gewöhnlicher Menschen nach. Er will etwas mit den Dingen anfangen und weiß doch nicht wie, da er ja im Diesseits nicht mehr zu Hause ist und die dazu notwendigen Organe nicht (mehr) zur Verfügung hat.

Es ist ganz deutlich, daß irgendein mit menschlicher

Intelligenz begabtes Wesen dahinterstecken muß, dem auch menschliche Regungen wie Schmerz, Kummer usw. nicht fremd sind. Es scheint auch, daß dieses Wesen gewisse Ziele verfolgt: Es möchte erlöst werden oder Gesellschaft finden. Oder will es etwa die Menschen ängstigen oder ruinieren? Dem widerspricht, daß gewöhnlich kein physischer Schaden angerichtet wird. Wirklich gravierende Zerstörungen oder Verletzungen kommen bei Spuk nicht vor. Es wurde bei Jollers nicht einmal ein Glas zerbrochen, und die Türen, an die es so heftig polterte und die auf- und zugerissen wurden, waren nachher alle noch intakt. Warum das? Und wenn mich ein Stein trifft, dann tut mir das doch weh, und es gibt eine Beule. Spuksteine, die geworfen werden, sind zwar richtige Steine, aber sie tun einem nichts. Es ist, wie wenn da ein Gedanke oder ein geistiger Impuls, etwa «Steinwerfen», auf halbem Wege zur Stoffwerdung, zur Materialisation, steckengeblieben wäre. Ein Stein, der mich trifft und mich doch nicht verletzt, ist gewissermaßen nur ein halber Stein, ist nur ein nachgeahmter Stein, ist nur eine Attrappe. Er hat einen wesentlichen Teil seiner Einwirkung auf den Menschen verloren. Er hat nur den Anschein eines Steines. Er ist keine vollständige physische Realität.

Es muß also ein Wesen sein, das sich verkörpern möchte und dem dies nicht gelingt. Und warum möchte es das, und warum gelingt es ihm nicht? Es ist offenbar in der geistigen Welt, aus der heraus es wirkt, nicht ganz zuhause und sehnt sich nach einem Zuhause in der materiellen Welt oder nach einem materiellen Körper, wie ihn andere Wesen, z. B. Menschen, auch haben. Oder, falls es sich um Verstorbene handelt: Sie sind noch nicht losgelöst von der irdischen Existenz, vielleicht weil sie hier noch etwas zu erledigen haben. Sie sind hier noch hängengeblieben.

Es müssen ungeheure Spannungen und Kräfte sein – geballte und zurückgestaute Kräfte und Spannungen –, die von einem solchen Spukwesen ausgehen, daß sie derartige Wirkungen entfalten können – Gefühlsspannungen der Reue, der Schuld, der Verlassenheit, der Sehnsucht nach Erlösung, nach Kontakt mit lebenden Menschen und nach Verständnis. Hier berührt sich die Psychologie mit der Physik: Psychische Ladungen setzen sich unmittelbar in physikalisch faßbare Veränderungen um. Und warum brauchen sie dazu lebende Menschen, die Familie Joller, den Bischof Pike? Vermutlich als Einstieg. Da ja nur der Mensch durch seinen Geist aus dem Wirrwarr der Sinnesdaten Wirklichkeit schaffen kann und nur er mit seiner weltschaffenden Potenz ganz wirklich ist, und weil diese Wesen sich nach der vollen Wirklichkeit sehnen und selbst wirklich werden wollen, brauchen sie ihn. Sie wollen teilhaben an seinem Leben, seiner Wirklichkeit, sie wollen mitleben, können dies aber nur in der primitivsten Form, indem sie Krach schlagen, eben poltern, jammern und infantilen Unfug treiben. Wir sehen daraus auch, wie sehr uns diese Wesen beneiden um unsere irdische Existenz und um die Möglichkeiten, die wir durch sie haben.

Warum aber muß das gerade in dieser störenden und verstörenden Form stattfinden? So ein Wesen könnte doch, statt Schabernack zu treiben, mit denselben Kräften auch Gutes wirken, Werte schaffen. Vielleicht finden wir eine Antwort, wenn wir auf unsere früheren Fälle zurückblicken. Die verunfallte Frau erschien dem Arzt nicht, weil sie etwas für sich wollte, sondern weil sie ihm einen Liebesdienst erweisen wollte. Im Falle des «Kündens», als es nachts plötzlich hell wurde im Schlafzimmer der Berichterstatterin, wollte ihr ihre Freundin aus Freundschaft, also auch wieder aus Liebe, eine Mitteilung zukommen lassen. Im Falle der Engelerscheinungen fand sogar eine ganz konkrete Hilfeleistung statt.

In den Spukfällen ist es anders. Da will der sich meldende Geist etwas für sich selber, z. B. Erlösung oder Wiederverkörperung, und das vielleicht, weil er in einem vorangegangenen irdischen Leben etwas versäumt oder verfehlt hat. Er handelt also nicht aus Liebesgesinnung oder aus Schaffenslust, sondern aus Mangel.

Das kann uns vielleicht einen Schlüssel zu der Frage geben, warum die Spukäußerungen oft so erschreckend banal sind. Warum erschafft der Spukgeist nicht auch einmal etwas Originelleres, eine Rose oder eine Melodie? Warum muß er Gegenstände verwenden, die schon vorgeformt sind, im Falle Pike z. B. Postkarten oder Geschirr, sonst gewöhnlich Möbel und Kleidungsstücke? Auch Klopfgeräusche sind gewiß nichts besonders Phantasievolles. Und was etwas besser Ausgestaltetes ist, das Geräusch von Holzspalten beispielsweise, ist im Grunde doch nur eine billige Nachäffung einer Alltagsbeschäftigung. Insofern könnte man in den Spukproduktionen, die so unschöpferisch und unoriginell sind, geradezu einen Gegenpol zu künstlerischen oder handwerklichen Erzeugnissen sehen.

Der Spukgeist, sei es nun der Geist eines Verstorbenen oder sonst ein Geistwesen, ist vielleicht gerade deshalb zum Spukgeist geworden, weil er unschöpferisch, banal ist, unoriginell und damit den Sinn seines Daseins verfehlt hat. Daher die Sterilität seiner Äußerungen, und deshalb macht er auf die Menschen einen so verstörenden oder befremdlichen Eindruck.

Die Spukgeister sind also nicht eigentlich böse in dem Sinn, daß sie nur ärgern oder verwirren möchten. Sie sind jedoch unerfüllt, leer, leidend und hilfsbedürftig. Freilich können sie gerade durch ihre innere Hohlheit auch Schaden anrichten wie im Falle von Nationalrat Joller.

Die Ursache dieser dramatischen Spukereignisse, besonders im Fall Pike und sehr wahrscheinlich auch im Fall Joller, liegt offensichtlich in einer großen unverarbeiteten Problematik der Lebenden und auch der Verstorbenen.

F. W.: Die drei nächsten Berichte, teils Traumerlebnisse, teils Spukerscheinungen, sind weniger makaber und sensationell. Bei ihnen kommt besonders die Hilfsbedürftigkeit von Verstorbenen und ihr

Wunsch, im Leben Versäumtes nachzuholen, zum Ausdruck.

Emil Vonäsch berichtet von einem merkwürdigen Traumerlebnis, das viele Züge eines Spuks zeigt:

Traum 1

Ich bin mit meiner Schwester zusammen in unserem El-ternhaus. Dieses ist so, wie es früher, noch vor dem Um-bau war, mit Stall, Tenne und Schlupfwinkel (damals waren meine Geschwister und ich noch Kinder). Im Traum sind wir etwa 50 Jahre alt. Wir befinden uns in der Tenne und hören ein Ächzen und Stöhnen, wie wir es schon mehrmals wahrgenommen haben. Es sind gespen-stische Töne. Ich getraue mich jetzt erstmals, dem Spuk nachzugehen. Mit einem Klimmzug ziehe ich mich an ei-nem Balken zum Heuboden hinauf, gerade so weit, daß ich einen Einblick bekomme. Da steht jemand. Trotz der Däm-merung erkenne ich einen kräftigen Mann. Breit wie ein Kasten, schwarz und hölzern ist sein Körper. Hölzern ist auch der mächtige Kopf, der aussieht wie ein Aufsatz, den auch die «Fasnachtsbutzi» tragen.

Schnell lasse ich mich nach unten fallen, erzähle meiner Schwester von dem «Dunklen», sonst sage ich es nieman-dem. Dann erwache ich.

Einige Tage später hatte ich

Traum 2

Hans, mein älterer Bruder, fragte mich, ob auch ich manchmal ein Stöhnen höre. Ich erzähle ihm von jenem Erlebnis, und weil wir uns jetzt genau an dieser Stelle be-

finden, wage ich zum zweitenmal einen Blick hinauf. Ich ziehe mich nochmals zum Heuboden empor, und siehe da, der Holzmann steht wieder vor mir. Wieder lasse ich mich sofort hinuntergleiten und schildere die Gestalt mit flüsternder Stimme meinem Bruder. Hans hört mir aufmerksam zu. Unvermutet purzelt uns der Schwarze entgegen. Wir fangen den Fallenden auf, helfen ihm auf eine Bank. Er stöhnt, er scheint Schmerzen zu haben. Ich frage ihn, wer er sei. Nun beginnt er zu erzählen. Er spricht St. Galler Dialekt, ist also kein Rheintaler.

Vor vielen Jahren sei er ermordet worden. Sofort fällt mir ein, daß meine verstorbene Frau einmal von einem mysteriösen Unglücksfall beim Holzen erzählt hat. Nie sei jener Vorfall geklärt worden. Die einen sprachen von Unfall, andere munkelten von Mord, und ein Fremder sei es gewesen. Im Traum ist mir klar, daß es sich hier um diesen Mann handelt. Der Hölzige, der jetzt wieder lebt und nicht mehr starr und steif ist, scheint erleichtert und wie von einem Bann befreit zu sein. Mein Bruder und ich haben überhaupt keine Angst, haben eher Mitleid mit dem Fremden.

Nun will ich wissen, wie er denn all die Jahre überleben konnte. Jeden Abend, erzählt er, schleiche er immer um 17 Uhr aus dem Hause, um sich irgendwie Eßbares, also Brot, zu verschaffen. «Wißt ihr, das ist gar nicht einfach, meine Haare sind zottig und verfilzt, und eine Schere besitze ich nicht. Ich muß den Leuten ausweichen, sie fürchten sich vor mir.»

Darauf bin ich aufgewacht, leider. Gerne hätte ich mehr vom Schicksal des Hölzernen erfahren. Seine Geschichte war hochinteressant. Er konnte spannend erzählen, seine Stimme war angenehm. Kurzum, er war mir sehr sympathisch. Seither habe ich nie mehr von diesem «Hölzernen» oder diesem Stöhnen geträumt.

Kommentar:

Ein Mann, der vor etwa 50 Jahren eines plötzlichen Todes starb, erscheint im Elternhaus des Träumers. Zuerst ist er wie eine Figur aus Holz, abgesondert von allen und stöhnt. Als man sich um ihn kümmert, Mitgefühl zeigt – psychologisch: wenn man sich mit seinen eigenen dunkeln Seiten befaßt –, hört die Traumerscheinung auf und wiederholt sich nicht mehr.

Auch bei einem plötzlichen Tod durch Unfall oder Selbstmord kommt das Motiv der unerlösten Toten in den Träumen und auch in Geistererzählungen zum Ausdruck. In zwei Berichten heißt es:*

Susanne Senn schrieb:

Ich war damals 13 Jahre alt. Nach einer schweren Krankheit wurde mir ein Höhenaufenthalt verordnet. So kam ich zu einer einfachen Bauernfamilie. Der Vater, eine Autorität, mochte mich von allem Anfang an nicht gut leiden. Sicher war ich auch selber schuld, denn ich konnte es nicht unterlassen, immer wieder zu betonen, daß wir zu Hause alles besser hätten.

*A. Jaffé, Geistererscheinungen u. Vorzeichen, S. 36, 57, 71 73

Einmal verursachte ich diesem Mann durch einen krassen Ungehorsam einen besonderen Ärger. Unter anderem rief er: «Du bist gar nicht krank gewesen, deine Krankheit ist vielmehr Faulheit, Frechheit und vor allem Hochmut.» Ich nahm mir das nicht besonders zu Herzen, erzählte auch zu Hause später nichts davon und vergaß diese Vorwürfe.

Etwa zwei Jahre später hatte ich einen

Traum:
Vor mir steht dieser Appenzeller, schaut mich an und bittet um Verzeihung. Dabei betont er: «Ich war eben nie krank, so hatte ich auch kein Verständnis für dich.» Er bringt diese Worte fast nicht über seine Lippen.

Wieder erzählte ich, ganz gegen meine Gewohnheit, niemandem etwas von diesem Traum, denn ich fühlte mich richtig beschämt. Der Mann tat mir sogar leid. War ich doch selber nicht unschuldig an seiner unfreundlichen Einstellung.

Nach etwa einem Jahr erfuhr ich, daß zur Zeit meines Traumes der betreffende Bauer gestorben war. Jetzt wurde mir alles klar: Der Mann wollte seine früheren Fehler korrigieren, bevor er sich auf den Weg in die andere Welt begab.

Kommentar:
Psychologisch gesehen kann es sich dabei auch um eine Projektion der Träumerin handeln: Sie bereut ihre damalige aggressive Gegenreaktion dem Bauern gegenüber und will das in sich selber wieder ausgleichen.

Eine ältere Frau berichtete:

Ich lebte viele Jahre in einem Heim für alleinstehende Frauen. Dort spukte es mehrere Jahre hintereinander, immer ein paar Wochen lang im Herbst. Es klopfte bald laut, bald leise in den Wänden, aber nur im Parterre und im ersten Stock des vierstöckigen Hauses. Wenn man im Parterre abends um 22 Uhr durch den Korridor ging, wurde man zuweilen von einem eisigen Luftzug scharf am Gesicht vorbei gestreift, der gelegentlich von einem zischenden Geräusch begleitet war. Die Hausmutter, in deren Zimmer es am lautesten rumorte, glaubte anfangs, im Hause nebenan würden noch spät abends die Zimmer umgeräumt und Bilder anders aufgehängt, aber auf Befragen erfuhren wir von drüben, daß man da geglaubt hatte, der Lärm würde bei uns vollführt, und daß man gerade den Entschluß gefaßt hatte, sich bei uns energisch zu beschweren. Das Klopfen wurde von mehreren Personen in beiden Häusern durch Jahre hindurch immer wieder gehört. Den eisigen Luftzug und das Zischen hat man jedoch nur in unserem Heim wahrgenommen. Wir erhielten dann zufällig Kenntnis davon, daß sich vor vielen Jahren, als das Haus noch ein Miethaus war, im Zimmer der Hausmutter ein junger Mann nach einem schweren Schicksalsschlag erschossen hatte. Wir besprachen das und gedachten dieses Mannes. Darauf verschwand der Spuk und machte sich auch in späteren Jahren nicht wieder bemerkbar.

Auch in anderen Fallberichten wird erwähnt, daß solche Spukphänomene nach rituellen Handlungen oder durch persönliche Anteilnahme verschwanden.

Wenn wir dafür auch noch keine Erklärung besitzen, sollte es dennoch nicht als Phantasterei abgetan, sondern vorderhand wenigstens zur Kenntnis genommen werden.

In diesen letzten Mitteilungen, wie in vielen anderen, weniger dramatisch verlaufenden Spukerscheinungen – auch sie Auswirkungen des Unbewußten, ähnlich wie in Träumen und Visionen –, begegnen wir in unterschiedlichen Varianten oft den gleichen Zielsetzungen: Es geht darum, sich zu bewähren im «Hier und Jetzt», Ordnung zu schaffen im Leben und im postmortalen Bereich, Geduld und Verständnis für gegenteilige Meinungen und Bemühen um Versöhnung aufzubringen.

Zwei letzte Berichte zeigen sehr positive Aspekte:

Adam Richner erzählte:

«Meine Patin, der ich herzlich zugetan war, starb plötzlich an einem Herzschlag. Lange Zeit hegte ich den großen Wunsch zu wissen, wo sie jetzt sei. Ein Jahr später träumte ich seltsamerweise davon:

Plötzlich befinde ich mich in einer Kirche und sehe meine Patin mit meiner Schwester das Portal verlassen. Ich rufe ihnen zu, ich käme nach. Schon sind die beiden meinen Augen entschwunden, und ich gehe auf einem Feldweg, bis an eine Wegkreuzung. Rechts von mir ist Wald und Feld. Weit unten links sehe ich ein Dorf. Die sind sicher in einer Wirtschaft beim Vesperbrot, denke ich. So wähle ich den Weg ins Dorf. Mit jedem Schritt fühle ich mich leich-

ter und spüre, wie alles Negative von mir weicht: Im Dorf angekommen, sehe ich ein Haus und will eintreten, doch die Türen und Fenster sind nur aufgemalt. Ich versuche es beim nächsten und beim dritten Haus, aber nirgends kann ich hinein. Statt Ungeduld, Wut und Enttäuschung, wie man das sonst empfindet, umfängt mich wunderbarer Friede und unbeschreibliche Ruhe, wie ich es im Wachzustand nie erlebt habe, so daß ich nur noch einen Wunsch habe: an diesem Ort zu bleiben. Aber eine weiße Gestalt fragt mich ruhig: «Hast du in deinem Leben noch eine Pflicht zu erfüllen?» «Ja», antworte ich, «meine Eltern und mein Bruder warten auf mich.» «Dann darfst du nicht hier bleiben und mußt wieder hinüber», spricht die Gestalt. Sie weist mir ein schmales Brücklein hoch oben am Berg, wo Himmel und Erde den Horizont bilden. Sobald ich aber den höchsten Punkt erreicht habe, höre ich wieder vielfachen Lärm, sehe über mir die Sterne und weit unten verbeiflitzende Autos. Und alle Erdenschwere erfaßt mich wieder. Verklungen ist der unbeschreiblich glückselige Zustand, vorbei der Traum. Mir ist, als käme ich von einer langen, schönen Reise zurück.

Vision

Daniela Werder begleitete ihre Schwägerin zum Friedhof. Bei der Abdankungshalle erblickte sie durch die äußere Glastür ein leuchtendes Bild auf einer Türe im Innern. Sie hielt es für eine Spiegelung, ging später bei anderem Sonnenstand wieder vorbei und bemerkte es erneut, während ihre Begleiterin beidemal nichts wahrnehmen konnte. Sicherheitshalber sah sie zwei Tage später nochmals nach und erblickte wieder dieses Zeichen. Wie sie abklären konnte, war dies die Türe zum Leichenraum. Daniela Werder erklärte dazu:

Das Zentrum ist kupferrot, es ist noch nicht ganz reif, der etwas ovale Ring ist intensiv goldrot, also reif, vollkommen.

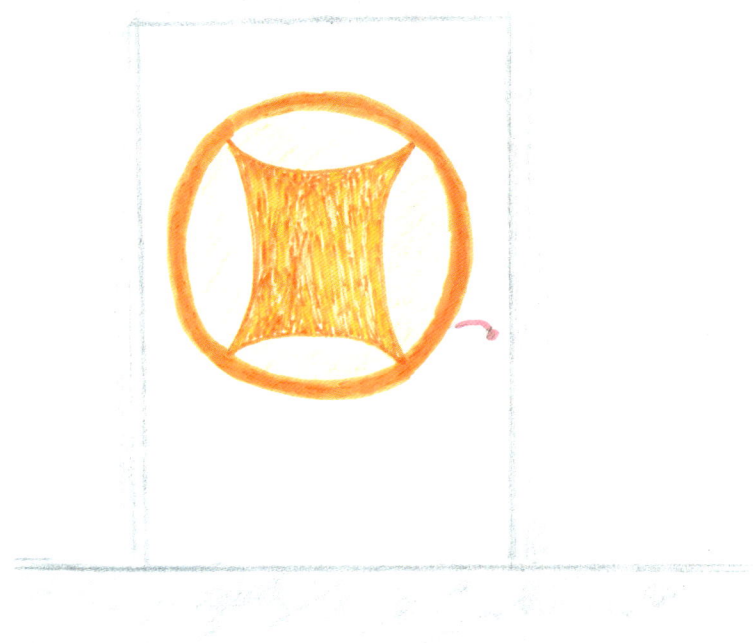

Ein solches Bild hatte sie nie gesehen, und sie fragte sich, was das zu bedeuten habe, wie es überhaupt zustande gekommen und weshalb es nur für sie allein sichtbar war.

Kommentar:

Das erinnert an die Grundstruktur eines Mandala, das heißt ein archetypisches Symbol für Harmonie und innere Ganzheit. Die Kreisform, das Runde, ist in seiner abgeschlossenen Art eines der ältesten Symbole für etwas Vollendetes. Der Kreis hier ist allerdings noch nicht ganz rund, noch leicht oval. Ebenso ist der innere Teil nicht vollständig quadratisch, sondern leicht rechteckig. Die Zahl vier (die vier Ecken) weist symbolmäßig auf eine innere Ganzheit hin. Das Quadrat mit seinen gleich langen Seiten kann ein Symbol für eine menschliche Ganzheit im Hier und Jetzt sein (s. auch S. 28). Leonardo da Vinci zum Beispiel hat in einer seiner Darstellungen den harmonischen Menschen mit symmetrisch ausgebreiteten Armen und Beinen in der Mitte eines Kreises gemalt.

Eine ähnliche Symbolbedeutung kommt auch den Farben zu. Das Zentrum erscheint hier in einem gedämpften Kupferrot. Rot kann für Gefühl, Vitalität, Eros, schöpferische Kraft stehen. Demnach wäre das menschliche Zentrum schon recht kräftig ausgebildet, aber, wie Daniela Werder hinzufügte, noch nicht ganz reif. Der Ring strahlt intensiv golden. Gold ist verbunden mit dem Gefühl einer zeitlosen Vollkommenheit; Daniela Werder empfindet diesen Ring auch als «reif», vollkommen. Das Bild wirkt harmonisch, aber im Vergleich mit vielen andern reich ausgeschmückten Mandaladarstellungen ist es in seiner inneren Strukturierung noch nicht ausgestaltet. Es sticht jedoch markant aus dem umgebenden Grau hervor.

Mandalas künden in Träumen, Visionen oder in künstlerischen Schöpfungen häufig den Beginn einer neuen Lebensperiode an; das Unbewußte setzt damit ein Zeichen für eine Fortentwicklung. Das dürfte für Daniela Werder zutreffen. Ihre Kinder hatten alle das Elternhaus verlassen, und sie mußte sich nun zusammen mit ihrem Mann auf einen neuen Lebensabschnitt umstellen.

Was Daniela Werder aber irritierte, war die Tatsache, daß dieses Bild für Harmonie gerade auf der Türe zwischen Leben und Tod erschien. In ihrem Alter von 51 Jahren befaßte sie sich in keiner Weise mit Sterbens- oder Jenseitsproblemen. Sie befand sich aber an der Schwelle zu einem neuen Lebensabschnitt. Die Vision kann deshalb als eine Vorausschau auf den bevorstehenden Reifungsprozeß im irdischen und seine Fortsetzung im nachtodlichen Leben aufgefaßt werden. Spätere Träume und weiteres Material bestätigten diese Vermutung.

Neben vielen anderen Träumen erlebte Daniela Werder nach etwa einem Jahr folgendes: Sie fragte einen ehemaligen Schulkollegen, der jetzt Pfarrer war, betreffend der merkwürdigen Erscheinung auf der Türe der Abdankungshalle um Rat. Plötzlich sah sie statt der Augenpartie des Pfarrers die Augen eines fremden Mannes.

Sein Blick war von unendlicher Güte, die über alle meine Vorstellungskraft ging, von unfaßbarer Liebe und Bereit-

schaft zur Vergebung. Ich wußte sofort, das ist ein Mann wie Jesus, oder er selber ist es.

Plötzlich hörte ich meinen Schulkameraden fragen, wohin ich den blicke, ob mir schwindlig sei. – Jetzt sah ich mein Gegenüber wieder in seiner normalen Gestalt. Die freundlichen und übergütigen Augen dieses Mannes aber werde ich in meinem Leben nie mehr vergessen.

Im religiösen Sinn ist diese Vision ein Erfahren der geistigen Gegenwärtigkeit von Jesus von Nazareth. In psychologischer Sicht ist es ein beeindruckendes Beispiel für die schöpferischen Kräfte des Unbewußten und seine überlegene Führung während unseres Lebens.

Schlußbetrachtung

Was ergibt sich aus unserem reichhaltigen Traummaterial und seiner Verarbeitung? Wir fanden eindrückliche Belege dafür, daß das Traumleben und das äußere Leben sich unablässig miteinander verflechten, und daß sie ständig aufeinander Bezug nehmen und sich gegenseitig unterstützen. Wir können im Leben wie im Traume eindeutige Entwicklungslinien entdecken, die sich bald parallel dahinziehen, bald miteinander verschlingen, und das bis zum Moment des Todes. Doch nicht genug damit. Die Spur, die Traum und Leben während einer Lebenszeit gezogen haben, scheint sich, wenn wir nur auf das

Zeugnis horchen, das uns unsere rein empirischen Forschungen in die Hand geben, nach dem Tod in ähnlicher Richtung fortzusetzen. Sie wird mit dem Tode nicht abgebrochen. Traumserien und ähnliche Erfahrungen im Umkreis des Todes offenbaren eine ununterbrochene Entwicklung auf jenseitige Ziele hin. Die neuzeitliche wissenschaftliche Forschung hat uraltes Wissensgut der Menschheit wiederentdeckt und ist daran, es weiter zu erforschen. Es ist eine eigentliche Wissenschaft von Tod und Nachtod entstanden. Sie wird an namhaften Instituten der westlichen Welt gepflegt.

Begleitwort

Eugen Drewermann

Nichts ist lehrreicher als das Beispiel.

Wie wichtig es ist, die *Sprache der Träume* zu lernen, spüren sehr viele beim Aufwachen morgens: Irgend etwas sollte ihnen da gesagt werden; aber was? Sie lesen in den gängigen Lehrbüchern nach, *Freud, Jung, Fromm,* und am Ende wissen sie vieles über Träume an sich, haben jedoch das Gefühl, ihrem eigenen Traum der vergangenen Nacht immer noch ratlos und hilflos gegenüberzustehen.

Das vorliegende Buch kann genau da weiterhelfen, einfach aufgrund seiner Fülle von Traumbeispielen. Schon beim Lesen verführt es dazu, ins Träumen zu geraten über das Träumen, sich in bestimmte Bilder und Symbolsequenzen einzufühlen und damit sensibel zu werden für die Ausdrucksformen des eigenen Unbewußten. Zudem macht es Mut, über Träume zu reden, ist es doch selber aus Gesprächen mit Träumenden hervorgegangen. Der Aberglaube verschwindet, daß Träume zu deuten allein eine Sache von ausgebildeten Experten sein könne. Wieso sollten wir außerstande sein zu verstehen, was wir selbst haben erfinden und gestalten können?

Vermutlich liegt die beste Wirkung dieses Buches darin, ein Stück Selbstvertrauen zu schenken. Tief in sich trägt jeder die Fähigkeit eines Dichters, Gedanken und Gefühle, Wünsche und Ängste, Ahnungen und Befürchtungen auf poetische Weise auszudrücken, es ist nur nötig, auf sich selbst genauer zu hören, als wir es in der Sprache des Alltags gewohnt sind. Künstler, sagt man, sind Menschen, die es vermögen, am Tage zu träumen – besser sollte man sagen, sie sind Menschen, die es wagen, beim Träumen aufzuwachen, statt einzuschlafen. Denn wie aufregend können Träume sein! Sie zeigen uns nicht nur ganze Teile der eigenen Kindheit, sie erinnern uns auch daran, bestimmte Visionen über unser Leben nicht gänzlich zu verlieren. Sie eröffnen uns Formen der Selbstmitteilung, für die wir sonst keine Worte fänden. Die Träume konfrontieren uns mit Inhalten unserer Seele, die wir nie haben zulassen dürfen. Und sie lassen uns weniger einsam sein.

Sehr zu Recht tritt in diesem Buch die archetypische, kollektive Seite der Träume deutlich ins Licht. Denn wohl träumt jeder seinen Traum, doch die Traumsprache selbst ist «international» und menschheitlich verständlich, so sehr, daß Völkerkundler und Religionsgeschichtler in den Mythen und Märchen, Symbolen und Sakramenten, Glaubensformen und Praktiken der verschiedensten Kulturen einem überraschend vergleichbaren Material begegnen. So sind die Träume nicht nur ein Mittel, uns selber besser zu verstehen und uns den Menschen an unserer Seite besser verständlich zu machen, sie sind auch ein Weg, von den Sehnsüchten und Hoffnungen zu sprechen, die alle Menschen auf Erden miteinander verbinden.

Ja, es gibt einen Aspekt, den man diesem Buch noch hinzufügen kann: Das ist die Nähe des Traumerlebens zur Psychologie höherer Säugetiere. Seit 70 Millionen Jahren können Tiere träumen, und recht hatte Sigmund Freud, als er in der Traumsprache ein weit älteres, vorsprachliches Stadium der psychischen Entwicklung erblickte. Tiefer träumen zu lernen, das bedeutet nicht nur, mit der inneren Natur enger zusammenzuwachsen, sondern auch in ein einheitlicheres Verhältnis zu der uns umgebenden Welt zu gelangen. Gütiger, phantasievoller, verstehensbereiter, integrierter, gesünder und menschlicher zu werden – das ist die Prämie für eine verständige Beschäftigung mit der Welt der Träume. Das Erlernen einer Fremdsprache wie Russisch oder Arabisch erweitert die Welt unseres Bewußtseins und macht uns kulturell offener, das Erlernen der Traumsprache erweitert die Welt unserer Gefühle, unserer Vorstellungen und unserer Erlebnisfähigkeit, sie macht uns offen für alles, was Leben ist. Diese Sprache uns näherzubringen versucht dieses Buch.

Prof. Dr. Eugen Drewermann, Theologe, Psychotherapeut und Schriftsteller, Paderborn

Literaturverzeichnis

Burnham, Sophy: Angel letters, Ballantine Books, New York 1991

Chevalier, Jean/Gherbrant, Alain: Dictionnaire des Symboles, Stichwort: «Dragon», Seghers et Jupiter, Paris 1973

Cohen, Daniel: Encyclopedia of Ghosts, Michael O'Mara Books, London 1994

Drewermann Eugen: Tiefenpsychologie und Exegese, DTV, München 1993

Endres, Franz Carl/Schimmel, Annemarie: Das Mysterium der Zahl, Eugen Diederichs Verlag, München 1984

v. Franz, Marie Louise: Zahl und Zeit, Klett Verlag, Stuttgart 1970

v. Franz, Marie Louise: Die Visionen des Niklaus von Flüe, Rascher Verlag, Zürich 1959

Freud, Sigmund: Die Traumdeutung, Gesammelte Werke, Imago Publishing Co., London 1948, Bd. 213

Fromm, Erich: Märchen, Mythen, Träume, DVA, Stuttgart 1980

Hark, Helmut: Der Traum als Gottes vergessene Sprache, Walter Verlag, Olten 1982

Jaffé, Aniela: Geistererscheinungen und Vorzeichen, Rascher Verlag, Zürich 1984

Ježower, Ignaz: Das Buch der Träume, Ullstein-Verlag Frankfurt a.M./Berlin/Wien 1985/87

Jung, Carl Gustav: Erinnerungen, Träume, Gedanken, Walter Verlag, Olten 1987

Jung, Carl Gustav: Psychologie westlicher und östlicher Religionen, Rascher Verlag, Zürich 1963

Jung, Carl Gustav: Traumanalyse, Walter Verlag, Olten 1991

Jung, Carl Gustav: Gesammelte Werke, Walter Verlag, Olten 1981

Kast, Verena: Trauern, Kreuz Verlag, Stuttgart 1982

Klages, Ludwig: Traumbewußtsein, sämtliche Werke, Bouvier Verlag, Bonn 1974

Moody, Raymond: Leben nach dem Tod, Rowohlt, Hamburg 1977

Moser, Fanny: Spuk, Gyr Verlag, Baden 1950

Obrist, Willy: Die Mutation des Bewußtseins, Verlag Peter Lang, Bern/Frankfurt 1980

Obrist, Willy: Tiefenpsychologie und Theologie, Benziger Verlag, Zürich 1993

Pike, James: The other Side, Doubleday Inc., New York 1968

Pongracz, M./Santner, I.: Das Königreich der Träume, Paul Zsolnay Verlag, Wien/Hamburg 1965

Tauber, Ignaz: Außersinnliche Wahrnehmungen bei herabgesetztem Bewußtsein, Schweiz. Med. Wochenschrift 1963, S. 1014 ff., Schwabe & Co. AG, Basel

Vollmar, Klausbernd: Handbuch der Traumsymbole, Königsfurt Verlag, Klein Königsförde 1992

Wolff, Konrad: Parapsychologische Wahrnehmungen im Traum, in *Benedetti/Wagner:* Traum und Träumen, Vandenhoeck u. Rupprecht, Göttingen 1984